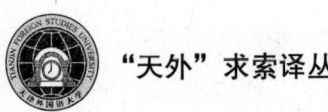 "天外"求索译丛

 文学与文化经典译丛 丛书主编 张晓希

Goethe En France

歌德在法国

《少年维特之烦恼》在法国的传播与接受研究

［法］费尔南德·巴登斯伯格 ◎著

郭玉梅　巫春峰　尹婧　陈淑婷 ◎译

中央编译出版社
Central Compilation & Translation Press

图书在版编目（CIP）数据

歌德在法国：《少年维特之烦恼》在法国的传播与
接受研究／（法）费尔南德·巴登斯伯格著；郭玉梅等
译. —北京：中央编译出版社，2019.11

ISBN 978-7-5117-3741-0

Ⅰ.①歌… Ⅱ.①费… ②郭… Ⅲ.①歌德（Goethe，Johann Wolfgang Von 1749-1832)-文学研究 ②《少年维特之烦恼》-大众传播-研究-法国 Ⅳ.①I516.064 ②I565.06

中国版本图书馆 CIP 数据核字（2019）第 228932 号

歌德在法国：《少年维特之烦恼》在法国的传播与接受研究

出 版 人：葛海彦
出版统筹：贾宇琰
责任编辑：翟 桐
责任印制：刘 慧
出版发行：中央编译出版社
地　　址：北京西城区车公庄大街乙 5 号鸿儒大厦 B 座（100044）
电　　话：（010）52612345（总编室）　　　（010）52612368（编辑室）
　　　　　（010）52612316（发行部）　　　（010）52612346（馆配部）
传　　真：（010）66515838
经　　销：全国新华书店
印　　刷：北京紫瑞利印刷有限公司
开　　本：710 毫米×1000 毫米　1/16
字　　数：275 千字
印　　张：23.25
版　　次：2019 年 11 月第 1 版
印　　次：2019 年 11 月第 1 次印刷
定　　价：95.00 元

网　　址：www.cctphome.com　　邮　　箱：cctp@cctphome.com
新浪微博：@中央编译出版社　　微　　信：中央编译出版社（ID：cctphome）
淘宝店铺：中央编译出版社直销店（http://shop108367160.taobao.com）　（010）55626985

本社常年法律顾问：北京市吴栾赵阎律师事务所律师　　闫军　　梁勤
凡有印装质量问题，本社负责调换。电话：（010）55626985

目 录

前 言 / 1

第一部分 "《维特》的作者" / 7

第一章 "冷静的头脑"与"敏感的心灵" / 9

第二章 贵族与基督徒的维特们 / 26

第三章 歌德的法国觐见者 / 46

第四章 世纪病 / 62

第二部分 戏剧诗人和抒情诗人 / 81

第一章 戏剧的改革 / 83

第二章 浪漫主义的抒情主义 / 97

第三章 论《浮士德》 / 113

第四章 浪漫主义的致敬 / 141

第三部分 科学与小说 / 159

第一章 浪漫主义的未来 / 161

第二章 物理学家与自然主义学家 / 182

第三章 哲学的革新 / 193

第四章 在诗歌圣地"巴那斯山"之周 / 216

第四部分 歌德的个性 / 239

第一章 冷静与宽厚 / 241

第二章 生活所诠释的作品 / 263

第三章 "真我"文化 / 275

第四章 传统与理智 / 295

结 论 / 311

索 引 / 334

前　言

歌德曾两度在法国生活：1770年9月22日，他在斯特拉斯堡大学注册，成为法律系一名学生，在那里度过了将近一年的时光；1792年8月27日，他满怀好奇与怀疑，参加了长达几个星期的探险旅行，越过隆维①附近边境，最终目的地是瓦尔米②。可以勉强地说"歌德在法国"这个题目涉及的是他的作品和个性在法国的声誉以及对法国的影响，但是完全没有谈到德国诗人在法国度过的两段时光。因为歌德也许从这两段时光里获得了学问上的某些长进，但是似乎他在法国的知名度并未因此而得到提升。由此是否需要像圣伯夫那般深感遗憾？圣伯夫认为，接近1786年时，就在歌德的意大利之行前，歌德没能有机会来到巴黎并住上一年半载，没能像"众多外国名人"那样在巴黎名声大噪并最终成为"法国的一分子"，这让人倍感遗憾。许雅尔早就对歌德没有来"跟狄德罗畅谈一番"而倍感惋惜。1808年，拿破仑竭力劝说他到巴黎定居，塔尔玛向《少年维特之烦恼》（后文简称《维特》）的作者保证巴黎人民热爱他。1825年前夕，《世纪报》③发起了令人赞赏的智力拓展运动，《浮士

---

① 隆维（Longwy）：法国城镇，位于默尔特-摩泽尔省。——译者注
② 瓦尔米（Valmy）：法国马恩省历史村镇。——译者注
③ 《世纪报》（*Le Globe*）：创刊于1824年，停刊于1832年，涉足文学、哲学以及政治。——译者注

德》的作者受到了那些最精明的浪漫主义理论家的热烈欢迎。我们可以想象到如果歌德那个时期来到巴黎，或许欢迎阵仗不如之后沃尔特·司各特来访时那般声势浩大，但也许更具惺惺相惜之情。一些贵族、资产阶级府邸，一些编辑室会庆祝作家或者大公①朋友的到来；夏多布里昂或许会为了外国贵宾，甘愿一两晚不做森林修道院沙龙的中心……

但是就算歌德真的曾经到访过巴黎，法国民众就能够体会到德国诗人的真正价值吗？法国就可以摆脱圣伯夫贴上的"拼读歌德"的标签了吗？这很值得商榷。我们怀揣着种种设想，哀叹在这位大师声名大噪之时，没有评论家在法国提及他，就像英格兰的卡莱尔或者美国的爱默生那样，有兴趣、有能力去领悟、宣告歌德的绝对价值。"简单说来，他就是哲学界可以称之为人的典型作家范例"；"他比任何人都了解'世界精神'的秘密"。这些描述看似晦涩难懂，尤其第一句，是拿破仑名言的改编，但对于盎格鲁-撒克逊思想界来说，它们却能够有力、持续地总结人们试图在歌德身上寻找的最深刻的意义。然而，这些都是持续研究的结果，并非一下子就得出的结论。这些持续研究在法国是文学财富史和德国诗人成名史的重要组成部分。

即使歌德与大家对他的描述有所不同，但是一代代文人仍旧在"拼读"他。1825 年到 1840 年，即使几位法国人提及他的全部作品，但是人们还是持续不断地对某一部分或者某一细节表示好奇，比如：维特仰天痛哭的窗口；《浮士德》中让人眩晕的螺旋；庙宇沽净的三角楣，伊菲格尼在那里幻想；《植物形变论》中花园里的亭

---

① 大公：指魏玛公国大公奥古斯特。1775 年，26 岁的歌德应他的邀请来到魏玛，深受其信任和爱戴。歌德在魏玛度过了一生的绝大部分，创作了流传千古的巨著《浮士德》以及其他著作。——译者注

子;《谈话录》中的挑高房间。因为十分确定的是，当一个文学时期发现、兼并了异国的思想或者形式，经过自己的组织发展，只会领略以及真正采纳带有自身直觉和渴望的因素。每个人的观点不同，我们或许会赞扬外来的影响"解放"了一种文学，或许会指责它将一种文学"引入歧途"，总之，这些影响只会顺应这种文学的发展趋势。这些影响让我们了解自己，根据巴斯卡尔的说法，"它们让我们知道自己的好"。其实，由此可知智力行为如同个体精神命运，我们给出建议，但不会激励任何行为。此处的建议就是来自另外一个文明体系的作品，这些作品蓄势待发，有时来势凶猛，在法国仍旧处在可控范围之内。有这样一句东方谚语："一棵无花果树看着邻树上的无花果，就变得硕果累累了……"

可以将这项研究的细节分散到总体划分的某些部分去分析：总体划分建立在法国对歌德主要印象的基础之上。这完全是按照年代顺序进行的，因为我们可以明确地知道，在法国从什么时候对歌德的常用称呼由"《维特》的作者"变成了"《浮士德》的作者"；还有其他不是那么明显的类似迹象，同样也展现出天才歌德的方方面面是如何一步步地吸引我们的目光的。一方面，不能将某部作品的影响局限到某个时期：《维特》仍旧能博得敏感的年轻人的同情；《浮士德》仍旧是最富有生命力的戏剧，试图成为人类本身命运的象征。另一方面，在歌德某一方面影响最深的时期，有人仍旧会预测或者揣测接下来他的哪个方面将会被大部分人所接受：歌德那个时代的法国，人们几乎只把他看作《维特》的作者，斯塔尔夫人却认为他同时还是戏剧家、诗人，之后浪漫主义改革者也这样认为。J.-J.安贝儿超越他那个文学时代，1830年领略到了《浮士德》中的怪诞，看出几个隐藏的象征；泰纳和蒙泰居理解了智力和精神教育的忠告，然而在1860年大部分人眼中，"魏玛的朱庇特"

"伟大的奥林匹斯神"表现出冷漠无情的姿态。尽管这些预见目光更加敏锐或者更加灵通,但无论如何都有一个主要导向、一个短时特点指引现代最复杂的智慧作品的某一因素对法国思想界产生影响。本书试图依次详述这些影响,尽管困难重重,但是这种依次叙述的方法是突出歌德主要意义、凸显其真实生动的强烈感情的最好方式。

我要保持警惕,避免自己陷入两种诡辩。第一种就是假定"法国思想界""法国精神面貌"这样一些独立概念,它们与作家的思想紧密相连。有必要说这样一种观念只有出于演讲的需求时才被允许吗?有必要说因为我们谈论歌德,一个在他的国家、在他那个时期如此"孤独"的歌德,所以我们有可能越是不会完全相信这个观念吗?然而必须承认,某些独立派人士,比如热拉尔·德·内瓦尔,个别人,比如爱弥尔·蒙泰居,他们微弱的呼声也赢得了一点点赞同。同时还得承认,种种错综复杂的理由使得最优雅、最团结的人士都无法摆脱影响和决定的印记。另外,可以肯定的是,报界,尤其是持续关注此项研究的日报,提供了大量的普遍观点;连载在期刊上的文章能够得到比较公正的解读,就像是说明团体内上至经理、下至忠实订户都接受的一个思想。

第二种我要十分警惕的诡辩,就是根据法国作家眼中的歌德的智慧和感情去颂扬或者去指责。不管是夏多布里昂还是埃德蒙·谢雷,他们都完全没有领会《伊菲格尼》的诗人;不管是拉克雷泰尔还是巴尔贝·多尔维利,他们都没有理解他。这些现象可以用秉性不合或者思想匮乏、信息缺乏来解释,但绝不能认为歌德受到冷待:最公正的评论家表达了十分美好的见解,为了让历史学家不会因为一点点公正而大肆渲染。

歌德从法国获益良多。他喜欢它的社会文化;从狄德罗到《世纪报》上的"年轻人们",他一直对他们思想的灵活碰撞感兴趣。

我相信法语很有魅力,马修·阿诺德认为这是法国民族特色。歌德惊叹地追随过拿破仑惊人的轨迹,他认为时势既是超级人类命运的象征,也是惩罚。他很早就学会如何领略法国戏剧的简洁有力。以卢梭和伏尔泰为代表的18世纪对他产生了深深的影响。在思维和形式的不断循环中,歌德从法国思想和艺术中获益良多。我们可以毫不夸张地说:"他是法国和德国共同培养出来的,是两国的参与者,由此受到双重推力。"无论如何,无法假设、想象歌德生活在一个没有法国作为邻国、作为智慧对手、作为补充的德国。这位德国伟人欠法国的债,我们一起来看他是如何在125年间偿还的。①

---

① 这段文字没有附注,似乎也可行。资料来源经常标注在文章中;如果缺少附注,我们则只是校对引文,即使确定了引文在某一版本或者某一书页中,但也没有加注解释。读者自然希望看到来源明确的引文。我日后会总结一份参考书目,根据现有的参考范围,将大量资料分类整理,而目前在这本书里我只想进行简单说明。——原注

第一部分　"《维特》的作者"

第一部分　　　　　　　〈事物〉の作者

第一部分 "《维特》的作者"

第一章 "冷静的头脑"与"敏感的心灵"

> "维特……你的情妇……他的妻子，
> 多么亲昵的称呼！它们将永远与创作它们的人一起，
> 活在爱情与道德的祭坛。"
>
> ——《新维特》编者按，1786

歌德的名字进入法国读者的视野，是在 1774 年 12 月通过刊载于《百科全书报》上的一篇针对《柯拉维戈》的相当尖锐的批评文章，而《少年维特之烦恼》最初的几个译本的出版，则是在 1776 年到 1777 年之间的事。当时，奥布里（其真名是施迈特伯爵）的译本《少年维特之激情》在法国传播最广泛，但这本书远没有获得法国媒体的好评。批评界普遍认为，该书故事情节枯燥乏味，人物微不足道，风格极度夸张。1778 年 1 月 10 日的《巴黎报》对此这样评价道："作品故事情节太过简单，除了有两处表现得还算'漂亮和真实'以外，整部作品的近乎疯狂的风格让人厌恶。维特一直处在疯狂的状态中，他的信表达的与其说是温柔的感情，还不如说是一个头脑冲动的男人的疯狂。他总是咬牙切齿，所以，他非但不让人喜欢，反而让人感到恐惧。"

法国文学批评家弗雷隆创办的《文学编年史》杂志刊登的文章认为，出自莱茵河彼岸的这本小书"场面宏大，风格自然，有奥德赛的天真，有激情的想象，充满热烈的气氛，散发着迷人的淳朴生活之美"。不过，该书"缺乏故事情节，没有严谨的结构，人物性格

或缺乏特点,或怪诞张扬,细节过于琐碎,缺乏连贯,目的不明确,没有哲理,思想模糊,笔调夸张,毫无节制,经常偏离主线,语言、修辞等均不出彩"。除故事情节被指责混乱以外,人物性格也饱受指责:"阿尔伯特,一个冷酷的夸夸其谈者,乏味的情人,不谨慎的朋友,一个头脑狭隘的……满大街都是的普通人,一个好家长,总之,他是小说中一个最让人无法忍受的人物。至于夏绿蒂嘛,我同意,她是一个品德正派的善良姑娘,但她的思想和品位极其一般。"说到维特,"他的偏好将他推向幼稚的巅峰,他的感情疯狂让他深陷矛盾之中。你能想象得出,这样一个充满狂热想象、天性冲动、将爱情推向极端的人怎会没有一个可怕的情敌?可他丝毫不考虑躲避,只满足于同夏绿蒂缠绵在一起"。

作家兼批评家拉阿尔普在《学者报》和《古代、现代文学教程》中也有同样的评论。《法国水星》杂志虽然措辞不那么严苛,但也有这样的评论:"人们不明白,为什么维特会为了一个像夏绿蒂那样毫无吸引力的女人而丧失理智。"由此,格列姆创办的《文学通讯》在 1778 年对法国评论界的批评做出如下概述:"小说中的事件一般,结构缺乏艺术性,故事的女主人公粗鄙简单,完全是一个乡下女人。民俗野蛮,口吻布尔乔亚。"在很长一段时间里,批评家们一直依照古老的文学传统套路来品味这本书,但是,事实却恰恰相反,这本书表现了激烈的心理活动,抒发了人类丰富的情感,因此,它有着极高的欣赏价值。

此时,批评界还未顾及文学的道德影响,因此,某些人以宗教社会的名义对《维特》一书所给予的评判尚未引起注意。拉阿尔普这样说道:"主人公自杀的情节很感人。"弗雷隆的继任者也对书中的最后这一节大加赞赏。《法国水星》杂志认为,维特的范例"可以引发人们对于极端行为的恐惧,告诫像维特那样头脑冲动的年轻

第一部分 "《维特》的作者"

人,过分地全身心地投入一份感情,最终只会受到伤害"。10 年之后,1788 年 1 月 12 日《法国水星》杂志旧话重提:"夏绿蒂的情人被所有的光环包围着:思想敏锐、气质优雅、才华横溢,这一切都会给他的未来带来成功和幸福,然而,他却成了罪犯,一切都毁于一旦。书中所呈现的这一直指道德的情节是前所未有的,令人震惊和恐怖,从这一意义上说,《维特》这本书写得很好。"

但是,在双桥出版的《文学通报》极力反对"这部引发广泛骚乱的奇怪的作品",揭露这部作品所造成的危害:"自杀已经是一个很普遍的病态了,那么,传播这样一本书无疑是散播最毒的毒药。"实际上,从 1777 年开始,在法国流行的这一看法,好像源于《文学通报》的原始出版地——德国。因为法国批评界的态度,我们已经知晓:这本书为形式主义,令人厌恶。特别令人担心的是,这本书故事平庸、情节乏味,会践踏法国小说创作的传统准则和习惯。

然而,在学者和普通读者之间,存在着永恒的矛盾。法国公众给予《维特》和歌德以公正。是哪些公众读者呢?查阅《回忆录》,我们得知,最先喜欢这个忧郁的主人公的读者是布尔乔亚。宫廷贵族们品味着王朝末期的"甜美生活",好像不像资产阶级和外省的下等贵族们那样重视这位有着理想化倾向的平民。文学家兼《现代杂志》合伙人 J.-J. 维斯这样说道:"所有的青年人和被迫无所作为的人,所有那些经过 18 世纪启蒙运动洗礼,渴望或纯洁或伟大的人,都在维特的身上看到了希望之星光。"对于那些"因 1789 年大革命来得太晚而饱受煎熬"的人,在维特的狂热和易怒的性格中发现了与自己相似的东西。沉迷幻想的天性使他成为言情小说中很受欢迎的人物,造成他绝望的思想,使他更靠近因失望的痛苦而更加忧郁的人们,如:

这无限的东西是什么？

能怀着高尚目的来欣赏这本小书的人可能不多，一个喜欢读卡巴尼斯作品的读者迷恋《维特》，欣赏其"通篇简洁、清晰和准确的语言"，显然也不多见。我们甚至可以说，这本书与其说是受益于它的新颖，还不如说是受益于它与之前的文学间的调和，它对之前的文学做了归纳和明确：完全独特对一本书迅速大获成功和绝对平庸对一本书恒久流传同样不利。然而，特别是卢梭的读者，首先是女人和青年人，在《维特》中找到了日内瓦哲学家的灵感。书信体格式，自《新爱洛绮丝》起，已成为小说的常用形式。崇尚自然，直至一种生态崇敬，这些更凝练和更戏剧化的特点，在乔治·桑以及所有《一个孤独的漫游者的遐想》的忠实弟子的作品中都有所承袭。文学家许雅尔，可能还有其他作家，都非常惊讶维特与狄德罗笔下的多尔瓦如此相似。敏感和淡淡的哀伤弥漫在诗人巴奎拉·德·阿尔诺的《情感考验》和劳艾泽·特雷奥迦特的《忧郁的晚会》中，但敏感和哀伤的程度似乎有所收敛和节奏化。总之，《维特》这部田园诗般的爱情短剧的传播，在 18 世纪下半叶，得益于人们想象中那个温情脉脉、乡土气息、满眼泪痕的德国天才形象。

还应指出，除了这些有利于该书传播的主要条件外，还有些次要因素需要加以说明。歌德在阿尔萨斯上过学，因此，阿尔萨斯对于法兰克福这个命中注定成为作家的孩子来说，比对其他德国作家所起的文学媒介作用更大。后来成为奥博基尔希男爵夫人的瓦德纳小姐在 1776 年读了歌德的《克罗蒂娜》之后，向媒体透露说，这个剧让她"同看《维特》一样感动"，她很"喜欢这位诗人"。阿奈特·德·哈桑奥森，后来成为德日朗多夫人，对德国当代文学极为关注。她建议未婚夫及卡米尔·罗尔当阅读与德国诗人格莱姆和瑞士诗人萨罗蒙·热斯内的诗不一样的作品。贝克汉姆家族与拉罗什夫人关系极为密切,后者甚至直接参与了歌德小说的构思。1773年夏,歌德把自己的第一部剧本《葛兹·冯·伯利欣根》寄给"驻新布丽扎克中尉德玛尔先生",并询问法国人是否喜欢他的剧。他1774年的小说至少已有了一个读者和一个赞赏者:拉蒙·德·加尔伯尼,一个斯特拉斯堡人,是《维特》在法国的第一位模仿者,出版了《奥尔班青年最后的冒险》,又称《阿尔萨斯人的爱情碎片》。

瑞士,由于其独特的地缘中心地位,在这样的任务中从未缺席过。伯尔尼人席纳从1775年开始,对《维特》进行了改编,创作了剧本《爱情的不幸》。转年,沃州人德维尔登在马斯特里赫特翻译出版了《新维特》,书中装饰着著名雕刻家乔多维茨基的板画。《新维特》在瑞士西部纳沙泰尔湖畔上演。很显然,早在歌德小说在法国完整亮相之前,它在瑞士,就如同在阿尔萨斯,已经拥有了广泛的读者群。从某种意义上说,这为歌德在法国巴黎及外省的成功打下了基础。斯塔尔夫人后来给《维特》的作者写信说,他的书给她很大的启发。斯塔尔夫人不正是通过瑞士法语区才认识歌德的吗?不管怎样,歌德在1779年从日内瓦给斯塔尔夫人写信,告知法国人都很喜欢他的书。

法国旧体制末期,在巴黎聚集了许多德国移民社群。可以想象,《维特》一书在各种译本出版之前,在法国日耳曼人居住的区域已经引起了广泛的关注,包括大雕刻家 J.– G. 维勒以及其他的德语读者。同时,在维勒的圣·奥古斯丹画室,还聚集着大批法国巴黎的文人墨客。维勒在1774年的一篇日记中写道,当他得到这本著名的小说时,他无比兴奋,因为这是一本无与伦比的书,"它触及了人的内心和灵魂"。

不管怎样,在法国,虽然《维特》饱受批评界指责,但它却拥有了大批的读者,因为它与那一代人的精神状态相契合,所以,当它一旦被认识和接纳就即刻大获成功。虽然批评界"冷静的头脑"们态度依然有所保留,但那些"敏感的心灵"们却对不幸的主人公热烈的情感报以热情的回应,他们诅咒那些爱争辩的人以及智者们,在如此美好的感情面前装聋作哑。X.德·麦斯特在其《旅行》一书中这样评论道:"在这个世界上有太多的阿尔伯特,又有哪一个敏感的人身上没有阿尔伯特的成分呢?灵魂深处的流露,内心美好的情感,想象的冲动,如同海浪冲击礁石一样的破碎?"敏感的心灵这一说法或多或少都与《维特》一书或与它的成功有着联系。一个新的译者,为自己重新做前人已经做过的事而道歉,并称自己在进行一次冒险:"我觉得重新翻译这本书超越了我的能力,如果不是一些特别的原因让我下定决心,《维特》的译者应该有一颗敏感的心……在被克拉丽丝的不幸感动之后,你们就会毫不犹豫地去保卫无辜和善良的人,你们是既敏感又勇敢的人,我这些文字就是写给你们的;而对于那些头脑被理性占据、天生毫无感情的家伙们,你们是不健全的人。你们出于虚伪的面子,把敏感当软弱,并为你们自己身上缺乏的东西感到自豪,从无机会品味到爱和被爱的美好,那就请不要读这本书吧,特别是不要对它进行评判,因为它不是为你们而写的……"

这些至诚的话语到18世纪末还在流行。由于受到大革命初期事件的影响,人们对《维特》的迷恋经历了一段短暂的空白期。在1776年,歌德的作品俘获了一代人,他们敢爱敢恨,厌恶所处的社会现状,痛苦地反省自己。经历了绚丽的风景,无论是试图深思,还是想远离的困惑的人们都得到了精神食粮。拿破仑·波拿巴非常喜欢《维特》这本书,他在主人公发出对认识的诅咒中,在主人公

第一部分 "《维特》的作者"

对真正价值的无视中找到了与自己梦想相吻合的东西。因此，当1798年伯利恩在负责给开往埃及的拿破仑舰队的军舰上配备书的时候，拿破仑列出了一份书单，其中《维特》名列第一。拿破仑读了七遍《维特》，这对于一个如此忙碌的人来说可不是一件容易的事。他还提出让伯利恩重新翻译《维特》。虽然这个要求有些特别，但最能说明问题。此外，还有其他证据说明该书及其主人公们在法国有极大影响：在王朝末期，不止一座公园设有一个高高的祭坛，矗立在苍松翠柏中间，纪念"夏绿蒂的不幸的情人"。另外，继热月之后，服饰时尚也让位给了维特的黄短裤和蓝上衣，夏绿蒂式的长裙和帽子。甚至维特的名字也被纳入户籍，一些超级粉丝还给自己的新生女儿取名维特丽。

《维特》一经出版就对法国的文学创作产生了很大的影响，伯尔尼人席纳还没等译本出版就用法文创作了戏剧《爱情的不幸》。剧本人物用了新的人名，却笨拙地把歌德的主人公的冒险故事搬上了舞台。在1777年，该剧先是在瑞士的伊韦尔东上演，之后又在多拉特上演。同年，瑞士《妇女报》发表了拉蒙·德·加尔伯尼的书《奥尔班青年最后的冒险》，他当时因一场爱情纠葛正在瑞士避难。《奥尔班青年最后的冒险》的故事发生在阿尔萨斯。主人公爱上了一位叫妮娜的姑娘。他在一次决斗后不得不逃跑，可当他回来以后，却发现妮娜已经嫁给了别人，他很愤怒与绝望："这个世界都在厌弃我，都想让我离开！妮娜！她再也不属于我！我总是被霉运包围着，它压在我的头上挥之不去，我看着苍天大地，谁都不屑给我一丝安慰，一切都在让我不幸。"于是这个不走运的奥尔班青年自杀了。

1786年的《新维特》是瑞士著名作家戴维登根据《维特》编译而成的作品。故事发生在瑞士纳沙泰尔湖畔，夏绿蒂的名字也改成

了露西,阿尔伯特变成了杜巴斯盖先生。还有后来从英文翻译过来的《夏绿蒂与维特交往时的通信》,批评界指出,很遗憾该书与原版没有"关系"。出版商告知读者,为了方便读者将两个版本联系起来对照阅读,特意出版了同样规格的书。

1791年,由贝兰出版的剧本《维特丽》内容上颠覆了德国原版的《维特》,并将爱情的基调推向极致,过分夸张,甚至显得有些滑稽可笑。绝望的女主人公以吞食几撮大烟的方式结束了自己的痛苦。在她的墓碑上刻着这样的文字,也是第二部书题铭上写的内容:"维特丽,美丽、善良、敏感,17岁亡故。爱情杀了她,过路的人,阅读、哭泣、震撼!"

戈尔基的《圣-阿勒姆》一书的故事结局却是大团圆。小说的第一页装饰着小花边,主人公的名字用斜体,读者可以看到主人公站在激流之上焦虑的样子。瓦尔塞纳侯爵夫人,也就是这个不幸的小伙子所爱之人,在一次到荷兰旅行的途中成了寡妇。圣-阿勒姆在森林公园里遇到了这位心上人,并被告知她的丈夫已经亡故,还给他俩留下了一大笔遗产。

1791年,古毕昂——国王嫂子的私人秘书出版了《斯戴利诺或新维特》,并以此书敬献给他的女主人。故事的情节是:维特的弟弟爱上了一位英国女子,并追随她来到了意大利。在那里,这位英国女子想给这无望的爱情做治疗,便让他在罗马的废墟之上读书,而她首选的书就是歌德的这部小说。

1775年对《维特》的戏剧改编方兴未艾。1778年由德·拉·利维尔改编的三幕剧《维特或者爱的疯狂》上演,剧作家梅尔西埃留下了一部四幕剧的手稿《罗曼瓦或善良的诗人》。这部四幕剧证明了这位杰出的剧作家对《维特》这本流行的小说赞赏有加,但他却小心翼翼地通过主人公的一个朋友,将一直吸引自己的自杀倾向成功

转移，罗曼瓦最终没有对自己动手。1792年，身着蓝色燕尾服的男主人公站到舞台上时也有同样的顾虑，因为那是一家意大利剧院，这样高级别的剧院本能地不欢迎催人泪下的悲剧。因此，1792年2月1日上演的由剧作家德若尔创作的散文诗咏叹调《维特与夏绿蒂》，由法国著名作曲家兼乐队指挥克罗伊策配乐，情节虚构，被称之为喜剧。剧中的维特，经过几个感人的场景之后，决定自杀。人们听到了一声枪响，夏绿蒂昏死过去。但在阿尔伯特要跑过去对不幸的人施救的时刻，他的老仆人安伯兹说他幸好子弹打偏了。维特再次出现，像一个犯了错误的小孩子结结巴巴地道歉。尽管该剧和它的配乐都获得了成功，但是其虚假的结局受到了指责。1792年2月3日的《巴黎报》有这样的报道："无谓的缓和，因为观众已经感觉到了灾难的恐怖。而看到维特这样一个有个性的男人再次回来与他人一起唱歌则是完全可笑的。"

维特影响当时法国文坛创作的痕迹可谓比比皆是。正如人们所想的那样，在小说中这种影响像影子一样，具体而清晰，就像卢梭和伊昂以及奥西昂的影响那样，不胜枚举。1783年，列奥纳在《一对情人的信札》里关于向法多尼告别的描述最是维特式不过了："风暴更加猛烈！天空犹如狂怒的大海。我听到了大树在断裂，青山在怒吼，乌云密布的昏暗天空中，几颗稀有的星星突然消失。上帝啊！大自然在为她逝去的两个孩子穿丧服！这是我如此爱过的那弯月亮……"这难道不是孪生的维特吗？或者直接来自圣-普吕，或者是1786年沙里耶夫在《加里斯特》里的那个踌躇满志、充满幻想、忧郁的家庭教师？大部分敏感的人对传统类型的描写不再做任何添加。最有趣的是，那些因为无法成就的爱情，或过度敏感于社会地位和人生价值而不被认可的平民或小布尔乔亚，他们的极度敏感使情节更为复杂化。我们还记得，在路易十六统治时期,社会等级情绪泛滥,清规戒律盛行。愤怒的贵族的呐喊就像在1784年克雷奇侯爵夫人在《回忆录》中所写——"在这些威胁社会秩序的症状中",因地位不同而缔结的畸形婚姻与自杀是最为突出的。① 我们明白,维特的最有趣的继承者,不是文学想象中的情感丰富的骑士,或者眼泪汪汪的子爵,而是很有教养的布尔乔亚青年。他们尚未有所行动,但思想很激烈,他们是一些面色苍白的贵族子弟,大革命把他们驱离了文学,将维特的燕尾服换上了卡米尔·德穆兰的燕尾服,或是灰色礼服。

这个时期的诗歌并没有从《维特》中吸取养分,也没有受到许久之后的浪漫主义的影响。可能我们应该强调,诗歌体书信,如夏绿蒂致维特,或者维特致夏绿蒂,都是以诗歌的形式写就的,在18世纪末的诗集或年鉴里并不罕见,维特和夏绿蒂就阅读过透着奥西昂风格的战争狂人的哀怨诗,如一个叫贡彼尼的作家在1795年出版的诗:

  哦,春风,为什么要唤醒我?
  你徒劳地对我说:在你枯竭的花枝上,
  我撒下清新的露珠儿……

可能,我们身边的作品里随处可见《维特》的影子,如在法国著名幽默诗人贝尔舒的《美食》第三章结论部分,在讲述敏感的瓦泰尔的冒险中这样写道:

  哦,您靠着身份,点菜,

---

① 《克雷奇侯爵夫人回忆录》第五卷,第194页。——原注

第一部分 "《维特》的作者"

让他遗憾，但是不要模仿他。

此时的长篇小说具有灵活性和独创性，它们适合于抒发真诚和直接的情感，这些不久将成为抒情类作品的特点，但是，这时的诗歌却依然龟缩在旧的框架里。帕尔尼、柯蓝·德·阿勒维、德利尔、罗歇等人的诗作，也只限于挽歌体的那点进步，直到1825年挽歌体遭到重创才得以被打破。主人公或诗歌书信好像是一种迂回，通过它，维特的感情才得以渗入世纪末的诗歌中。到了1798年，拉布雷的《维特致夏绿蒂》招致一场大辩论。关于这种英雄书信体诗歌的权限范围，在原则上和定义上，它只涉及主人公，不幸的爱情特别适合于它。6月的《北方观众》这样写道：无论谁读了《维特》，都能够评判一个敏感的诗人是否能够找到书信体诗歌的主题。尽管诗歌中弥漫着忧郁，个人感情泛滥，但近几十年里，人们还是冒险将伤感表露在自己的诗里，正像舍尼埃用自己的方式在哀诗中表达了对自杀权利的呼吁：

> 时常，厌倦再做奴隶，再受凌辱，
> 厌倦所谓生活的痛苦，
> 厌倦了蠢货们的不屑，因为我们贫穷。
> 我凝视着坟墓，那理想的避难所，
> 我微笑着面对即将实现的自愿的死亡，
> 我哭泣着祈祷敢于冲破身上的枷锁……

这种呼吁颇具维特风格，揭示了痛苦的垄断，如：

> 任何局外人都无法知晓那些痛苦，

因他们如他一样懂得掩藏,
哪个不是泪眼婆娑,内心痛苦绝望!
唯他思忖:别人都那么幸福,除了我。

但这样的诗歌还是少数,同时,像在《法国水星》杂志合作人所写的赞美诗《人》的片段里表现的那样,痛苦的沉思很像歌德主人公揭露的对人的形而上本质的思考:

他思想狭隘,欲望无边……
却不知自己的命运多舛;
当你对我展示最智慧的教义时,
我却把它看作废物,
如果我不知道自己的原则和结局。①

之后,浪漫主义因为受诗歌创作规则的制约,对诗歌创作的影响有限,但对比较灵活的散文和长、短篇小说的影响较大。也就是说,事实上,是在这里,而不是在 1780 年左右的诗歌里,人们更能看到《维特》的影响。而这种影响只局限于他们创作的基调,并未增入新的东西,并且并未使其有更大的改变。而这种改变本应是文学影响的理由之所在。孱弱的心不懂得索要,纯洁的情会绝望,他们无力从感情的漩涡中自拔,只是一味地抒发感情,仅此而已。这是卢梭的遗产,对可爱的大自然的感情的抒发。在作品里,《维特》的痕迹随处可见。歌德作品中青年人强烈的感情急不可耐并且狂热,在这一时期的文学中都有一定的表现。同时,处在第三等级社会中

---

① 《人类,颂歌》,马尔托作,《法国水星》,1776 年 1 月。——原注

的青年人的痛苦也强烈地迸发出来。这些成分，与其说影响虚构的创作，还不如说是对现实生活影响更大。这种影响与其他的影响交织在一起，很难定义。1787年11月歌德在罗马收到一个法国人的来信，这位法国人在信中感谢他，用他的书在千里之外，将一颗年轻人的心拉回到道德和荣誉中。这样的情况，在1799—1804年法国大革命和执政府期间很多见。他们都将自己的良心，自己的狂热和理想归功于歌德。

总而言之，在18世纪末，歌德已成为"《维特》的作者"，而且持续了很久。而"《维特》的译者"则是一位文学家。从1776年至1797年，共有15个新译的或再版的《维特》在民间传播。其中有的译本译文质量很平庸，有的则在感情的表达上比德文原著更夸张。书的封面装饰着小图像，或是极煽情的几个场景画面。要么是不幸的维特的画像，广告上写着"相信主人公的故事一定会让您感兴趣""对于一个如此美貌的男子的不幸故事，您一定不会无动于衷"；要么是些铜版画，就像挂在德·麦斯特房间墙壁上的那些，令人气愤得想要摘下来用脚踹，以表达人们对"冷漠的阿尔伯特"的愤怒……

但时代变了。法国大革命给予那些保守且敏感的人，或是极其幼稚的人一个职业、一份消遣或一座坟墓。波拿巴开始让所有年轻人都行动起来，正如后来司汤达一针见血的描述："波拿巴搅动了一代青年人。"代表1780年法国贵族青年希望的《维特》的强烈反抗精神在不知不觉中已不再是这本书的主要作用了。它的具有"稀释"功能和"反社会"能力的忧郁，将被那些想要重建信仰和恢复传说的人所摒弃，或是只被那些面对废墟多愁善感和面对过去一声叹息的人去品味。在世纪末的作品中，在具有《维特》痕迹的作品中，只有斯塔尔夫人的《黛尔菲娜》依然丝毫未变，拥有歌德小说的个人主义思想，这是因为，这位卢梭弟子的这本书，尽管出版于1802年，却有很深的思想情感渊源。

　　斯塔尔夫人这样说："《维特》对我影响很大。"这本小书一直都在谈感情的权利，怎能不让这位杰出的女人感动呢？难道她不是一直都在关注着他的心，他的敏感，以及一个慷慨天才的热情吗？关注着对其他人来说可能只是想象中的一个情节或是一个智慧的表现？她的一个童年的朋友这样说道："能让斯塔尔夫人感兴趣的是能够让她流泪的东西。"她是一个诗意的、很挑剔的读者，却对《维特》情有独钟！在1795年发表的《虚构作品论》中，她把《维特》放在极其重要的位置。她说，对当代读者来说，兴趣会很快消失，历史虚构与历史真实无关，也与小说无关。之后，她还说："什么都不是真实的，但一切都很相像，一切都是杜撰或模仿出来的。"她承认这类小说有很多优点，首先是令人感动的能力。《维特》在很多作品中被引用，就是因为它表达感情的能力和表达心声的能力。

　　1800年，斯塔尔夫人在《论文学》中用了很长篇幅谈《维特》的优美，并详细地分析了书中的隐意。她说："德国人拥有一部杰出的书，人们把它称作小说，但许多人并不知道，这是一部严肃的书……有人指责《维特》的作者，说他不该让主人公除了爱情的苦恼之外还有其他苦恼，不该让他对所受的屈辱感到那么强烈的痛苦，不该对造成这种屈辱的等级的偏见怀有那么深沉的愤懑；而在我看来，这恰恰是这部作品中最好地表现出作者天才的一个地方。歌德要用一颗敏感高傲的心灵的全部创伤刻画一个受尽痛苦折磨的人；他要把那将一个人逼向极度绝望的一切弊端

第一部分 "《维特》的作者"

都描绘出来。自然界产生的痛苦总还可以想出办法来摆脱，社会却在你的伤口中注入毒汁，致使你的理智完全丧失，使死亡成为你的一种需要。"我们必须注意这些话：在把维特看成第一个令人关注且忧郁的青年的评价中，把他的冒险看作一场独特的、煽情的爱情故事时，这位卢梭的弟子于1774年给予《维特》的同情，使这部作品的价值得以被发现，这种价值在王朝复辟时期给它带来了大量的读者。之后，斯塔尔夫人在分析了维特的社会地位之后，还分析了其情感的本质："在《维特》这部作品中，思想与感情、冲动与理性结合得何等巧妙啊！只有卢梭和歌德才能描绘那种具有反射作用的激情，那种懂得对自己做出评价、认识自己却又无力克制自己的激情……要表现一个在头脑里不断审察自己，沉沦于痛苦之中，想入非非，有力量看着自己受苦，却无力解救心灵痛苦的不幸者，再也没有比把痛苦与思考、冷眼观察与狂热妄信相结合的手法更能感动人心的了。"

斯塔尔夫人捍卫《维特》，反对认为"该书引发了自杀"一说。她的辩护是非常现实和及时的，因为就在此时，在斯塔尔夫人的周围，绝大部分人都在指责《维特》的故事情节有"反社会"倾向，而她并不像浪漫主义作家那样，她不为天才的权利而呼吁，而是为被命运压迫的个人，为他们应有的自愿放弃斗争的权利而呼吁。

斯塔尔夫人写道："让一个饱受感情折磨的人来分析自己的感情。"斯塔尔夫人与贡斯当的关系就是这样的，两颗心灵分别带着锁链，既无心打开，却又不想扣紧。她此时想创作一部小说，曾在《论激情》和《论文学》中已经有所透露。这本书"真正表现人的不幸，揭露人们一直不敢面对的懦弱、烦恼、灾难、无法治愈的绝望以及不可救药的痛苦"。这本书就是《黛尔菲娜》。它是一本书信体小说，正如作者在《德意志论》中说的，是"言情胜于事实的类型"。这里所说的事实就是不断出现的障碍，造成黛尔菲娜和雷翁斯·蒙德维尔的爱情不圆满和犹豫不决。虽然他们之间由误会造成的影响可以修补，但感情的不睦和性格的不相容是绝对无法解决的，黛尔菲娜只听从于自己的内心，而蒙德维尔则更顾及社会道德规范和法律法规怎么看。但至少，他们是一起死的，他们的悲情结局从反面证明："一个男人应该懂得如何直面公众舆论，一个女人应该懂得怎样服从于公众舆论。"《黛尔菲娜》的主旨就是要与向社会道德舆论妥协的论调做斗争，因为，斯塔尔夫人实际上就是要为听凭心声的行为辩护，她不认为舆论应该把一个人的感情限制住。

维特的痛苦就源自他在所处的社会中没有地位，他既没有力量为自己的前途做出努力，又不想认命，既没有能力让别人承认自己，又无法忍受自己的卑微。黛尔菲娜的痛苦是身陷一个舆论和道德网，它们不是社会的必要，而是"男人的法则"。所以，在这一原则上，两本书所表现出来的怨是很相似的，是个人对社会的控诉，是女人对社会固有的观念的控诉。因为由于女人自身性别的原因，就注定了只有依靠婚姻才可能得到幸福，在婚姻里得到爱情；如果没有这些，那就必须把"呼唤幸福的灵魂激情扼制住"，因为人们并不想提出利他主义治愈痛苦的良方，对非个人的事业的忠诚，一个真正有行动力的施舍。《维特》和《黛尔菲娜》的相似性，不乏让认真的读者感到吃惊。司汤达认为，女主人公非常形而上，维利耶在1803年5月4日给斯塔尔夫人写信道："您书中基本的和创造性的观点，就是表现人原始的、恒久的、幼稚的、激情的本性被禁锢在世俗社

第一部分　"《维特》的作者"

会的枷锁之下……不过，这同样也是指导《维特》的作者创作的母思想。"

　　1802年还有一件特别的事要提，那就是一个女性的《维特》，或者不如说是女性主义的《维特》的产生。因为在当时所处的动荡时期，社会体系的重新构建、王朝复辟、百废待兴的时代，歌德小说的社会倾向遭到了几乎一致的攻击。在《维特》的读者中，连最狂热的人也只欣赏书中流露的伤感和情调，借以补偿传统的断裂在忧心忡忡的灵魂中所造成的各种遗憾。

第二章　贵族与基督徒的维特们

> "我给他介绍这本书，说：'《维特》也是……'
> '不幸者的朋友。'施黛拉道。"
>
> 诺迪埃：《被流放者》第八章，1802

　　从1800年至1804年，又有几种不同的《维特》译本出版，特别是著名作家兼翻译家塞万灵的译本。这些译本又将文学批评引到该作品上来，而该书的火热度却已经时过境迁了。不多的几篇基本没有什么影响力的文章谈及《伊菲格尼》《赫尔曼与窦绿苔》《威廉·迈斯特》等作品，这些作品可以被视作对《维特》"利己主义"的修正。这时，一个自1776年以来从未停止争论的问题又重新引发了人们激烈的争辩：歌德的主人公到底值不值得宽容和同情？与他的不幸相比，他是不是更有罪？难道他不是在反对神圣的法律和人类的自然法则，厌恶宗教、背弃生命吗？出于对美学原则的考虑，舆论很快指责声一片。但斯塔尔夫人并不认为维特是一个具有传染性的例子，而这不是那些一心想要在1800年间重新建立社会体系，并雄心勃勃地要在法国恢复道德统一和信仰安全的人的观点。很难说在这个世界重组的时代，真正的信仰和真诚的基督教是否能够深入人心，但可以确定的是，信仰的恢复被看作人类大同的关键和道德的保障，这一点在当时受到许多思想家的推崇。即便在那些喜欢这位感情忧郁、富于幻想的德意志主人公的读者当中，维特依然背负孤僻的情绪和绝望的死亡的罪行。当然，他依然是一个热烈的情

第一部分 "《维特》的作者"

人,他的痛苦依然感动着那些内心躁动的敏感的人。本杰明·贡斯当在引用了吕西安·波拿巴写给雷卡米埃夫人的信后,做了这样的评论:"这封信的风格明显地模仿了自《维特》到《新爱洛绮丝》等一系列描写激情的小说的风格。"巴朗什在《情感》(1801)一书中,颂扬了那些"将内心诉诸笔端"的作家,他感叹道:"《维特》《保罗和维尔吉尼》!……难道列举这两部伟大的作品还不能说明问题吗?"于是,维特式的温情脉脉和激情四溢充斥着他作品的字里行间。"哦!我多么可怜那些冷漠麻木的心,他们从未有过激情,面对任何情感都无动于衷,他们没有血肉,也没有心肝,他们的头脑没有热度,他们的血管里甚至没有流动的血液,他们既不会被感动,也不会同情,更不会流泪!"布让1801年2月在《法国图书》报中写道:"无论是谁,只要你阅读过那充满感伤的文字,维特的名字就会在你的心灵里激起多种情感,它们既温柔甜美,又让人撕心裂肺……"诗人加布里埃尔·勒古维在1798年的一首名叫《忧郁》的诗中这样写道:

啊!如果让艺术画出你在我们眼中的轮廓,
那应该是一个安坐在树荫下的圣女,
她,遐想着,沉浸于隐约的遗憾,
在涛声中,饱缝着诱惑的伤感,
睁开羞怯的眼帘,让我们看到,
潮湿的眼眶里充满性感的泪,
胸口起伏着,发出叹息,
她手里捧着《维特》,倚在一颗柏树前。

但批评界还是时常有所保留：如果说伏尔泰式的批评对《维特》的抒情和内心活动只是不怎么欣赏，那么多情的新基督教派则严格拒绝接纳与其教义相悖的哲学。1798年8月1日，教育学家兼慈善家德日朗多在一家刚开张的报纸上撰文道："《维特》的目的是什么？是教我们如何去爱吗？但他的爱却使他更不幸，更有负罪感。难道不是把这种情感变成幸福和道德的途径才更好吗？"他的同乡里昂人巴朗什在《碎片》第一部中干脆直接引用了《维特》奥西昂风格的夸张："春风啊，为什么你在我的耳畔低吟早安？"在第四幕里，作为回应主人公的哀怨，写道："徒劳，过客，你震惊于你命运的悲惨，好像你的造物主只用你短暂的生命来填满。"

此时的批评界抵制《维特》到了要摒弃它的境地。他们的批判主要由1802年吉庸神父的"自杀访谈"引起，吉庸还特别举证了阅读该书后引发自杀的案例。里昂中学考试时也以"论小说对风俗的影响"作为考题。诗人米勒瓦因于1802年发表的讽刺《维特》的文章获了奖。文中并没有点名歌德的小说，却介绍了一位《维特》狂热的读者：

可能，想着自杀恐怖的场面，
她踱步到杀人的彼岸，
颤抖着，但却重新鼓起勇气，
把死亡当作避难，把波浪当作坟墓。

作为诗歌的补充，注释中解释了一个阅读《维特》后想自杀的人的心理过程："难道不是因为他们的思想受到某个小说主人公的蛊惑，把自己的处境与主人公的处境相比照，自愿像小说人物那样英

第一部分　"《维特》的作者"

勇地赴死吗？"

　　一方面赞赏夏绿蒂情人梦幻般的爱情；另一方面又要想唤起人们的良知，为过时的信仰呐喊，这正是1800年间最生动的、也是最个性化的文学作品的主题。在19世纪初，查尔斯·诺迪埃初期的作品问世，我们可以说，他作品中的主人公，甚至作者本人，都是大革命期间以及后来的王朝复辟制度下的维特，是失去了信仰和秩序的维特，有着与莱茵河对岸兄弟同样的感动与不安。我们知道，在查尔斯·诺迪埃身上，这个贝桑松重罪法庭庭长的儿子，斯特拉斯堡施耐德的学生，反督政府和波拿巴的保守者，内心的流亡者和浪漫的冒险者，身上大革命的印记是那么深刻而持久！德国著名作家亨利希·海涅这样说："查尔斯·诺迪埃一生中多次险些被斩首，所以，他偶尔失去理智不会让人感到意外。"《维特》为发展激情的想象力奠定了基础，年轻的弗朗什·孔泰正是富有这样的想象力。他在不得已藏身的吉罗马尼写的信中，列举了他隐居的小书房里的藏书：莎士比亚、蒙田、林奈、克洛普施托克等作家的作品，还有《诗篇》《鲁滨孙漂流记》等。他在信的结尾写道："我没有跟您说《维特》，是因为我总是'随身携带'着它。"这是因为，对诺迪埃来说，正如他作品中的人物，"凄惨伤感的主人公"把他的忧郁与一个流亡者和孤独者的心境联系在一起，并把极度的绝望呈现给人们：《维特》已成为痛苦无助的灵魂的神秘化身，或者可以说，主人公的不幸，表达了一代青年人对社会深感无助，同时，对无政府的混乱状态感到恐惧。

　　比如在《被流放者》中，小说人物在散步时都怀揣一本《维特》。"它是不幸者的朋友。"政治犯、因失恋而变态者、遭丈夫移民抛弃的女人，所有这些不幸的人，都对《维特》爱不释手，并从阅读中获得几乎病态的愉悦。早在1820年出版的《阿黛勒》一书，讲的是一个移民者重新回到法国后的心态。这个移民者认为他至少应该从自己的不幸中得到些好处，比如可以冲破贵族的种种藩篱，自由自在地谈一场恋爱，可到头来，人们依然摆脱不掉那根深蒂固的偏见，他因此痛苦至极。再比如，1803年《萨尔斯堡的画家》体现了诺迪埃对《维特》的崇拜，除了在宗教信仰方面有些约束外，他几乎是毫无顾忌的。小说的框架和总的结构完全复制了《维特》的三角模式：维特—夏绿蒂—阿尔伯特。查理·曼斯特是一个被流放者和忧郁的画家，他的恋人奥拉丽是一个逆来顺受的妻子，而奥丽拉的丈夫也不具有"冷静的头脑"，是与其他两个人物有着共同梦想的人物。就是这位叫斯彭科的丈夫对忧郁的曼斯特充满了无限的同情，特意安排让自己尽快死亡。在死亡的前夕，他把妻子和妻子的情人叫到床前，道："祝你们幸福！我的生命再也不会成为你们的障碍了。"但奥拉丽最终进了修道院，查理·曼斯特在多瑙河的一次泛滥时溺亡。

在诺迪埃的这部书里，维特式的极度夸张大获全胜，基督教信仰的考虑遭遇失败，维特式创作将影响他的终生。1811年他在《甘提尼回忆录》中写道：

> 我亲手栽种的小树是那样葱绿，
> 铺满长春花藤的墙壁和幽暗的大街，
> 在那里，我同情曾经模仿过的维特……

后来，1829年，他为拉蒙·德·加尔伯尼再版了《奥尔班青年最后的冒险》，同时，还为这本书写了热情洋溢的序言。忧郁的不安和伤感一直保持在诺迪埃的创作中，这种不安在他初期的长、短篇小说中尤为强烈。他的创作自觉与大革命时代紧密相连，只是偶尔在不同的境况下多了一些讽刺、怪异和莎士比亚式的暴力。他开始担心是否能够找得到治愈这种疾病的方法，我们看到奥拉丽最终进了修道院。继《萨尔斯堡的画家》后，诺迪埃在《修道院思考录》以及《忧伤的人》结尾部分的信中，都强调了修道院的作用。他认为修道院是给那些无法忍受现实生活的敏感心灵的紧急避难所。"一颗缺乏自信的羞怯恐惧的心，一颗需要孤独地与造物主在一起的炽热的心，一颗不再相信有幸福可言的愤怒的心，一颗因长期遭受不公正待遇而一触即发的心，一颗被失望折磨蚕食到彻底绝望的心，能有什么办法来对抗这样的大灾难？只有借助自杀……要知道，一颗向无奈敞开的愤怒的心，有多少次都差一点就犯罪，我无奈地向恐怖怒吼：维特的手枪和刽子手的斧头已将我们灭杀！"

如果说在诺迪埃的思想中，维特式的疯狂与必要的具有安慰作用的基督教思想完美地结合在一起，那么，对过去的旧制度的怀恋，在他的小说中，都转化成了一种相似的笔调，描述这一时期的贵族移民各自的内心冲突。流亡初期一过，复仇的幻想破灭，对流亡生活的习惯对某些人来说转变成了一种自我封闭，而这一点，孔代的军队好像并没有经历过。塞纳克·德·梅兰在1797年创作的《移民》中，把德国人的忧郁和法国人的张扬结合起来，塑造了主人公圣阿勒班，一个维特式的人物，他不那么爱申辩，但爱交际。同年，又有从德文译来的《两个情人流亡的故事》出版，被报纸上称作"两颗只顾自己"的心。圣伯夫在《女人肖像》一书中，分析了雷慕沙夫人去世后出版的小说《夏尔和克莱尔》或《长笛》。这部书论证了流亡第二阶段时的情景，人们已经不再那么惊恐不安，更加认命。索萨夫人的《欧也纳·德·罗特兰》中的主人公，在心理上与维特如出一辙，都具有"敏感而温柔"的心灵。小说书信私密的形式也一样，且都关注流亡者的问题。作品中再现的是第二代流亡者，他们在流亡中成长，而不像第一代流亡者那样，到来时就带着成年人的习惯和偏见。他们静静地伤怀忧郁，就像散文家利瓦罗和作家让利斯伯爵夫人对避难同伴轻蔑和嘲讽的那样。受德国浪漫主义的影响，这类文学被蒙上了差异的色彩，让旧体制下讲精神故事的人们大为震惊，这就不足为奇了。批评家们从前宣称，夏绿蒂是一个外省乡下人的典型，而维特则是一个不真实的情人，这也不足为奇。

曾经以文学品位和习惯的名义，对歌德的小说做出的这种评判并没有完全停止。1804年2月13日发表在《争鸣》上的文章，反对所谓的"德国经典""富有创造性，情节曲折跌宕，充满激情的对话与表达，优于众多法国小说"这一观点。但此时反对的焦点主要集中在"为自杀辩护，鼓励寻死和不与他人交往"这一主题，这是批评者们在《维特》里极力挖掘到的。塞万灵在1804年译的《维特》，经他不懈的努力，尽量忠实于原文，比他之前的译本更贴近歌德原版，这一译本引发媒体激烈的讨论。《记者报》1804年霜月12日发文称："庄重严厉的批评家将《维特》看作是许久以来文学作品中最有害的一部书，它在德国也引发了多起自杀案件……"当然对该书还有别的批评，如："它激起了人们对社会机构强烈的仇恨，对社会等级深深的不屑，对各职能机构的强烈的反感和厌恶，就这一点来说，这本书的影响是极坏的。"

然而，1804年初（雪月16日和雨月14日）《法国水星》杂志上刊登了两篇文章，对《维特》的法文译本和德文原著都进行了批判，文字极其尖锐恶毒："牧羊人，如果你想让大树夏天为你遮阳，那你就要将其从根部复活……"对此，《巴黎报》雨月4日的文章进行了反驳。维特有其民族的特征，难道法国大革命不是从德国的思想运动中汲取了养分吗？"当我发现充满强烈感情的辩护词中拥有不容置疑的法则时,当主人公性格中的独立得到如此颂扬时,我没能够阻止自己承认《维特》一书是成功的……要对如此世纪病追根溯源,只看一眼这位德国天才作家的不符合规矩的某个作品,而不去发现在这个民族里,每个作家都是那么充满激情地投入自己的文学创作,在无限的舆论自由体系里,形成了自己独特的个性,那几乎是不可能的。"改革运动,与它的煽动者的作品一起,都源自同一叛逆精神:危险的榜样和可憎的原则,比模糊与碎片式的书更加可怕,这无疑要把责任推给歌德的小说。

《哲学十日》和《巴黎报》嘲笑《法国水星》杂志的批评太过正统、太夸张:"从报刊的办公桌跃上了真理的论坛,好像在教区高谈阔论,或者好像它那可怜的小文章就是主教训谕……"《维特》的批评者是要找那可恶的哲学以及那些该死的哲学家们复仇,认为他们才是所有罪恶的罪魁祸首。但是,时代对这些"思想家"很不利。《法国水星》重组,主编在其文学版面刊登执政府的政治倾向:恢复旧传统,即复辟。如果不是宗教的虔诚,至少也是有共同的和外在的信仰,正如人们开玩笑时所说的,就是粉饰基督教。就《少年维特的烦恼》一书及其影响的本质来说,与当时批评个人主义和自我反省的倾向是吻合的。

然而,要弄明白夏多布里昂的《勒内》有哪些方面回应了《维特》,我们还必须记得,就是这家《法国水星》在 1801 年支持和赞助了《阿达拉》的出版,并预告了《基督教真谛》。我们还要记得,在 1802 年,这家报纸的主要编辑封塔纳,也是夏多布里昂思想的契合者,认为:"《勒内》表现了崭新的很普遍的道德,面对的是像年轻的维特和卢梭那样的牺牲品,他们追寻幸福,却远离内心自然感情和社会共同道路。"

夏多布里昂在《捍卫基督教真谛》中,宣称作者欲在本书中

"与直接导致自杀的疾病做斗争。在我们中间,是让-雅克·卢梭第一个将这些如此可怕的、如此有罪的遐想引入……小说《维特》从此发展了这颗毒芽。《基督教真谛》的作者,不得不在他的辩护词框架内,加入几幅想象的画面,想要揭露这种新的恶习,同时描绘出孤独极端的爱情的恐怖后果……"然后是对修道院的追忆。修道院好像是为保护患病的灵魂免遭病侵而筑起一道天然屏障,这也是我们在诺迪埃的作品里看到的:"过去,修道院是给爱思考的灵魂的一个休息所,自然把它称作沉思……"最后,我们发现,在《墓外回忆录》中,作者虽然两次提到歌德,把他称作"本主题著名诗人",夏多布里昂对歌德所表现的崇敬是一个弟子对导师表现的那种:"拜伦勋爵,或者同我一样是他的世纪的孩子,像我和我们之前的歌德一样,将经历爱情和苦难……""我首先承认,在青年时代,《奥西昂歌谣》《维特》《一个孤独的漫游者的遐想》《自然论》,同我的想法是亲近的。"①

夏多布里昂想要创建一个反维特式的人物,这个人物具有代表性和现代性的诱惑力,同时,又在维特的个人主义和被忘却的宗教安慰间建起一道联系,成为一副解毒剂。在歌德和夏多布里昂的主人公之间,这种依存关系很直接。这样说,丝毫不会贬低法国这位伟大作家的功绩,因为即使没有德国这位先驱激发了他的激情,唤起了他的觉悟,理清了他的思想,即使没有前人,他依然拥有极高的创造力、广阔的想象力和创作热情。只需看一看 1800 年他给自己设定的目标就知道他有多么杰出了。他计划创造一个反维特式的人物,却造出了一个基督徒式的维特,比维特更耀眼。这个人物并没

---

① 《墓外回忆录》第二卷第 208 页。基内在 1831 年 3 月 23 日拜访夏多布里昂之后,在写给他的母亲的信中说:"我们交谈甚欢,谈了希腊、德国、歌德,以及他赞赏不已的《维特》。"——原注

第一部分 "《维特》的作者"

有颠覆歌德作品的主人公,而是与他并驾齐驱。不然夏多布里昂又该怎么办呢?为了以谦卑驳斥维特自私的痛苦,以及他对没有希望的模糊情感的渴望,必须要创造一个衍生的人物,某个事物,就如弗洛芒坦所写的《多米尼克》,或者英国诗人沃兹沃思的作品。沃兹沃思在夏多布里昂创作《勒内》时,隐居在故乡湖畔,寻求内心的宁静。此时,夏多布里昂,这位布勒东的绅士,其丰富的想象只能在另一块大理石上雕刻一幅悲惨而孤独的面庞。他的勒内,这里无需再重复,其实就是作者的自画像。这位富于幻想的凯尔特人远不是维特的亲子,只不过是他的半个兄弟或表兄弟。他忠实于传统的基督教,而作为贵族和基本看破红尘的基督徒,他同时也是一个布尔乔亚和天真的人。维特因不懂享受现时而痛苦,屈从于不可能,忍受充满敌视的社会的各种条件束缚;勒内因生命本身痛苦,因徒劳的努力,因命运的无所谓而痛苦。因为作为一个过客,人的心只能到达有限,可内心却装着无限的欲念,追求无限。维特说:"如果我能够有欲望!"勒内说:"没必要有欲望!"他情感丰富的梦幻者心理又增加了宿命概念及自身强烈的诅咒,是他随身带来了不幸,用尼采作品分析中的话说,这是整个部落大屠杀的无意识原因:《维特》不存在的永久不走运的预先宿命,这便增强了人物戏剧化的伟大。夏多布里昂忠于自己作品的倾向,让其通过苏埃尔传教士的口表达那些骇人的真理,那大概是以基督教的名义对无效梦境和骄傲的伤感的谴责。"在这个故事中,没有任何东西值得同情。我看到的是一个被幻想萦绕脑际的青年,厌烦一切,拒绝一切社会责任,只是一味地沉迷于自己徒劳的幻想中。""先生,一个只看社会阴暗面的人不是一个高尚的人。只有目光短浅的人才会憎恨人与生命……自以为是的青年人,以为只有自己一个人就足够强大了,不能与上帝同在的孤独是不好的,这种孤独在让你的灵魂强大的同时,也剥夺了你行使它的能力。任何一个收获了强大力量的人，都要把它服务于自己的同类，因为如果你偏废了它，就会被一种神秘的力量诅咒，早晚上天会将可怕的惩罚降临到你的头上。"

《法国水星》杂志向夏多布里昂表示祝贺，祝贺他通过传教士的口，说出了此番"粗暴的指责"，就像对自私的梦幻者进行的"谴责"一样。对于大部分善于发现文学之美、准备追随作者沉入忧郁遐思的读者来说，基督教对小说主人公的谴责，丝毫不能损伤其在读者中的地位。夏多布里昂笔下的梦幻者坐在波涛汹涌的密西西比河岸边，被完美地裹在骄傲的痛苦中。从效果上看，很快成为歌德笔下在韦茨拉尔树下散步的那位身着金扣蓝装、朝气蓬勃的少年的知己，这一点还有必要指出吗？夏多布里昂自己也承认了这一点，他习惯自我谴责，而不愿意缄默不语。他在《回忆录》中说道："如果《勒内》未完成的话，我就不会写它了；如果我能够将它毁掉，我会这样做的。诗人勒内和散文家勒内的家族大量繁殖；此后，人们听见的只是哀怨和不连贯的句子；到处是狂风骤雨，到处是与乌云和黑夜有关的生僻的词语。没有哪一个从中学出来的无知学生不认为自己是人类最不幸的人……"这里，他又一次站在这位德国前人的对立面。而对于《维特》的作者，尽管极为相似的评论如"雨后春笋"，令他愤怒不已，但他依然大声疾呼：任何真诚的痛苦都有权利抱怨！他承认《维特》式的创作热只是反映了人们面对生活时的一种临时态度，是一个强者迅速跨越、弱者沉沦的过渡阶段。

维特的面孔在《基督教真谛》作者的笔下改变了形象，获得了光芒和威信，在传统的忧郁中，又加上了莫名的克尔特人的伤感。这时，一部外国人执笔的、结尾符合当时宗教倾向的法国小说，重新塑造了歌德小说的情感状态和悲剧。1803年12月，小说《瓦莱

第一部分 "《维特》的作者"

丽》出版，作者是昆德纳夫人，她从出生就对欧洲的另一端——波罗的海沿岸国家充满热爱。这也是她文学创作充满风格神秘的人物名字的缘故，如：阿曼、霍夫曼、扎沙里、维尔内等。她，一个深蓝眼睛的利沃尼亚小个子女人，瓦莱丽特有的灰金色头发，嫁给了一个"冷酷的阿尔伯特"，一个正面形象的丈夫，比她大20岁。作者在这部小说中描述的大部分场景其实就是她的真实生活，只不过是用了《维特》提供的情节作为钥匙，描述了她自己的人生。她作为一个外交官的妻子，爱上了一位在大使馆工作的秘书——亚历山大·德·斯塔杰夫。作者没有给出多少心理分析的数据及更多史料。《瓦莱丽》是一部书信体小说，展示了这样一个故事：一个男青年爱上了朋友的妻子，而那女人却毫无察觉。男青年痴迷于这场没有结果的爱情无法自拔，最终饮恨自杀。因为昆德纳夫人一定要让小说中的居斯塔夫，也就是真实生活中的亚历山大·德·斯塔杰夫伤心欲绝而死。可能她认为现实生活就应该是这样的。面对她说"那青年已经死了"的时候，有人反驳道："怎么！死了？可他在日内瓦！""啊，亲爱的，如果他没死，那事情可不好办。"昆德纳夫人不乏优雅地说道。总之，那位好青年的确死了。他在告别时对瓦莱丽表明爱意之后就离开了，来不及恢复镇定，他开始咳嗽，吐了血。作者给他安排了一个长长的临终弥留场景，描述得极其细致入微，这对作者要表现居斯塔夫伟大的爱至关重要，他的肺结核，他对基督教的虔诚，让每一位接近他的人都甚为感动。在他答应瓦莱丽不去自杀以后，在他给一个朋友写了下面的信之后，作者杀了他。他在信的字里行间，都对《维特》的结尾进行了指责："别害怕，埃内斯特，我永远都不会自杀，永远都不会冒犯这个对我生命至关重要的生灵，她长期给予我如此纯洁的幸福。噢，我的朋友！我将自己置于这样热烈的激情里，是我的罪过，它该把我毁掉！但至少，我因热爱这个高尚的道德与神圣的真理而死,我并不像我的同类那样,抱怨上苍给予我的不幸!……"

作为少年维特的第一个可爱的变形,它不管怎么说都只是一个仿制品,没有太持久的意义,且不说小说的细节,虽然这些细节可能会使小说"持续"一段时间,比如在西班牙大使馆的那场著名的"披肩舞会"。维特和勒内的内心深处都对无限、绝对和理想有着不可遏制的欲望,同时,又为不能接受因自身的局限赋予的生活和现实而痛苦。居斯塔夫只因爱瓦莱丽而痛苦,所以他的忧郁只是零散、偶尔地发生。但是,到了1803年,昆德纳夫人的小说依旧被读者当作多情的《维特》来追捧,但它却更倡导道德,奉劝人们更笃信基督教。这一用心,在小说的前言部分便已露出端倪。作者写道:"看到居斯塔夫如此频繁地回到宗教思想上来,请您一定不要吃惊,因为他的爱情被道德打败,需要宗教的救赎。的确,难道人们不是把在大地上解决不了的问题求助于上天来解决吗?"而歌德在1804年4月21日给艾希斯泰德的信中称这本书"毫无价值,还且不说它极坏"。当时的批评界一般把着眼点放在分析它与《维特》的关联上。米肖在1804年雾月18日《法国水星》上撰文道:"居斯塔夫死了,像维特一样,他是爱情的牺牲品,但他却没有树立自杀的榜样,宗教在他生命最后的时刻接纳了他。"同样,《记者报》1804年雨月21日发表一封信,信中写道:"好像作者刻意避免去碰触《维特》被指责的地方。维特总是不高兴,他质疑所有的行政机构,总是抱怨自己的命运,最终自杀。而居斯塔夫总是顺从,在死亡的那一刻给人们上了最美的一课。"的确,居斯塔夫的死亡让某些读者在感情上无法接受。比如,有一天,加利茨王妃因为小说《瓦莱丽》结局的悲惨而痛哭流涕,甚至因此未能进晚餐,利涅亲王不得不给王妃改写了一个较为安慰的结局。由于该书的主人公缺乏特别的意义,在被描写的阶层缺乏代表性，所以，虽然它曾热闹一时，但很快便归于沉寂。这部小说流行的时间比塞南古的《奥伯曼》要短，但《奥伯曼》于1804年出版时并不为人所知，而是在其作者死后才被人发现，并被读者视为珍宝，崇拜不已，人们把它与《维特》和《勒内》相提并论。1816年圣伯夫在致作者女儿的信中也对该书大加赞赏，称之为一部使塞南古名垂千古的作品。

1820年，《奥伯曼》出版的日期以及作者受《维特》影响的部分引起了人们对它的特别关注。当作者塞南古在瑞士的弗里布郊外撰写作品时，他正经历着感情和选择志向的危机：违逆长辈的意志，接受包办的婚姻，接连而至的亲人的离世，这些都可能为小说单调而深刻的忏悔提供了素材。但是，好像塞南古有意尽量避免描述外部事件和内心的情感冲突，以致在其长达十年的书信中，没有透露其感情和生活上的只言片语。他在1821年《蜜蜂》杂志上这样写道："而你，威悉河彼岸的自然之子，微不足道的夏绿蒂的敏感的朋友，你很善良，但我可怜你狭隘的思想。你只需被海浪卷走，或是掉进深渊。我相信，你会满足于从埃特纳火山的通道沉入非洲的大海。可怜的维特！没有勇气，缺乏想象的家伙！……"好像塞南古一定要让他的主人公陷入绝望的境地，才能突出他对幸福和行动以及顺天安命所持的观点。这样，在奥伯曼成长的环境里，一个女人模糊的影子显现出来。他看到了她，是他朋友封撒沃的妹妹，一个温柔而不幸的女人。奥伯曼一时为她担心，但很快便离开了她。他写作、旅行、行善举、做好事，但坚决远离爱情，因为他对自己的人生不确定。这样，作者摆脱了《维特》的情感纠结，没有《勒内》罕有的才华横溢。奥伯曼的忧郁完全源自其永无止境的逃离：逃离时间、各种事物、各种现象。对宗教的道德观念的不确定和对命运的迷茫，最终导致的不是自杀或者"致命"的骄傲，而是完全的否定和放弃。维特是一个意志薄弱但想象力丰富的人，勒内是天才的梦幻者，他认为欲望无用。奥伯曼是一个纯粹的弱者，他试图在事物的自然法则里寻找缺乏意志的理由，或者引用乔治·桑在对比三个人物时所说的话："维特是一个应该死在笼子里的囚徒，勒内是一只受了伤，但能重新振翅的鹰，奥伯曼是礁石上的鸟，大自然拒绝给与它翅膀，而它向沙滩倾吐着它平静而忧郁的抱怨，船只每日从这个沙滩出海，返回的却只有碎片……"

如果说维特式的创作在《奥伯曼》那里找到了自己形而上的一面，那么本杰明·贡斯当的《阿道尔夫》则向其提供了极端的结果和这样的表述：内心分析与解剖永远破坏内心的坦诚。在 1807 年，当他用了半个月的时间写就这本书的时候，这位有着长长的金发、大大的蓝眼睛的作者，距离自己像维特那样出现在斯塔尔夫人的小圈子里的时光已经那么遥远！在他与《黛尔菲娜》的作者交往时期，过于看透未来的爱情的种种折磨，冷酷决绝的极刑最终埋葬了这位被一位当代作家称为"30 岁以前叛逆期"的青年人的全部纯真感情。甚至，他开始远离维特的激情，远离对大自然的热爱，远离对老实人及儿童的真诚，专注于无情的分析，"倾向不稳定，焦虑厌倦，突然涌向内心的灵魂疾病"。这本书里严苛的分析及现实主义心理，使其笔调完全不同于《维特》的热情的忧郁，也不同于《勒内》幻想的破灭。他精确的分析将玛利沃和拉克洛弃之不用的传统联系在了一起，使其与他们处在同一条脉系和同一高度上。他与歌德小说的关系就好比玛利沃与拉辛作品的关系：内心生活不再需要外部世界的撞击就会发生长久震颤，但它自己却稍有一点涟漪，便会或制造自己的毒药或制造自己的快乐。维特 30 岁，如果他的生活不能将他极度的敏感治愈，他可能会投入一个更加蛮横的夏绿蒂的怀中，就像阿道尔夫面对痛苦专制的艾蕾诺尔一样。

第一部分 "《维特》的作者"

奥伯曼的涅槃和阿道尔夫精明的冷漠在当时都是分析精神和忧郁的独特表现，而《维特》中的忧郁曾是这些最明显的症状之一和最有活力的成分。1802年，古尔内的五幕散文诗剧以自杀结尾，重新回到《维特》这部小书的主题，这种情况在当时比较少见。因为那时，情感小说作家的创作规则，正如我们所见，是不挑战固有道德，或者如有可能，劝解人们向善，遵守社会道德规范。但如果认为这是治愈维特病的良药的话那就大错特错了。圣·约翰·克里索斯特姆说："摆脱伤感的最好办法就是不去爱。"他们还要将这种劝解进行到底，并将其发展到新大陆。当然，维特的粉丝们喜欢这种伤感，正如他们喜欢无所行动、即使不算唯一、至少也算独特的思想，对青年人的骄傲是一种少有的鼓励。诗歌继续忽略这一抒情源泉，因为诗歌大发展来临之前，小说给读者提供了短暂的消遣。

所以，歌德的小说此时既没有远离文学，也没有远离读者的视线。丹普马丁发表在一家杂志上的论文《论小说》（1803）里的确忽略了歌德，让利斯夫人虽然在"丰富了德国文学的不朽作品"中列出了歌德的名字，但在《阿黛勒与狄奥多尔》里却对歌德的作品只字未提，因为她很憎恶敏感和浪漫。但柯策布在其所著的《巴黎回忆录》中用了文字游戏："时髦的青年人在晚餐上看到一种叫夏绿蒂的苹果点心，就优雅地说：'我非常想做这个夏绿蒂的维特！'"巴泰勒米·于埃·弗劳博维勒1803年在法兰西岛出版了《悉尼或想象的危险》，奥古斯特·朗贝尔在1807年出版了《普拉克赛德》。还有1804年匿名出版的《新维特或埃德蒙和塞西尔》，1811年出版的《达尔河畔的维特》，还有从英文翻译过来的《爱的愤怒》等一系列《维特》衍生品。书信体小说像戈丹夫人的《阿勒伯的牡蛎》也属于这一类型，有人物三角关系结构：粗鄙的好人丈夫、敏感的年轻妻子、因爱而忧郁的男青年，但唯一不同的是这本书里最终死亡的是年轻的妻子。

1809年，《维特》再一次回到公众视野：亨利·德·拉·贝德瓦耶尔伯爵再版了1804年翻译出版过的《青年维特之痛苦》。该书装饰着三幅铜版画，但与原著相比，译文还是和最初的版本一样不够准确，并且带有一定的倾向性。错误的、迎合读者口味的观点和正统思想的顾虑都在争先恐后地歪曲着歌德的这本书：维特对社会规范的反叛和那令人震撼的最后一句话——"没有一个神职人员护送他的尸体"也被粗暴地删除了。曾经风靡一时的蓝色燕尾服和黄背心在这里也无从谈起。

较之这个不尽如人意的版本，塞万灵所译的那个译本有其长处，虽然它是在1803年末出版的。1809年4月1日，在《记者报》预告贝德瓦耶尔的译本的同时，4月7日，《巴黎报》则再一次将塞万灵的译本推荐给读者："首先，这个译本的优点在于它是从歌德原著的最新一版翻译过来的，所以，这个译本里增加了12封信以及部分新的历史背景，但它的成功还不仅限于这一优点，尽管这一点很重要。译者的翻译风格也是与原著相符合的，并且充满热情。最后，尽管《记者报》预告了新译本的出版，但我们相信塞万灵的译本更会给读者带来焕然一新的感觉。"

此外，歌德年轻时代创作的这部作品，到此时已经历了35年的历史，须从历史的角度去考察，并且要像看待其他过去事物一样地客观。虽然帝国又回到了古典风格，但也不必惊讶"基督教"与"社会"的力量依旧被保留，美学传统依然保持着强劲的势头。若弗鲁瓦把《维特》视作洪水猛兽。1809年6月7日，《争鸣》报上写道：该书最好的名字，不应该是奥布里笔下的《少年维特

第一部分 "《维特》的作者"

之激情》,也不应该是最新译本中的《少年维特之痛苦》,而应是《少年维特之愚蠢》。并且在文章开头有一段极具讽刺意味的分析,说歌德的小说"从各方面来看都是极坏的"。"我应该喜欢维特哪一点?他有怎样的性格特点?愚蠢又傲慢的忧郁。他有怎样的内心?由闲散而滋生的极度的敏感,由于烦躁暴怒而总是哀叹。他的性格特点如此可笑,我们从他的思想上得到过什么益处吗?没有,他那愚蠢的头脑,完全错误的思想,充斥着奇怪的观点和荒谬的准则。"

在1809年的狂欢节上,一个来巴黎旅游的德国人注意到了人们头上戴的一些面具,其设计灵感可能来自于《维特》。"一个绝望的恋人,跨坐在一头无精打采的骡子身上,手里拿着一把木制左轮手枪,他的意中人从他手里夺过这个致命武器,然后对他嘲弄了一番,这个可怜的疯子便试图从残忍的意中人面前匆忙逃跑,身穿棕色有褶皱衣服的哲人紧随其后,可能想用一些明智的告诫来挽救他。"还有一些针对《维特》的更辛辣的嘲讽,居然受到最严肃的批评家们的欢迎:综艺剧院把夏绿蒂情人的冒险故事改编成一部滑稽剧《维特或者一颗敏感的心的承诺》,并于1817年9月29号首次在该剧院上演,而且连续上演了很长一段时间。这是一部由杜瓦尔和罗什弗尔合作编写的多段独幕"历史剧"。剧中用荒诞的手法颠覆了歌德小说的爱情故事。在这里,夏绿蒂成为一名客栈老板的妻子,身材丰满。维特深陷绝望,通过名人波捷的嘴对她说了如下的话:"啊!我亲爱的朋友,你完全不知道一个情人眼中的泪的内涵!""哀婉阴郁的语言和日耳曼梦想是多么失败啊!"甚至有些评论家,如《争鸣》和《香槟文学》的专栏作家也都认为18世纪的哲学应该为人们思想的混乱负责,所以也都对这种嘲讽倾向持赞赏态度。人们从没有像在王朝复辟初期那样，痛苦地认为书对于人的品行有着直接的影响，而《维特》对于那时的自杀事件难辞其咎。1819年拉莫奈在《保守派》中写道："没有一天关于自杀的叙述不让人的灵魂感到震惊，自杀让我们清楚地看到哲学给公众带来的伤害如此之深。"1818年7月26日，埃美·马丁在《争鸣》报上写道："有多少不幸的人因卢维埃和拉克洛放荡的文字而堕落！我已经看到沾染着读者鲜血的《维特》！那些激发欲火，大谈激情，却佯装谈荣誉的可耻的书！"

然而，在外省的边远处成长起来的一代人，没有受到这些批评咒骂的影响，他们对这些冷嘲热讽很反感。1816年4月27日，于勒·雅南在《争鸣》报上写道："我们这些人很恼火，到处都充满了维特的狂热、对夏绿蒂疯狂的爱和对无所事事的愤怒，我们看到我们的父母都笑疯了……同样一个维特被这样一个波捷表现成这副模样，我们真想为维特和夏绿蒂掐死波捷。"但是，只是过了些时日，对某些人来说就是不久之后，《维特》默默孕育出来的梦想又自由地表现出来。在1817年，特诺伊又出版了《挽歌》《日耳曼尼库斯》《卡洛雷德斯》以及伪古典主义的老年剧。《维特》好像明显遭遇失败，沦为街头剧的内容，成为被社会学家和理学家斥责的主题。从1810年到1820年，此前的译本没有再版。1819年为了配合读书活动，也为了迎合一些女子的读书兴趣，《小说词典》将其列入"描写田园生活和乡间爱情小说"系列，同样也归于"感人至深、令人潸然泪下的爱情小说"系列。

法国读者中有少数精英开始认识到歌德不只是《维特》的作者，他还有其他作品被相继译入：1800年，《赫尔曼与窦绿苔》；1802年，《威廉·迈斯特》；1810年，《情投意合》。但这些作品都没有能

第一部分　"《维特》的作者"

够吸引法国读者太久,他们或失望于某部作品看似平庸的主题,或是因觉得部作品内容过于深奥。人们要去魏玛拜访的依然是富有传统情感的歌德。许多人惊奇地发现歌德就像是卢梭的活在人世间的传承人,他能言善辩,特别有人缘,他还是一位行程忙碌的政治活动家。有些人明白法国民众永远矜持于根深蒂固的传奇类故事。1799 年到 1814 年间出版的《世界作家名录》给了歌德两个头衔:一个是魏玛公爵的顾问;另一个是《维特》的作者。

第三章　歌德的法国觐见者

"歌德再也没有激发其写出《维特》的灵感了。"

斯塔尔夫人：《德意志论》第二章第 7 页

前文中我们探讨了歌德在法国，本章要谈的是歌德家中的法国人。从旧体制末期开始，这位居住在魏玛公国的德国诗人接待了几位来访的法国人。他们的好奇心超越了政治边界，驱使他们来到那个时代欧洲知识分子真正的"文学共和国"。后来，移民、流放以及战争为德国送来大量不情愿的游客或是拥有居住许可证的人。其中有不少知名的法国人，他们和《维特》的作者有着许多值得纪念的会面和内容丰富的谈话。后来，当欧洲恢复了和平，人们的思想得以解放，热情与赞赏将吉拉尔丹、维克多·谷赞、雅克·安贝儿、大卫·德·安瑞等虔诚的朝圣者引领到魏玛公国；而在这之前来这里的人，则是大革命狂潮和拿破仑运动派来的不情愿的探子和侦察员。

在 18 世纪德国最著名的作家里，歌德和维兰德与外国人的交流是最成功的，并没有像老洛普施托克那样在汉堡移民中引起令人惊讶的同情，或是像席勒的笨拙或赫尔德的预言给法语交谈者留下稀奇古怪的印象。他们的语言对这个法兰克福的孩子、莱比锡从前的学生来说基本不算是外语，他与那些法国人——比如国王的中尉、巡演的喜剧演员或者舞蹈大师——都有着很亲近的关系，他可以和来自法国的游客或者贵宾毫无障碍地进行交流。在那些考虑旧体制

第一部分 "《维特》的作者"

所带来的偏见和顾虑的人眼中,他之所以能够这样,是因为王室显贵们与他保持的友谊,以及他就任的国家公职给予他的便利,超越了一个简单文人的条件。作为宫廷和上流社会的人,他并不会对不相干的人放弃自己的象牙塔,但他很乐意向他们敞开自己的大门,懂得如何做一个愉快和优秀的聊客,不会去冒险蒙受那些在17世纪路人皆知的轻蔑:多米尼克·布奥尔曾试问德国人是否有这样的聪明才智。

不是所有与歌德有接触或者有联系的法国人都对他在法国的声誉有所帮助,也不是所有的人都从他们经过或者停留的魏玛带回丰富的和正确的良好印象。无论是落难的贵族、官员或是帝国的外交官,都没有准备好以一种公平的方式去面对歌德。他们中的很多人只是出于平常的好奇心去结识这位《维特》的著名作者。而这位作家却恰恰相反,想尽一切办法来自我隐藏和让人把他遗忘,但这并不影响他与法国某个作家的关系,巴黎知道这个作家的名字。这些关系证明他被法国思想所接纳,而且为他的影响开辟了新途径。

法国修道院院长雷纳尔在他的《两个印度哲学史》再版后被法国驱逐,在1782年4月来到魏玛做短暂停留,以他充满活力的睿智给大众带来了欢乐。5月5日,歌德在给克纳贝尔的信中写道:"这几天他让我们很高兴,他身上充满了有趣的奇闻轶事,并知道怎样将这些事情与他的普世哲学思想和法国哲学思想联系起来。他对国王直言不讳,对女人阿谀奉承;他被巴黎驱逐,但很好地适应了我们这个小地方。就像你能轻易想象到的那样,全都多亏了他,我才有了那么多的灵感。"

在活泼的修道院院长离开之后不久,魏玛又迎接了博学多识的考古学家,名叫维拉宗。歌德还是给那位朋友写信道:"我刚刚认识维拉宗没几天。他是一个很好的人,相处起来很舒服,很让人高兴。"另一方面，维拉宗在给公爵母亲的信中说道："我昨天与歌德先生度过了一个美妙的夜晚，他的每一句话和想法都可以证明他为什么有这么大的名声，他当之无愧。"除此之外，很显然，这位法国的古希腊语学者被维兰德的充满古典风格的语言深深吸引：法国人都认同这种感受，尤其是那些坚定的人文主义者。在1782年6月，阿梅丽公爵夫人让人为在魏玛定居的歌德、赫尔德和维兰德三位大作家制作半身雕像，维拉宗自告奋勇提供了拉丁铭文。下面是他为歌德作的四行诗铭文：

> 深得奥古斯都与诸缪斯之喜爱，
> 他曾讲述过一个年轻人致命的爱情故事，
> 描绘过将领们的丰功伟绩，
> 也刻画过我朝秘事。
>
> 他的笔力可谓巧夺天工，
> 兼得梅塞纳斯与维吉尔之才。①

铭文中对《葛兹·冯·伯利欣根》着笔不多，但却突出了对《维特》的爱情和歌德的官方职务的介绍。"兼得梅塞纳斯和维吉尔之才"，这对于1782年来访的法国人来说，基本概述了歌德的职业生涯。大公爵为反对绝望进行的反抗活动，让逗留在魏玛的法国人

---

① 铭文原文是：
Augusto et Musis charus, tractavit amores
Lethiferos juvenis, fortia facta ducum
Alque pari ingenio commissa negotia, nostrae
Maecenas aulae Vigiliusque simul.
——译者注

惊讶不已。如果没有特别的洞察力，可能只有依靠延长逗留时间才能把这两个看上去完全对立的矛盾调和起来。

1792年，歌德所在的勤王军好像并未将他与移民的关系拉得更近，他必须等移民们先安定下来才可能与他们建立联系，夏多布里昂曾在所在的大军中与歌德擦肩而过。尽管一有机会，歌德就会指出这种移民行为的草率，政治上的不明智，但他还是很高兴向流亡德国中最优秀的人，那些忍辱负重、能够忍耐、保持尊严的人致以敬意。他说："对于那些流亡到图林根的人，只要提到穆尼埃和卡米尔·儒尔当就可以解释为什么移民团可以享有这样的恩惠：达不到他们这样的境界，他们就不值这样的恩惠了。"在这个名单中，还应列入杜马诺伯爵的名字。歌德在1795年写道："杜马诺伯爵是那些流亡贵族中最有教养的人，毫无疑问，他具有坚定的品格和卓越的见识。"多亏了歌德，德日朗多和儒尔当在不久之后来到魏玛时，受到当地上流社会的热情款待。在1798年2月17日，阿奈特·德·哈桑奥森小姐，也就是后来的德日朗多夫人，写信给他们："我推荐你们去联系杜马诺先生，他是法国移民，受到王子热烈的欢迎，对王子很有影响力……"

在这里，我们可能不能只谈由1793年法国大革命针对贵族的屠杀和果月政变带到图林根的法国移民的乡愁和期望从歌德那里得到的同情，穆尼埃在此创立了学堂，这一选择使杜马诺伯爵的儿子成为魏玛小王子的朋友。如果说这些来自法国的政治避难者期待在这位《维特》的作者身上看到一个"德国的卢梭"的影子，他们可能会很惊讶地发现，站在他们面前的《维特》的作者还是一位国家官员，一个管理着国家娱乐文化的总监。他也是一位作家，同时还是研究色彩和植物变种的博物学家和物理学家。他很喜欢收藏，回到意大利后，他痴迷于给家里的墙壁到处装饰石膏像和壁画。在1796年，他把自己撰写的《植物种志》借给穆尼埃。1798年，他开始研究自然史。1810年，傅盖伯爵夫妇着手让维利耶翻译他关于色彩研究的论著。他们不免有些担心，因为所有这一切都无法让人把他与维特的左轮手枪联系到一起！住在佩尔奈的移民在这期间将《威廉·迈斯特》的第六分册翻译成了法语；另一位居住在魏玛的移民，在1818年翻译了关于达·芬奇《最后的晚餐》的论文。但毫无疑问，对于这个移民队伍中的大多数人来说，不论纳尔博或者翁岱尔、艾克里伯爵或者莫里兹，没有什么比一个作家现在的身份和处境从此远离他年轻时的作品更让人感到困惑和不安。维兰德，一个优雅的人道主义者，身上浸透了18世纪文化的风范，他一直努力去满足更多居住在魏玛的法国人的好奇心。穆尼埃和他的联系很紧密，多亏了他，同时在诸如伯蒂格等学者的帮助下，穆尼埃才得以将法国期刊办下去，以满足读者的阅读心愿。弗朗索瓦·德·诺沙特在1806年11月20日从魏玛给这位"维兰德先生"写过一首诗，诗里亲切地抱怨说都是"不吉利的小烧酒惹的祸"。

很多避难者，既非普通百姓又非平庸之辈，在回到法国后，仍和魏玛保持着联系。卡米尔·儒尔当、穆尼埃夫妇一直以来通过伯蒂格、沙尔特夫人、阿梅丽·德·伊姆霍夫和斯坦-诺尔丹夫人等人了解他们在曾经的流放地发生的事。除此之外，还有一部分人，尽管他们较之那些声誉斐然的名家有些黯然，但也与来到法国的德国旧识保持着联系。

在与歌德有直接关系的外国人中，有四位值得我们在这里特别关注，其中最知名的三位作家是维利耶、斯塔尔夫人、本杰明·贡斯当，他们自19世纪伊始就特别关注德国的"思想大飞跃"；第四位是拿破仑，他与歌德的相见是现代最具代表性的两位天才的相遇，成了一段令人难忘的佳话。

1803年8月10日，维利耶从吕贝克返回法国时，第一次给歌德写信，表达了他的愿望："我要竭尽全力与整个法国唯物化文化与伪哲学文化体系做斗争。"他坦言在这场反对法国18世纪唯物主义的斗争中，他多么需要鼓励，特别是需要来自"人道主义王子"的鼓励。他说道："这就是我一直以来想与您沟通、被您的某些思想所吸引并受启发的原因。这些思想就像是我在深陷文学遭遇的不幸时系于您礁岩上的绳子。"维利耶在这封热情洋溢的信中承诺总有一天要前往图林根去拜访这位伟人，并随信附上自己所写的《康德哲学》，一本"微不足道的小册子"。

这一心愿并未实现，但是歌德与《雅努斯半身像》的关系并未就此结束。1799年，维利耶在《北方观众》分析了歌德的《伊菲格尼》：尽管他被流放，他表露了远离父家的女孩般的哀怨。

> 啊，忍受孤独的岁月是多么不幸，
> 远离父母、兄弟，徜徉在放逐中！
> 他的唇触到了幸福的酒杯，却枉然，
> 灵魂的毒药已腐蚀了那甘甜……

1806年，他引用《托尔夸托·塔索》（后文简称《塔索》）和《神与舞女》来支撑他的论文《色情文学比较，或论法国诗人与德国诗人处理爱情方式的主要差异》中的论点。他认为前者侧重肉体上的享乐，后者则充满热情。歌德向维利耶表达了热烈的谢意，感谢他在他饱受战争之苦时寄来这本小书。也是这一年，在魏玛家中桌子上有一封维利耶寄给歌德的信，准备扎营的法国士兵通过信的地址得知了他的身份。11月11日，歌德在给维利耶的信中写道，在我看来，他们的行为很友好，并在这难熬的几日，与我一起分享感受了这个世界。多亏了您，亲爱的维利耶先生，向您的同伴介绍我的文学作品，奥日罗元帅和参谋嘱咐占领军保护我的财物和我"这位从任何意义上来说都值得举荐的杰出智者"。

1807年，因为歌德忙于作品《色彩理论》，朋友莱因哈德提议请自己的私交维利耶翻译歌德的作品并在法国传播他的思想。6月28日莱因哈德在写给维利耶的信中提到这一想法，称维利耶有能力承担这一神圣使命。维利耶勉强答应下来，但并未实施。1810年重提此事时，因为歌德觉得维利耶的看法与自己的理论并不完全一致，这件事也就搁置了下来，歌德与维利耶也没有再相见的意愿。但通过莱因哈德，两人仍保持着间接联系。多亏了洛林地区的亲德人士，歌德才得到斯塔尔夫人未能出版的《德意志论》片段，这部作品表达了维利耶最珍贵的思想。

维利耶和斯塔尔夫人是1803年12月在梅斯见面的，当时斯塔尔夫人决定把这场距离首都40里的流放当作一次德国之旅，维利耶为她画了旅行路线。斯塔尔夫人途经法兰克福前往魏玛时，在那里本杰明·贡斯当于1月与她会合。但她一到魏玛，便因未见到歌德而惋惜。当时，歌德在雷纳，因杂事缠身，经历一场大病后身体刚刚有所恢复，再加上对一位声称来自巴黎的贵妇突然造访有些怀疑，所以没有接见。于是，15日，斯塔尔夫人给歌德写信，信中说："请您相信，我来德国的首要心愿就是与您相识并得到您的关照……"18日，她在信中再次请求，并表示不会在意"生活中的任何物质方面"。"希望您不要把我当作来自巴黎的贵妇来接待，而是作为一个普通的女性，一位为维特和艾格蒙特伯爵而哭泣的读者……我给您写完了这封信，好像我早已经见过您似的，难道我不是一生都在读您的作品吗？您的《维特》难道不是我百读不厌的书，已经融入了我的血液吗？"

最后，在圣诞节那天，斯塔尔夫人应邀来到城堡，在老公爵夫人的府邸首次见到了歌德。据伯蒂格说，由于斯塔尔夫人预先想象歌德应该是"看上去老一点的维特"，而见到歌德后，不免有些失望。在她看来，这是一个高尚的灵魂遗憾地寄宿到一个微胖而憔悴的 55 岁男人的躯体里，她思忖道："我真想把这个高尚的灵魂换到另一副躯壳中。"斯塔尔夫人脑海里萦绕着对维特的回忆，满心打算重新找回这部小说带给她的痛苦而热烈的颤栗。这时，她听到歌德风趣的招呼，心中不觉掠过一丝不爽。她对《维特》以外的非出自歌德最初灵感的那些作品并不甚喜欢。12 月 21 日，斯塔尔夫人应邀出席观看了戏剧《私生女》，她很不喜欢这出剧。1804 年 1 月 7 日，阿梅丽公爵夫人给克内贝尔写信道："斯塔尔夫人对歌德的看法非常清晰明确。"而这位刚刚在魏玛安顿下来的英国青年亨利·克拉博·罗宾逊可不这么看，他不遗余力地给斯塔尔夫人讲解歌德，他认为斯塔尔夫人没能准确地捕捉到歌德的高明之处。有一天，当这个青年对她说她还没有理解歌德的时候，斯塔尔夫人反驳道："先生，我理解了所有值得被理解的，我所不理解的不存在……"

3 月，她从魏玛动身去了柏林，她很清楚和歌德会面短短的几个小时给她的思想带来多么丰厚的收获，她希望在回法国之后还会有机会再见到他。"哎，这三周！也许这是我生命中和您一起度过的最后的时光，我多么希望能把时间都用来聆听您，我甚至想从您身上偷走一切可以偷走的学识，尽管如此，您的学识依然渊博，我想带着这份与我们的将军们带回的截然不同的'战利品'返回法国。"

斯塔尔夫人后来在书中彰显的宽广的视野和丰富的思想并不源于她从德国带回来的这份收获，而是源于奥古斯特·威廉·史雷格尔（她在莱茵河彼岸游历时的这份收获可不小）。是史雷格尔帮助她弄清了自己的潜质,理清了自己的直觉;也正是这位可敬的理论家给她解释了歌德作品在她内心产生不协调的原因:"他是诗人和形而上学者。诗人正是他本人,而形而上学则是他的幽灵。"在斯塔尔夫人的命运构想中,就像人们所说的那样,兴奋理论也应该让位于道德理论,如此,道德理论就能把它的节奏和价值观传递给拥有新思想的民众,而这些新思想正是她将要在《德意志论》一书中所坚持的。但是,从1804年起,她了解了德国文学的全貌,了解了歌德在德国文学界所处的地位。他是一个"旁观者的歌德",而不是一个"激情的歌德",一个"再也没有激发其写出《维特》的灵感"的歌德。斯塔尔夫人带着些许的自豪说道:"认识这位对德国文学最有影响力的作家让我能更好地理解这个国家的文学。"并且,她不再描述歌德的谈话,而是已经具体地实践了它。

尽管如此,尽管她了解情况,尽管她没有拒绝接受歌德后来的作品为其打开的新视野,但是,她依然对《维特》情有独钟,有一种藏而不露的偏爱。她不将就作家近来的作品,认为"真不应该让这些作品破坏作家在《维特》一书中所展露的才华"。她似乎无法克制自己面对歌德如此之多的新代表作所流露出的失望,这种失望与她在公爵夫人的客厅里第一次见到这位50多岁的诗人时所感到的失望很相似。原本,斯塔尔夫人期望见到的歌德,应该是一个略微上了点年纪的维特。贝蒂纳女士对此有过描述:"斯塔尔夫人因为没能在歌德身上看到维特的影子而感到失望。她弄错了两次,第一次错在她的期望,第二次错在她的判断。"

本杰明·贡斯当在1804年追随斯塔尔夫人到魏玛,他和这位杰出的女人一样,对歌德的感受是在喜爱与保留之间游移不定。他在自己当时在德国开始创作的《私人日记》中,记录了他的这种进退维谷和摇摆不定,很好地体现了他的性格。而斯塔尔夫人,由于她

第一部分 "《维特》的作者"

把幸福置于热情之中,无法理解《维特》的作者在态度与诗歌中所体现的平衡。本杰明·贡斯当关注哲学和文学对社会生活的作用,首要担心(正如歌德的评价)思想对社会道德实践和政治产生的作用,他不无恐惧地发现他的交谈者对其本人作品的意义的无视,对读者对其作品所持态度的漠不关心。雨月 6 日:"多么遗憾,神秘的德国哲学将其引入歧途!"雨月 26 日:"这是一位多么有头脑、风趣、有深度、有新想法的人,但是,他是我所认识的最不令人满意的人……"风月 6 日:"在这个世界上,我认识的人中,没有一位比歌德更快乐和精致,更有力量和智慧!"风月 9 日:"……很显然,歌德的思想十分古怪……"

虽然没有融洽的相处和绝顶的智慧,那么至少有良好的意愿与互利的条件。"尽管我的理解方式和对待自然及艺术的方式对于他来说不是明了的,他为了能够认同我的方式,使之与他的思想相接近,并且将这种方式用他的语言再表达出来而做出的努力对我来说是非常有益的。因为他所做出的努力向我展示了存在于我萌芽时期、混沌时期、不可言传时期和尚未实践时期的东西。"歌德通过这段话表达了对贡斯当理解的敬意。而贡斯当即使在忙于其他事物时,依然念念不忘自己有幸能够向《浮士德》的作者提出自己的异议的时光。1827 年,贡斯当为了向歌德介绍一位计划去德国旅行的朋友,给歌德写了一封信:"我不知道您是否还记得,很久之前您曾对我所做的善举,而我知道您对我所做的善举我一直记忆深刻,而且我总是抓住任何机会以此炫耀自己。"①

在斯塔尔夫人与贡斯当到魏玛的四年之后,拿破仑大举进攻德国,在到达埃尔福特这座城市时停了下来。一位匿名投稿人在 1808

---

① J.-J.古勒曼:《模糊的回忆》第三卷第 174 页。——原注

年 10 月 2 日投给《通报》的文章中写道:"我们的城市越来越闪耀了,好像所有邻国王子的宫殿都要搬到这里,其中魏玛城来过著名的歌德,他是大公国的部长,一位既年轻又声名远播的作家。他观看了国王及皇帝陛下的普通喜剧演员的表演,他应该非常喜欢这些演员,尤其是欣赏他们演出的经典作品。"

这件事在埃尔福特被写入《通报》的那一天,歌德正在被皇帝召见,这是两人第一次见面。在场的还有外交官塔列朗、帝国财政官兼文学家达鲁、帝国上校军官贝尔蒂、元帅的哥哥、神甫兼罗尔省省长拉纳(他在 1806 年就已经认识歌德了)。在这里,行动的伟人和思想的伟人交谈了差不多一个小时,他们谈论了文学和历史。拿破仑谈了他多次阅读的《维特》,以及他不喜欢的宿命论戏剧。他在每次讲完话后通常总会补充一句:"歌德先生的意见怎样?"当歌德说话的时候,皇帝或者通过短暂停顿或者思考着点头来会意他在注意倾听并表示赞赏。拿破仑对于《维特》这部作品的主要观点是:受挫的野心和爱情对于主人公最后选择自杀起到了同样的推动作用。宿命论的戏剧对拿破仑来说是荒诞的:"命运,即政治。" 10 月 6 日,拿破仑刚刚到达魏玛,就与歌德进行了第二次会晤,那是在大公爵为国会成员举办的舞会上。这一次相见,他们谈论的主要内容是关于悲剧的体裁。10 月 14 日,歌德获得了荣誉军团勋章。

歌德和拿破仑的这次会面的意义和具有的某种象征价值被人称颂。当然,我们需要对于让两位杰出人物相见的机遇表示赞叹,因为二人在命运与作品上是那样迥然不同,却又有如此多的共同点,让他们如此相似,惺惺相惜。无论是从前的狂飙突进运动,还是在过去的雅各宾派身上,他们散发着一种轻视抽象以及乌托邦的强有力的现实主义,一种轻视直觉、轻视大众摇摆不定的贵族政治主义。

第一部分 "《维特》的作者"

然而，如果说歌德非常了解拿破仑其人（即使在发生爱国人士丑闻①之后，歌德仍坚定不移地忠诚于拿破仑）；如果说他欣赏拿破仑身上的伟大力量——"坚毅"和"刚毅之志向"，如果说他能够在拿破仑身上发现其继承于法国大革命的宝贵品质，但我们却不能肯定地说拿破仑也了解歌德。我们都知道拿破仑在埃尔福特会见歌德时说的一句名言："您真是一位人物！"但是，作为《维特》的痴迷者，一个坚定的现实主义者，难道他并不愿意以此向代表着对生活绝望的一代青年人的精神之父祝贺——祝贺他懂得生活，扣动了仅仅是想象中的左轮手枪的扳机？难道皇帝不向代表着等级观念、向政权妥协的人、后来成为内阁部长的卢梭的前弟子②表达敬意？无论如何，诗人的折中主义文学在拿破仑狭隘的审美世界里是一种死亡的文学，他曾诧异于"歌德这样的惊世天才竟不喜欢简洁干脆的文学类型"。如此，又如何解释拿破仑在魏玛对维兰德所表现的喜爱之情呢？是否因为他严谨的思想和文化的古典主义更符合其导师的口味？除了拿破仑敬重这位长者的原因之外，在思想与艺术倾向方面，他的喜好至少表面上与歌德的某部作品中所表现的艺术观相吻合。无论如何，虽然奥斯特里兹战役的胜利者和《浮士德》作者的会晤成了一段动人的历史佳话，也成为诗人生命中值得铭记的重要事件，但它对于两国之间的思想交流却远不及那些并没有如此显赫地位的人士与歌德进行的交流来得更重要。除去法国人眼中皇帝的好友所带来的荣耀，除去后来歌德引以为骄傲的荣誉勋章所带来的光环，亦除去拿破仑逗留德国期间促成的他与法国将军、部长们，特别是拉纳及马雷之间真诚的友谊，更重要的是，通过拿破仑这个特别的

---

① 指1804年德·昂吉安公爵被处死事件。——译者注
② 暗指夏多布里昂。——译者注

中间人，歌德在法国的知名度更加提高。但是，两年之后，斯塔尔夫人的《德意志论》并没有因此在拿破仑眼中减轻反国家的罪行，它成了皇家的禁书。

　　法国皇帝曾竭力坚持让歌德定居于巴黎（"我要求您这样做！"）。亲切的帝王很喜欢使用这种温和的命令方式，德国诗人似乎也曾严肃考虑过接受邀请。我们可以想象移居会对他的作品产生怎样的影响，肯定会在法国思想中加快结束歌德只是《维特》的作者的印象，使歌德的影响更为广泛，但是，果真如此，反对古典主义运动的步伐就有可能会放缓。

　　拿破仑身边的"追随者"中有人后来暗示过皇帝的邀请和歌德的犹豫不决，这个人也是魏玛诗人最欣赏的人。塔尔玛和他的妻子曾于10月末在歌德家小住几天，他们特别希望歌德能来巴黎并住在他们府中。如果能在自己的家里接待《维特》的作者小住几天，几乎全法国的人都会羡慕他们，那将会是一件多么令人高兴的事！没有一位巴黎女郎不渴望见到歌德，她们的小客厅随处可见他的作品……爱情小说是他们谈话中的新鲜话题之一。塔尔玛讲他打算与杜丽兹合作出版一部悲剧的计划，并且有些笨拙地询问《维特》故事的原型。塔尔玛离开的那个晚上，歌德为他诵读了自己的部分诗作：这对于一个法国人来说，这些诗应是他首次接触，歌德很想知道它们如何被法国人接受。

　　要知道，歌德和法国的私人关系险些中断。在这一时期，拿破仑让塔尔玛的剧作在皇家公园上演，而与此同时，法国的浪漫主义将目光和脚步转向魏玛。时任法国外交官的莱因哈德是歌德的挚友，他经常扮演中间人的角色，为一些领事或来大公国办事的人约请与歌德会晤。莱因哈德在1811年9月7日给歌德的一封信中，引用了勒费布尔先生在拜见歌德之后撰写的一则十分详尽的报告中几个热

第一部分 "《维特》的作者"

情洋溢的片段，文学是他们这次见面时谈话的主题："我是一个法国人，拜访了一位德国最伟大的天才作家，我很快发现歌德先生对法国怀有深深的敬意。没有人比他的思想更丰富，没有人比他更谦虚、更儒雅。在谈及文学的时候，我对他说：'我们的文学自我封闭在一个狭小的空间……'"歌德在去卡斯巴德做温泉治疗的时候，又结交了几个法国人。1810年他在特普利兹结识了旧体制的代表，人极可爱，还有两位如今已失势的人：利涅王子和前国王路易·德·奥朗德。歌德于1823年满怀热情地与奥朗德在马良贝再次会晤，毕竟这位前国王在诗歌方面也颇有研究，而且还是一位毫不妥协的革新派，不像他的王兄，一个极其顽固的保守者。很可能圣洛伯爵（这是路易·德·奥朗德后来用的笔名）的文学作品不只是从歌德那里得到些修改那么简单，有人曾说，他的部分诗歌得到了歌德的指导和修正。1818年，著名女歌唱家加塔拉尼女士在卡斯巴德建议歌德前往巴黎综艺剧院，去看一看他的《维特》是怎样被波捷篡改并搬上舞台的，那简直就是对《维特》的讽刺！

这里还应提到几个人的名字，他们中有法国派驻魏玛的代办；还有法国籍瑞士人，如数学家泰勒·德·纳沙泰尔，歌德与他是1804年在柏林相识的；还有歌德在科学研究方面的知己热纳瓦·索雷。古斯丁侯爵，一个不知疲倦的旅行者，与歌德的相见让他无比感动，他对此保留着难以忘怀的回忆。总之，在1830年以前，法国思想得到新鲜血液，自发地朝着魏玛转变，居住在魏玛的这位伟大诗人，没有一个外国作家能够像他那样那么频繁地与法国作家直接畅谈。同时，居住在德国的法国移民作家，也可以通过德国朋友获得有关这位大诗人的信息。法国的旧体制从歌德的第一部小说开始就接纳了他。万德尔布、塞万灵等一些政论家在被流放时都曾前往德国。

当然，不是所有的法国人都能够把一个正确的、完整的歌德形象传递给法国。那些此前回法国的移民，或从乡下返城的将军们，在自己的周围散布的都是些非常落后的信息：如《维特》的作者依然活着，大家要知道的仅此而已，其他均不值一提。另外，即使我们不承认夏多布里昂的新世纪文学的变化是伴随着移民和流放而来的观点，我们也必须明白，城堡和沙龙在浪漫主义文学的形成和被大众广泛接受的过程中扮演了重要角色。同时，我们还应该看到许多国外的探索者也在有意无意间为法国新思想的诞生做出了贡献。至少，歌德与先期接受浪漫主义文学的读者的间接联系没有被阻隔。瑞士散文家西蒙迪于1812年冬从日内瓦的科佩来到法国，他想在巴黎上流社会逗留几个星期。在离开斯塔尔夫人和奥古斯特·威廉·史雷格尔家之后，前往巴黎郊外的两个沙龙。这时，《德意志论》首次被禁止传播的消息便被大肆宣传开来。穆尼埃的儿子曾经流亡到魏玛，和司汤达关系甚密，他性格武断，爱先入为主，对他来说，那原本是多么好的获得信息的机会呀！但他却没有心情抓住这个机会。

在法国王朝复辟时期，法国思想界与几个方便提供歌德消息的人多有接触。A. 德·洪堡几乎每年都要到巴黎待上几个星期。本杰明·贡斯当是《法国水星》的主编。考艾夫医生，一个德国人，用德语写了自己的研究成果，与王朝复辟时期的巴黎的知识阶层联系甚密。德·巴朗特，日内瓦省前省长的公子，曾向"在科佩的偶遇"表示敬意。

《世纪报》与其最初的空论派编辑们从一开始就受益于外国的影响。维克多·古赞于1817年到德国旅行时，特意来到魏玛拜访歌德。令他印象极为深刻的是歌德思想的开阔。他曾在《忆德国》一书中这样写道："歌德话语的魅力，我无法用语言来形容：一切都那

第一部分 "《维特》的作者"

么独特，无比的神奇，他的语言精确又有维度，清晰而又有力，丰富而又简明，美得无与伦比，他彻底征服了我，让我陶醉于他的话语……"

然而，这一需要补充大量信息的繁复工作十分艰难。只是到了后来，歌德在法国的形象才有了更广泛的传播，这或多或少要归功于一直以来为此做出重要贡献的作家们。在很长时间里，歌德在法国人笔下常用的代用语依旧是"《维特》的作者"，这显然符合歌德在法国被接受的情况。《赫尔曼与窦绿苔》《威廉·迈斯特》《亲和力》分别于1800、1802、1810年在法国翻译出版，但它们均未能抹去《维特》忧郁的主人公留给读者的记忆，况且众多的再版也不断地勾起人们的回忆。1813年《德意志论》的出版使法国读者对歌德的了解更加全面而完整。在斯塔尔夫人的书出版之前，法国并不缺乏相关的文章，如在移民期间的《北方观众》，巴黎的杂志和日报，从《哲学十日》到《记者报》，从《法国图书》到《巴黎日报》再到《通报》等，都在不间断地向读者介绍来自魏玛公国的新作品。J.-P.卡托发表于1810年的《在德国和瑞典的旅行》以新的方式介绍了歌德："他从热烈的想象驱使中回来了。"但歌德的形象并没有因为人们不断的补充信息而变得更加清晰，反而更为模糊了。

此外，甚至在《德意志论》出版之后，只要与旧文学的斗争陷于轻微的口舌之战，革新者和他们的对手就都无需担心歌德的形象受到影响。批评家们无论何时、无论以怎样新的方式介绍歌德的诗歌和戏剧，无论怎样细致地分析作家的复杂活动——这是一个能够"代表全部德国文学"的作家应该享有的礼遇，但在王朝复辟初期，人们只记住并且只喜欢一本书，那就是《维特》。

第四章 世纪病

"……一颗找不到目标的年轻而伟大的心……"

《维克多·雨果作品简介》,圣伯夫,1829

两位19世纪的第一代人,基内和缪塞,其中一个转向未来,隐约预感到新时代的来临,并在痛苦中期待着姗姗来迟的新时代;另一个徜徉在旧时代留下的废墟中,内心充满空虚,他们都无比清晰地述说出他们最好年华所遭受的种种磨难。"在这条让我颤栗并热情投身的道路上,我的身边既没有一个能够让我信任的导师,也没有一个同伴。我预感到我们将迎来全部精神世界的更新,由于我看不到任何人在为之奋斗,我感到无比孤独。就在这孤独让我难以忍受之时,我发现有那么多虽然现在还不为人知,将来却会不朽的作品,在默默地准备着,在大地的深处酝酿着。尽管这种痛苦常常导致我绝望,但这种绝望与上个世纪末的颓废、厌倦生命以及所谓的激情浪潮都没有任何关系。从多种角度考虑,好像它与厌烦、厌倦恰好相反,是对生活的迫不及待,一种热切的期望,对未来怀着满腔的抱负;一种复兴思想的陶醉,是帝国没落后的灵魂的过度饥渴。所有这一切与一种愿望不谋而合,那就是在这个仍然空虚的世界中急切地生产、创造、有所作为。后来我就那些年的事询问过一些人,他们都说与我有同感。每个人都像我一样感觉孤独,每个人都好像在一座荒无人烟的孤岛上思索、梦想。本世纪的复兴力量对他们都起了作用,而他们也同时感到刺骨的道德增长的痛苦。那么多的抱

第一部分 "《维特》的作者"

怨，那么多真诚的泪水……"① 更令人激动的是《一个世纪儿的忏悔》的出版，这是狂热的、面色苍白的、精神焦虑的一代人发出的最响亮、最有力的控诉，他们是由帝国士兵的女人带到这个世界上的一代人。缪塞写道：在复兴时期，"当时青年人的生活包括三个要素：在他们的身后，是一个永远被摧毁了的过去，但是，几个世纪以来专制政体的所有陈腐僵化的东西仍在它的废墟上蠢蠢欲动；在他们的前面，是一个广阔地平线呈现的黎明，是未来初现的光明；而在这两个世界之间有着某种类似海洋的东西，把旧大陆和年轻的美洲分隔开来，我不知道是什么模糊不清、飘浮不定的东西，是一个波涛汹涌、海难不断的大海，不时地在远方有点点白帆或喷吐出浓浓蒸汽的船只穿过其间；总之，眼前的世纪，把往昔与今朝分离开来，既非往昔，也非今朝，但它同时又既像是彼又像是此，而在这个世纪中，人们并不知晓自己每走的一步，是踏在一粒种子上，还是踩在瓦砾上。……一种无以名状的苦恼情绪便开始在所有年轻人的心中慢慢发酵。年轻人被世界上的君王们强制休息，被迫受教于各式各样的学究，被弄得无所事事，厌倦无聊，因此他们眼看着泛着泡沫的浪涛从他们面前退去，而他们原是准备伸出双臂，搏击这浪涛的"。

　　用司汤达毫不客气的话说，拿破仑搅动了一代青年人。他们无所事事、焦虑不安，在王朝复辟时期一切的不确定和虚假中，看不清未来，或是自我封闭或是游离于真实和现实之外，去寻找理想的生存和发展条件。然而，《维特》在众多的类似读物里还是成为了一代青年人的首选。从前，在旧体制下，敏感的灵魂和迫不及待的愿望使得《维特》成为他们的必读之书。它使紧绷的神经舒缓，它给

---

① 基内：《我的思想史》，第240页。——原注

予那些因大革命的折磨而惊慌胆怯的人们安慰，让他们去重新审视帝国之前的体制。现在，这本书再一次以一种普遍的方式影响着法国年轻一代知识分子，被那些有着淳朴心灵和炙热灵魂的人为寻找自己的所愿一读再读。

我们看到，有人为阻止人们对《维特》的迷恋，说它是一本危险的书籍，更有报刊煞有介事地说这本书有宗教和反社会倾向，王朝复辟时期这类指责更是变本加厉。不过，这些都是徒劳的，试图以滑稽模仿来诋毁以《维特》为代表的德国情感小说模式也是徒劳的。比如：巴黎的小剧场急匆匆地上演了闹剧，剧中人物装扮着讽刺漫画人物的假鼻子，男扮女装，借以讽刺人物的真挚感情，任意篡改歌德的《维特》。然而，波捷于 1817 年在综艺剧院上演的奚落维特感情的剧目并不是唯一的，1819 年，在圣·马丁门上演了戴左日和让蒂的《青年维特或热烈的情感》。在这出剧里，夏绿蒂已不再是客栈老板的妻子，而成了一个烟酒杂货店的老板太太，她亲手将灭鼠药给维特服下，结束了他的痛苦。主人公告别的话语成了可怕的双关语：

当黎明到来之前，
死亡……死亡……
将结束我的痛苦！

这幕剧于 1828 年在综艺剧院再度上演。在这之前的 1817 年，该剧院还上演了杜瓦尔和罗什福尔的《维特》，之后，1820 年又上演了杜瓦尔由滑稽剧发展而来的喜剧《维特的回归或感情的最后倾诉》。在这部剧里，阿尔伯特依然是慕尼黑邻村的一个小客栈的老板，而夏绿蒂在经过 19 年之后对维特仍然念念不忘：

年将四十七岁的我，

痛苦却与日俱增。

作为曾经的恋人，维特也一样，心里一直珍藏着她。但是，当他在再次来到这个村庄时，看到了阿尔贝蒂娜——夏绿蒂的女儿，就在那一刻他便爱上了她。于是，他把自己的新爱告诉给了他的旧爱。阿尔伯特劝他："不要折磨她，告诉她你依然热烈地爱着她吧。"于是，维特说："如果这对你俩都好的话，那我愿意。"

然而，忧郁的青年人继续陶醉在街头巷尾人们嘲笑的恋人间的真情吐露中，拉马丁在《沉思集》的开头写道："只要我活着，我永远都不会忘记那些夏日的时光，我躺在草地上或是林中空地上……那么多个过去的秋日和冬日的夜晚，我漫步在满是雾霭和雾凇的山丘上，手里拿着《奥西昂歌谣》和《维特》做陪伴。"他当时的书信证实了书中的这段回忆。"我刚刚读了《维特》，"他给埃蒙写道，"在1809年11月9日，正像你说的，这本书让我感到恐惧，我很喜欢它，它再次给了我力量，给了我对工作的兴趣，但是，它也让我感到忧郁和悲伤，不过，这忧郁和悲伤万岁！因为这是蒙田如此喜爱的悲伤啊！"在1810年9月30日，他写道："看，秋天来了！正是在这个季节，我变得多情、忧郁、爱遐思、厌倦生活，正是在这个时节，我阅读了《维特》，也是在这个时节，我尝试着去模仿这位可爱而又不幸的小说主人公。"在那些后来的浪漫主义作家中，尤其是那些生活在外省的人，他们生活的环境，或是在他们的周围，都点缀着一种乡村风味，这种特点在许多作品中得到验证。于勒·雅南后来回忆说："当我还在圣太田市上小学时，我曾经在长满古希腊植物的花园中梦想看到维吉尔描写的美景……那时，城里只有两个地方能让学生们随心所欲地阅读《少年维特之烦恼》……"圣伯夫以尤素福·德罗姆的模样,将自己的部分秘密描绘出来,他这样描述自己的梦想和阅读习惯:"他靠着一棵大树坐着,胳膊肘撑在膝盖上,双手托着腮,深深地沉浸在回忆中,沉浸在自己内心无数的声音里……只是偶尔,这些生动、短小的阅读构筑了他的思想,点燃了他的灵魂;所有《维特》和《黛尔菲娜》系列的小说:《萨尔兹堡的画家》《阿道尔夫》《勒内》《爱德华》《阿黛尔》《戴蕾斯·奥伯特》《瓦莱丽》……"同样的悲叹唤醒了他的灵魂,使其接下去发出同样的声音。在1820年,年轻的埃德加·基内把对《职业生涯》中痛苦的忧虑与对《世纪病》的普遍焦虑结合起来,向他喜爱的小说主人公学习如何选择职业。"查尔斯·葛兰底森爵士、昆廷·达沃德、拉麦尔姆的未婚夫、拉哈、曼弗雷德等,他们赖以生存的是什么活计呢?年轻的维特难道不是以外交官开始其职业生涯的吗?为什么我不能以他为榜样,成为一名外交官呢?"

甚至对《维特》小说形式厌恶的青年人,比如茹弗鲁瓦,总是因主人公的"感叹"和"疑问"而生气,就如同他们因主人公的疯狂与软弱而恼火一样,这些年轻人也都被指患上了忧郁症。茹弗鲁瓦在1817年12月给达米隆的信中这样写道:"万一这封信让您伤感,请不要害怕。我刚刚第一次读完《维特》,有些感想,就提笔写信给您……我余生将永远也不会再打开这本书,因为它给我留下了非常不快的印象,它让我恶心!……"

虽然可以通过作家的例证,给出1820年左右的法国浪漫主义文学特别关注《维特》的证据,如斯塔尔夫人宣扬的维特式的"梦想家的热情",但很难确定这本书的影响是从哪里开始到哪里结束的,即便后来的许多作品中都使用"世纪病"这个概念来表达。歌德的小说透着一种生态气息,既激情四射,又颓废伤感,而这些特点再与其他元素交织起来,更使得人们对他的小说进行分析异常困难。

第一部分 "《维特》的作者"

圣伯夫书中人物尤素福·德罗姆的阅读书单中，大部分的作品都属于《维特》系列：《勒内》《奥伯曼》，还有其他的作品，加上《维特》这本书，这些书都得到了普遍的赞赏。1820年的这个小团体就是例证：有年纪轻轻就对这个时代表示失望的安贝儿、阿尔贝·施塔普费尔、于勒·巴斯蒂德等人，他们聚集在一起，崇拜之情相通，《维特》和《奥伯曼》就是他们双重的福音书。这种思想上的一致太过危险，崇拜过于虔诚，因为从1830年5月12日到5月13日的夜晚，索特来，这个小团体的忠实成员，为自己无法达成平衡的生命做了终结。他在给一位朋友的信中这样写道："人不能拥有双重的人生，包括行动和思想。如果在一年或两年内，我的生命依然一团迷雾，我将终结它……"如果真的如政论家们宣称的那样，自杀在1820年到1830年间是终结忧郁的终极方法，我们就会理解为什么诺迪埃在1823年12月22日的日报上称为"死亡杰作"的《维特》应成为最受摒弃的对象。当然，仅仅把所有已经颓废和走向灭亡的想象力和一切使人消沉的行为都归咎于歌德的书是极不合情理的。

这些都是文学中常见的微不足道的危害。我们可以自问是否看到，在某些特殊的巧合下，有模糊记忆、意识记忆或者有相似方向指引的灵魂的邂逅。维特在一封信中描述了他第一次参加舞会时遇到夏绿蒂的情况——他突然喊道："威廉，我应该坦率讲话吗？我那样喜欢的一个女孩，我对她有绝对的控制欲。不，除了我，谁也不能和她跳华尔兹，那样我会死掉的！"这发自心底的呼喊，证明了维特身上一直存在的奇特的狂热以及对沙龙引入的华尔兹舞的恐惧，因为17、18世纪在华尔兹进入沙龙之前，舞步很缓慢，舞者之间也保持着一定的距离。然而，在索萨夫人1808年的作品《欧也纳·德·罗特兰》中，主人公几乎以同样的方式喊道："这华尔兹是什么舞啊！我爱的人，除我之外，绝不可以和其他人共舞，而爱我的人即便是和我一起跳，也不可以当着别人的面！"同样的话在布雷-巴蒂1831年出版的《艾丽·玛丽雅克》中也有：

……我低声起誓，
永远不让我爱和爱我之女子
与他人共舞。
这样的舞让任何女人都属于您。

缪塞在《忏悔录》中也谈到了这个问题，他更侧重感官。阿尔封斯·卡尔也一样，在他的小说《椴树下》的第六十五章中也有提及。并且，在这些相似的地方中，如果不是必有模仿或记忆，至少也有或与作家或与作品主人公秉性相关，在敏感和气质方面有亲缘关系……

同样，浪漫主义的忧郁与伤感以一种普遍的方式存在：这种忧郁与伤感有着自发、本生的理由，从各种类型的阅读中得到滋养，只是《维特》的影响更胜一筹。然而，当时的文学批评者对从1820年到1835年之间出版的作品进行梳理分析的时候，发现这些作品中普遍表现对周围生活的难以适应，无力认同自己和周围的现实，难以治愈有害的忧郁或被认为不可能的和有罪的爱情的时候，他们更愿意援引歌德小说所创造的忧郁。德雷克吕兹认为《维特》是孕育浪漫主义文学的第一部小说。只是到了晚些时候，拜伦式风格渐渐地占据了人们的思想。这种态度上的转变，在同一代人中产生了一种从《维特》中的抱怨到拜伦作品中的嘲讽的亲子关系：

第一部分 "《维特》的作者"

如同被挤过的柠檬,心灵已干涸,

唐璜继维特之后到来。

1820年左右,青年男子们依然痴迷于歌德的这部小说。他们从这部作品里,品味到一种热烈的理想主义,一种远离拜伦所嘲笑的朴实感情,这与他们的热情和信仰相吻合。虽然他们不再做祈祷也不再赞美上帝,但是他们并没有完全背离宗教信念。他们中有人这样说:"我梦想,它与祈祷是完全不同的东西,它对本世纪忧郁病患者来说是轻松地免除所有意志力的模糊的感觉。梦想,众所周知,毋庸赘言。梦想,其实就是无欲,是把即时的感受随意播撒于事务中,把自身与可感知的客体融合到一起,尽情地享乐。而祈祷是欲念之物,也是谦卑的,是双手合十的冥想,直至他们最珍贵的愿望得以达成。"[①] 我们的诗歌至少应该将这新生的抒情挽歌的颤栗归功于这丰富的梦想。

谈到书信体或自传体小说,就会想到《维特》,这是必然的。因为在这种体裁的作品里,无处安放与无处安息的形只影单的灵魂在忏悔,他们既不能全身心地投身于上帝,也不能义无反顾地背弃他,如:圣伯夫的《逸乐》以及他未完成的《阿尔蒂尔》、德·杜拉斯夫人的《爱德华》、缪塞的《忏悔录》、于勒·桑多的《费尔南德》、后来的乔治·费铎的初期小说,以及许多描写生活单调但人物内心波澜起伏的专题小说,还有一些讲述丈夫和他的妻子与情人之间的三角恋故事的虚构作品等。缪塞在《忏悔录》中有较大篇幅对歌德提出质问,对那些"理性且务实的人"表示愤慨,对自杀进行思考。这一切,都足以证明被誉为"美好的疯狂"的《新爱洛绮丝》和

---

① 圣伯夫:《逸乐》,第56页。——原注

《维特》在《四夜》①作者心目中的位置。1834年，当《四夜》的作者思考为他悲伤的爱情筑起这座坟墓时，他再次阅读了《新爱洛绮丝》和《维特》。自杀远不总是一切问题的终结，如在吉坦格的《阿尔蒂尔》或是在《逸乐》中，宗教接纳了这些饥渴的灵魂，在乔治·桑的《雅克》中，丈夫勇敢地牺牲，解决了灵魂撕咬的复杂局面。

当作者想展现给读者一个饱受命运捉弄而最终不得不屈服的青年男子，一个在生活中四处碰壁却依然执着于理想的探求者，一个才华横溢的人，一个怀才不遇而又要面对世人冷漠而痛苦地苟活的天才的时候，我们会再次想到《维特》。因为这些人喜欢歌德笔下主人公忏悔时脆弱的独立不羁，它使维特更喜欢最危险的无所行动，而放弃有遭受侮辱可能的有所行动。在这些不被赏识的某些人中，天才的宿命这一想法加剧了那个时代对于高尚灵魂默无声息的轻蔑所引起的痛苦。维尼笔下的查特顿就是这一类型的象征，绝望的恋人消失在被无视的天才身后：歌德的托尔夸托·塔索像让·雅克或爱怀疑和猜忌的吉贝尔，可能在某种程度上有助于决定没有真正地位的诗人的心理。在《斯泰洛》的作者维尼看来，让我们对维特、保罗、罗密欧、戴斯格感兴趣的根本不是他们的爱情，而是他们的不幸。维尼从1832年起就想按照自己所想象的那样，描绘一个最终要自杀的青年男子，不是因为他对爱情的恼恨，也不是因为对生活的厌倦或者心理上的沮丧，而是因为社会没有给予他足够的同情和理解，也没有给他一份真正的工作。两年以后，他在《查特顿工作的最后一个夜晚》中写道："我只问社会，它能做些什么？我并不会

---

① 缪塞最著名的抒情组诗《四夜》，即《五月之夜》《十二月之夜》《八月之夜》《十月之夜》。——译者注

第一部分 "《维特》的作者"

祈求它能够阻止人内心的痛苦和不幸,不让维特和圣-普吕爱夏绿蒂和朱莉,我也不祈求它阻止一个浑浑噩噩、狡猾奸诈、麻木不仁的富家子弟因为憎恶自己或者别人而离世……但是,至少我们可以让患有这样疾病的人不去寻死……这些绝望的青年人只想有日常糊口的面包,然而没有人给他们能让其糊口的工作……"

圣伯夫笔下的尤素福·德罗姆也属于这一系列的典型。吉左评论说:"维特是雅各宾和带短枪的骑兵的维特,也是一个体弱多病和贫穷的维特,同时也是灵魂孤独的维特。还有布雷-巴蒂笔下的艾丽·玛丽雅克,她的娇弱,她的常与病理学相关的离奇的不幸,都未能掩饰她对这些人物形象的赞赏:

> 我们正在畅聊维特的书信,
> 瓦莱丽(昆德纳夫人,
> 这位充满灵感的女人),还有垂老的歌德,
> 他的散文即诗作……

其他的典型,虽然有时条件不同,但也都是同一种类型:忧郁、没有反抗的力量。德·杜拉斯夫人笔下的爱德华是一介平民。在乔治·桑的《华伦蒂娜》中,贝内迪特充满高尚的理想,与自己作为农民的卑微命运做抗争。用巴尔扎克本人的话说,路易·朗贝尔是"一个完全被俘虏的灵魂,而维特则是某种欲望的奴隶"。然而,退一步来说,这是一种类似的伤感,深入夏绿蒂情人的怨言中,"一个向往在太阳余晖之后,得到山谷中的露水和自由的可怜孩子的悲伤……"

《维特》开创了爱情小说的先例,成为经典,经常被引用。当作品要表达一个人物对某种事物着迷的热情和强烈的痛苦时,"维特"

比其他的词，比如活跃且英勇、暴力甚至专横或者令人伤感和哭泣，显得更恰如其分。1826年3月2日《世纪报》上的文章指出，雨果在以布格-雅加尔命名的小说里塑造了一个恋爱像维特、高大强壮像大力士赫丘利斯的人物。1832年1月30号的《争鸣》报刊登文章，称在欢乐剧场演出的那场音乐剧中的水上英雄就是"戴着焦油帽的维特"。剧中揉进了完全不同的元素，有时几乎和维特类型一点也不匹配，比如司汤达《阿尔芒斯》的主人公奥克达·德·马利维的多疑的爱情；《马利昂·德罗姆》中的迪迪埃；大仲马笔下的热情洋溢的安东尼，把弗朗兹·莫尔的亵渎神明与维特的礼貌糅合在一起。不仅仅在像《椴树下》这样的再现日耳曼心理、环境和腔调的作品中才有维特式的爱情与其他特点相结合的情况，如这些作品中的女人仍然让我们想起夏绿蒂；同时，在大部分作品中，在那一时期也直接或间接地受到《维特》的影响，男性主人公尤其继承了传统情人的淡蓝色着装风格。

　　的确，在1830年左右，维特被法国思想接受不是没有限制的。维特，一个永无满足的灵魂，觉得自己拥有世界，一个充满幻想的生灵，即使没有夏绿蒂的存在，他依然会因为理想的爱情或是对现实的憎恶而自杀。这一点使它赢得读者的数量远不如如何理解爱情的方式吸引的读者更多，这一点是可以肯定的。但是在这里有一些轻微的变化，和那些大量借鉴外国文学类型的作品相比，这种改变是极其不足道的。从纯情感这一主题看，《维特》的优势是决定性的。巴尔扎克说：《维特》是"众多作品中最能开启描写人类爱情全部心理状态大门的钥匙"[①]。戈蒂耶在《莫般小姐》的序言中，称

[①] 《巴黎期刊》，1840年9月25日。——原注

第一部分 "《维特》的作者"

德国维特是心灵小说和激情小说之父,法国玛侬·莱斯科①是心灵小说和激情小说之母。在司汤达看来,维特式的爱情与唐璜式的爱情相对立,"维特式的爱情对所有的艺术敞开了思想,向所有的美好和浪漫的印象,向狡黠的月光和葱郁的树林,向画作,总而言之,向一切美好的情感和愉悦敞开了大门……"如此,这个名字,好像唐璜和拉夫雷斯的名字一样,一个来自外国小说主人公的名字,它的价值扮演了一个统称,正如这些诗中所写:

> 我缠绵在一个不忠的爱人怀中
> 她原把我视作她的灵魂和亲爱的维特……②

维特被看作一个完美的情人,他的烦恼在诗人们1830年间出版的作品中可寻到踪迹。诗人们理解1774年间德国青年近乎疯狂的盲目崇拜,诗人布雷-巴蒂的十四行诗这样说:

> 我曾如维特,身着蓝色燕尾服,
> 它对于我,比任何东西都珍贵。

Th.吉雅尔结合歌德小说的结尾,在自己的作品中设计了一对恋人最后独处的时光,一起梦想的场景:

> 我们的双眼,迷失在浩渺的天空,
> 你在遐想,而我在思念着维特,

---

① 普雷沃斯特所著。——译者注
② 《艾丽·玛丽雅克》,第33页。——原注

一个负载着宿命的灵魂，为夏绿蒂祈祷。

之后，缪塞指出：

愿他以玛戈皇后之力，
慰藉失去维特的痛苦。

但是，饱受强烈感情折磨的缪塞，还是在同一个月，即1831年5月，向乔治·桑坦言道："我非常想写出我们的故事。我读了《维特》和《新爱洛绮丝》。我如饥似渴地欣赏这美妙的疯狂，而我曾经却对此那么不屑一顾。"如果说他在懵懂的少年时期对此不屑一顾的话，那么，他早已从这首对爱情之星的咏颂中捕捉到了爱的主题：

夜晚淡淡的星，遥远的使者，
从轻纱般的夜幕，抬起耀眼的额头。

此时，已经决定自杀的维特，最后一次读着奥西昂歌谣的前几句，让夏绿蒂既震惊又不安。

因此，1830年左右的维特，已不再是一个饱受社会刺痛的自然之子，一个脆弱的布尔乔亚，因过早地来到这个陈旧的世界而饱受心灵折磨的人，一个孤芳自赏以至最终自杀的自私者，而是满怀爱情的人们心中的魅惑偶像，崇拜者因他而活，为他而活，但在庸俗的布尔乔亚的爱情观里，他是一个遭人唾弃的形象。就是这位小说中爱情的化身，被常理重新定义为危险和不靠谱的灵魂，面对浪漫主义激情和艺术幻境，被当时的一部分文学、资产阶级理性的代言

第一部分 "《维特》的作者"

者,想尽一切办法进行诋毁。达乐班在 1827 年出版的书《赛莱斯蒂娜,或小说女主人公》中,想象出"一个怀着崇高情感的青年,与小说中创作出的主人公们生活在一起,并与他们保持了友好的关系,相互交流和通信"。在众多著名文学作品中创造的这些著名人物中,维特是贯穿该书始终的人物。在最后的几封信中,赛莱斯蒂娜的一个朋友告诉她那个不幸的人自杀的消息,并愤怒地谴责这种行为是极为荒谬的:"上苍并没有让幸福远离我们。我常这样说,而我们只需要时常提防自己的内心……可悲啊!一个为了女人自杀的疯子,从此让她永远蒙受丑闻带来的羞辱!"

同样,在 1827 年,一位叫朗东的人创作了一部诗剧,表现的是一名女青年被用夸张的语言描绘爱情的书籍毁掉,当然《维特》位列其中:

> 她读了全部作品集,陷入忧郁
> 写出了动人的名字:维特、朱莉,
> 自以为是爱洛绮丝,为每个情人哭泣,
> 一个深处绝壁,一个长眠墓地;
> 在木屋里昏倒,在回廊里叹息,
> 双眸注视着湖畔,精神几近疯狂;
> 祈求爱情加冕她的欲望,
> 另一个圣-普吕现身她舞蹈的王国。

同样,资产阶级的戏剧担心这部小说中出现的这个情郎会给缺乏想象力的女人带来可怕的影响,因为幻想在现实生活中遇到那样的爱情是极为不理智的。1834 年 5 月在昂碧居剧院上演了由拉布鲁斯和布劳特创作的《朱丽叶特》,该剧表现的是朱丽叶特由于太过认真地阅读了《维特》而深受其害。《维特》这部小说流露的危险魅力，还体现在斯克里伯和杜马诺创作的《被爱或死亡》女主人公克洛蒂尔德，也就是公证员博尼维的妻子身上。她离开修道院后便结了婚。她急不可耐地想结识一个比她丈夫优秀的男人，一个像小说中的男主人公的人。可到最后她才明白，恋爱时情人说的话都不过是为了诱惑女人上钩的。这些情话绝不会挂在一个高尚的人、一个有着真爱的男人的嘴边。他是一个"被撕下面具的维特"，实际上，他只是另一个唐璜的变种，一个披着面具的情感诱惑者。理性和诗歌以这样的方式对这样一个人物口诛笔伐，然而，这个人物对另一些人来说却代表了所有真正的细腻情感。

这样的文学很奇怪，说它是艺术作品，可它更像是资料，与其说它标志着维特式创作原则本身的衰落，更不如说它反对维特观念的吸引力。同样，一些道德层面的作品，例如，爱德华·阿莱兹（1883）撰写的《世纪病》，是一部短篇主题小说集，以预备演讲形式进行评论。它的评论只限于谴责卢梭、维特、勒内、拜伦以及其他展现"高贵而孤独的灵魂"的作品，说他们是固执的和病态的自我中心者。作者还提醒我们，这也是道德主义者和社会学家们从来没有停止的对歌德小说主人公的指责。但从1830年开始，我们可以明显地感觉到，人们对维特式爱情的痴迷已经退了一步，开始让位于其他的考虑，这一点已经很明显。这些作品不总明确提及《维特》，而是以某种方式暗示它的名字，但由此我们可以看出，《维特》热已经在不知不觉中走了下坡路。

1770年到1830年间的这一代人，在《维特》一书中体味最多的就是爱情的忧郁，以及感情本身与其他思想观念的交融，比如：死亡观和悲情、梦幻、抒情等诗情，还有青年人面对身处的社会地位所感到的失落和无助。查尔斯·诺迪埃曾说，《维特》是一部

第一部分 "《维特》的作者"

"不可或缺"的小说。它和其他几部都属于被期待已久的小说，表现了当时德国社会的真实状况，甚至也是法国的社会状况。当时，死亡与爱情从未在除了牧歌式冰冷的故事之外结合过。这种结合或许还在一些人心中激起微澜，但对大多数人来说，它已过时。夏尔·德·贝尔纳在1832年出版的小说《大隼》中说："维特的手枪并非是岗街上的精致店的货品。"在他的另一部小说《报复的痛苦》中，作者通过书中的一个人物喊出的话语，难道不是对著名的《维特》的直接批评吗？"难道加维纳夫人昨天没有问我是否喜欢克洛普施托克？见鬼！克洛普施托克！爱的激情怎么能抵挡得住他的吸引呢？"感情加泪水，曾一度激起了阅读《维特》的热潮，但如今已时过境迁了。

尽管在于连·索莱尔身上依然存在着某种病态和激情，但很明显的是，于1830年出版的《红与黑》，标志着青年人心理的一次重要转折。爱情明显地变成实现野心的一种形式，感情中的喜悦与幻想被抛弃，转变为对猎物的征服。司汤达没有把流露着夏绿蒂情人炙热感情的书放在那焦虑不安的少年的手中，而是换成另外一本，这不是没有道理的。通过如饥似渴地阅读《回忆录》，于连"火一般的心灵"被激发起来。这一象征性的细节丝毫没有被当代人所遗忘。J.雅南在注意到这位"自认为前途无量的外省青年"所钟情的书籍后，在12月26日的《争鸣》报上撰文道："司汤达先生给他的主人公提供的，既不是卢梭的书，也不是伏尔泰的，也不是歌德的，而是拿破仑的，于连最喜欢的书是《圣赫勒拿岛回忆录》。"

同样，巴尔扎克笔下的拉斯蒂涅顽强的毅力和强烈的报复——这代表着巴尔扎克所描绘的那个时代聪明的青年人——完全排除了维特式的情感。让我们听一听他的描述。在《驴皮记》这部书中，他嘲弄1820年代的人的喜好，对一位女士来说，这些话放到今天似乎都是不可原谅的。拉斯蒂涅要迎娶"一位漂亮的小寡妇"，他这样对他的朋友描述她："她读康德、席勒和约翰-保尔的著作，还读一大堆有关水力学方面的书。她有一种癖好，老喜欢征求我的意见。因此，我得装作了解这种德国的感伤情调和懂得一大堆歌谣，这都是医生禁止服用的麻醉品。我还不能使她丢掉爱好文学的习惯，她读歌德的作品时，哭得泪人儿似的，为了献殷勤，我也只好陪她流点眼泪，这是关系到五万法郎年金的问题呀！我的朋友，何况，她还有世上最美的小脚和小手！"

总体上，此时此刻，就是司汤达和巴尔扎克笔下的这一股能付诸行动的力量在反抗着维特式的消极的忧伤。这些青年人，新的政治和社会条件为他们开启了不为年长者所知的事业。拿破仑是他们的精神导师，他们想要征服生活，不接受屈从和含泪的泄气。我们可以用巴尔扎克在《赛查·皮罗托盛衰记》中的话语作为对孩童式准则和维特式心理的深层成因的判决："遗忘是强大且有创造性作品的秘诀：自然地忘记，不去了解过去，及时地重新开始，不倦地创作。软弱的存在……生活与痛苦之中，非但没有将苦难变为警世箴言，却将苦痛进一步丰富，在每天向不幸的沉沦中耗尽精力。"

自此以后，维特重新回到了过去某段时间里曾经不再的角色上；一种完全德国式的敏感类型。当然，多愁善感的主人公依然吸引着读者，小说的故事性和幻想性价值依旧。路易丝·科莱在1836年出版了《歌德的青年时代》，苏维斯特和布若瓦在1846年合编了音乐戏剧《夏绿蒂和维特》，它们都将歌德永恒的冒险，或者说想象性的收场再次搬上了舞台，然而却没有取得巨大成功。在《歌德的青年

时代》这部剧中,歌德迎娶了已成为寡妇的夏绿蒂的原型。在《夏绿蒂和维特》一剧中,维特娶了他心爱的人,却没有和她一起幸福下去,并且欺骗了她。《维特》在内心不安的青年人中继续受到追捧:福楼拜《情感教育》中的主人公弗雷德利克·莫罗把《维特》排在他最喜欢的书的首位。然而,必须要有永恒的青春诗意、多愁善感和无比细腻的感情才能创作出《维特》,正如拉马丁在1847年出版《拉斐尔》中所说的那样,为这份伤感下一个主观的定义。而如今,这伤感却被公众和作家们视为过时和陈旧了。因为这种伤感已成为一种系统性的悲观主义,而不是个体的了,如维尼的诗:"我爱人间悲苦的庄严。"对于更高的精神来说,将替换之前的利己主义,它使维特和那些与他同类型的人认为"他们的痛苦是独一无二的",他们之前的任何人都没有经历过这样的痛苦。如果它一直持续成为那些多愁善感之人和幻想者的悲伤,新形式的伪装一定会出现。圣伯夫在1856年也准确地发现莫里斯·德·盖兰的《半人半马怪》这部幻想之作极为成功地呈现了诗人的忏悔,他写出了"自己的《勒内》,自己的《维特》,并没有将利己主义掺杂其中,并将自我完整地理想化,甚至化身到另一些可怕的地方"。

《维特》仍然是一部典型的书。即便在浪漫主义过后,在泪眼婆娑的幻想已不再流行的时候,多愁善感的青年人依然可以从中获得感动。与此相反,它的象征意义却有了局限,自此以后,不再触及所有年龄层次的人了。

另外,很长一段时间以来,在报刊和杂志的日常用语中,已经运用了半个世纪的"《维特》的作者"的说法已被另外一个表达"《浮士德》的作者"所取代。大约在1828年,这部在1773年出版的小书失去荣宠的时候,这个已经习惯了的称呼被替代。当时正处于文学大论战时期,歌德作为一个剧作家,而且作为《浮士德》创作大师的神秘且令人困惑的哲学家,又一次名声大噪,在一段时间内吸引了法国人的眼球。一些人给予他热烈的欢迎,但与持续了50年的"维特潮"相比依然有些小众。对法国文学来说,它的影响并没有太亲近,也没有使法国文学多产。因为歌德的戏剧创作原则,他在戏剧的体裁方面永远保持折中,这对浪漫主义运动来说滋养甚少。但是,《维特》曾经的影响广泛而深远,这份持续了整整半个世纪的忧郁,这份有利于真正诗歌生发的忧郁,这份独一无二的忧郁,由韦茨拉尔悲伤的情人的秘密所滋养,其本身也是认知和灵魂成长的过程。这个时代最伟大和最善言的作家们,在这个宗教和庄严的梦想中找到灵感和最持久的诗情,像上了年纪后的拉马丁一样。拉马丁在1886年再一次手持这本旧时的书,说:"我还记得年轻的时候,在冬天,在群山环抱的家乡,一遍又一遍地诵读这本书。多次的阅读给我的印象并没有被抹去,也没有被冷却。这部书中的伟大情感所赋予我的忧郁,我会一直与它相伴,直至毁灭……必须得有十个灵魂才能占据它整整一个世纪!"①

---

① 《文学通俗教程》第21卷,第9页。——原注

第二部分　戏剧诗人和抒情诗人

第二部分 戏剧诗人和抒情诗人

第一章 戏剧的改革

"当我们在法国如此精心地研究邻居德国人的戏剧时，
　　　　我们却恰恰忽视了一个人，
　　　　　没有他就没有戏剧，
　　他个人的作品比他所有弟子的还要丰富多彩。
　　　　这一点我们能解释清楚吗？"
《歌德戏剧作品全集》序言，施塔普费尔，1825

尼采对德国民众无法区分他们两位伟大的古典主义作家各自的价值而大为恼火，这些人甚至用"歌德和席勒"或者"席勒和歌德"这样一挥而就的惯用语来称呼他们。有一点可以肯定的是，当法国浪漫主义列举他们在抨击古典戏剧方面对其有所帮助的德国诗人时，会坦率地说"席勒和歌德"，有时候甚至只说"席勒"。席勒对戏剧的素材有敏锐的洞察力，热衷于事件的戏剧性变化、戏剧的夸张性、情感的剧烈冲突和喷涌如火的激情。《玛丽亚·斯图亚特》作者的地位极高，几乎与莎士比亚齐名，他好像是莎翁的一位现代弟子，同样也是一位更加有意识、更加容易接近的代理人，"一位先知先觉的浪漫主义者"。而歌德却因他一生创作作品的驳杂不一、《伊菲格尼》的异教性以及《塔索》的古典性令人失望，人们对他的生活、政治生涯以及君主顾问的职位也感到困惑不解。这大概就是浪漫主义在它最激进的时候对两位德国戏剧诗人的看法。

歌德在法国
——《少年维特之烦恼》在法国的传播与接受研究

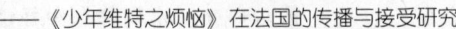

报纸零零星星地报道些《魏玛》的消息，杂志陆陆续续地发表有关歌德生活的只言片语。歌德成了"德国作家的涅斯托尔"①"德国文学的主教"，总监和公使。与其说他是法国年轻一代知识分子梦想中的革命者形象，还不如将之比作优柔寡断、平易近人的席勒，后者多愁善感、激情澎湃，可惜穷困潦倒，英年早逝。

对于那些从《德意志论》中习得的有关歌德戏剧最出彩之处的年轻人来说，还有什么比斯塔尔夫人对歌德一生的戏剧生涯做的总体评价更令人气馁的呢？"在他为演出而写的剧本里，有很多高雅和有思想的地方，但是除此之外别无长物。相反，在他那些难以搬上荧屏的剧作中，我们发现了他卓越的才华。好像歌德的天才不能局限在戏剧的界限里，当他想委身适从之时，他失去了一部分的独创性，只有在他随心所欲打破各个题材界限的时候才能复得他全部的创造力。"然而，世纪初，古典主义者和未来的浪漫主义者就投入不断的论战中，他们经常控诉《浮士德》和《葛兹·冯·伯利欣根》的作者。1804年1月26日的《争鸣》杂志上这么写道："甚至英国人也抵制德国戏剧在本国的上映，而我们刚刚引入剧院。如果他们把引入的科茨布、席勒、歌德的戏剧称为'野蛮人的入侵'，那么我们应该叫什么才好呢？"如果根据诸多美学和道德的标准来看，本杰明·贡斯当在1809年写于《华伦斯坦》卷首的《沉思集》，施莱格尔1814年的《戏剧文学教程》以及查理斯·诺迪埃一篇含糊其辞的论文都称赞歌德戏剧中所蕴含的真理和不拘一格的美。但是，也不

---

① 希腊神话中的皮洛斯国王，年长而富有经验，足智多谋，善于辞令，遂以其名喻指某一行业或领域中阅历丰富、资深望高的长者。涅斯托尔出现在长篇史诗《伊利亚特》和《奥德赛》中，是希腊联军内最受人尊敬的老者。他年轻时很勇武，老年携子安提罗科斯参加特洛伊战争，很有威望。在阿喀琉斯和阿伽门农争吵时，他主动出来劝解。在希腊联军在赫克托耳进攻下节节败退时，出来鼓舞士气。诗中经常以"战车大师"来形容他。——译者注

乏强烈谴责的声音，1822年8月10日《争鸣》杂志说"在他的《葛兹·冯·伯利欣根》中，歌德变化了56次布景"，或者1820年3月13号"他命名为《浮士德》的戏剧，魔鬼一开始就登场，打扮成小主的样子，在最后一幕中带走了这部迷人喜剧的主人公"。

我们还在黑暗中斗争：有多少人是参照原文的？或者又有多少人去研究《德国新戏剧》里的《葛兹·冯·伯利欣根》和《施黛拉》译本？这本书在旧体制末期由弗里德尔和德·博纳维尔共同出版。但是，现在拉德沃卡书店将帮助人们明确论据，满足好奇心，因为它在1820年开始计划出版《外国戏剧杰作》一书，25卷的汇编很快就被歌德的作品占据一大部分。除了圣德·奥莱德翻译的《浮士德》，G. 德·巴尔翻译的《葛兹·冯·伯利欣根》，还有几部剧作之外，剩下的几乎所有都是查理·德·雷慕莎和他的朋友德·吉扎德翻译的；他曾经为了阅读康德作品而学德文，给很多剧作还加了标注。埃克施泰因男爵在《文学与艺术年鉴》一书中责怪这个出版社的老板过于折中主义，一方面确实有些不置可否的美文，但是那些"花里胡哨"的东西配不上翻译的荣耀。有些人还指责拉德沃卡介绍了些三流的外国剧作家，莎士比亚和阿尔菲耶里却未提及。总而言之，批评界还是比较支持这项事业的。查理斯·诺迪埃在《争鸣》里以赏心悦目的连载文章对其做了评论。1823年11月24日，《通报》写道："席勒和歌德的名字在法国回荡着……一群读者如饥似渴地阅读《艾格蒙特》《柯拉维戈》《伊菲格尼在陶斯》《托尔夸托·塔索》和《浮士德》，他们渴望了解并且评价他国诗人新颖独特的作品。"

拉德沃卡的出版还没完成的时候，歌德的戏剧已经激发了剧作家的创造性。在那个还是摸索和开始反抗的年代，勒布伦的《玛丽亚·斯图亚特》已经被奉为浪漫主义的杰作，而《葛兹·冯·伯利欣根》里莎士比亚式的混乱和《浮士德》令人惊叹的概括还不能吸引那些正在寻找创作主题的作家们。在歌德的戏剧中寻找情节和主题的是喜剧而不是悲剧，而付出的代价则是用一些传统方式来处理。《争鸣日报》在1824年3月14日写道："两三个月以来，歌德和莫拉廷是所有当代外国诗人中拥有最多轻喜剧模仿者的。他们带给轻喜剧作者的资源可能是无穷无尽的，因为所有人都不知足地从中汲取养分。但是民众的一致喝彩允许这些外国创作的泛滥，没有人有权抱怨……"

法国最著名的改编作品重拾歌德年轻时代的"资产阶级戏剧"情节，并于1823年底上映。

9月，梅维尔改写在俄罗斯上映的《柯拉维戈》，将他用散文写成的四幕剧《兄妹或者天生的庇护者》交给了欧迪恩剧院，为了避免原作悲剧性的结尾，他以两人的结婚收尾，为此他不得不恢复主人公德·吕佐夫的原貌，减轻他的过错，让其配得上多贝维尔小姐，也就是他剧作中的玛丽·博马舍。这次"枯燥无味的模仿"没有大获成功，因为人们以前在读原作时能够体会到它的能量和激情。相反，11月时，人们在吉姆纳斯强烈呼吁一幕剧的作者给他们创作，实际上是斯克里伯和梅莱斯威尔两位。12月12日，阿德里安·德·朱西厄在给J.-J.安贝儿的信中写道："这部作品是对歌德的《兄妹》一次成功的模仿。"同月，模仿《兄妹》的另一部剧《纪尧姆和玛丽安》在奥德翁剧院上映，出自德·巴亚尔之手，虽然没有上一部名气响，但也算是上乘之作。就这个主题，埃德加·纪内于11月3日给他母亲写了一封信："人们最近为巴亚尔模仿歌德的一部不起眼剧作喝彩。这种民众的激情符合我的感受，这是我幸福的日子之一……"圣·瓦莱里在《法国诗人》一书中记录道："这个模仿的作品充满思想，精妙绝伦，它给了许多博

第二部分　戏剧诗人和抒情诗人

学的批评家贬低天才作家歌德以及德国文学的机会……观众没有太过于古典主义，显得更公正。"

事实上，当青年才俊和人民大众在听斯克里伯和巴亚尔作品的时候，他们的担忧得到了缓解，好奇心得到了满足，而古典主义的狂热分子则通过猛烈抨击的形式来表达他们的不满。索赫和圣·日内尔斯1823年翻译的《法国18世纪名人》一书重新将我们的目光转向歌德，奥贝尔·德·维特里曾翻译其中的《回忆录》。《通报》《文学与艺术年鉴》《百科全书》杂志对这些新作品做了长期的介绍，让不为人所知的作品重新焕发光彩。

因此，在1823年到1824年期间，古典主义的老顽固们普遍把歌德的形象比作法国品味的"施毒者"。哀怨的卡桑德或者滑稽的卡桑德，这些传统戏剧的捍卫者预言特洛伊将不复存在。1823年12月4日，年轻的拉克雷泰勒在开启美文社团一季活动时大声疾呼："哦，耻辱！哦，疯狂！那些人刚刚求助于一个女人的威望来反抗我们的古典主义者，而这个女人的名望更多是因为她的才华而不是风格的稳定，她的天平总是奇怪地摇摆于高乃依和席勒、拉辛和歌德、伏尔泰和科茨布之间，还求助于施莱格尔的威望，他只是个浪漫主义的昆提利安①罢了……我们嘴里不断重复着德国的亵渎神明的话，这对我们有何益处？……我们会把世界文学里面最伟大、最负盛名的作品当作祭品献给外国的神灵吗？我们会把法国最瑰丽的花环放在他们的脚下吗？然后像一个被征服的民族那样叫着'德国万岁！万岁'！但是我们还是看看德国的入侵给我们带来的这些极端后果吧。如果我们的文学要进行彻头彻尾的改革，那么我们的政治机构

---

①　阿里斯提得斯·昆提利安（Aristides Quintilianus），古罗马演说家、教育家。生于西班牙北部，先在罗马受教育，然后回西班牙当教师。——译者注

也要焕然一新……浪漫主义绘画特别爱好画土匪,如果他们现在变得越来越罕见的话,就必须在我们的道路、森林、城市里重新塞满,因为只有他们展现了一个世纪、一个文学的面貌……"

比起文艺社团,另一位法兰西学院院士欧吉尔的抗议带有更多官方色彩,并且更加庄严肃穆。1824年11月25日,身为法兰西学院院长的他向新当选院士苏迈致以热烈的祝贺,因其最近在《法国诗人》中嘲笑"那些畸形的怪物",他曾认为《外国戏剧杰作》的译作已经揭示出这些"怪物"一文不值。"不是你们与这些美丽自然的爱好者并肩作战。他们为了重现圣·克里斯多夫的巨大雕像,很乐意请出观景台式的阿波罗雕塑,也满心希望用《费德尔》和《伊菲格尼》来对抗《浮士德》和《葛兹·冯·伯利欣根》。"最后,内波米塞娜·勒梅西埃于1825年4月5日在法兰西学院宣读他的《戏剧创新好坏之我见》一文,并且带有讽刺意味地建议听众去了解一下"歌德的奇遇"。

《克洛维斯》一书的作者略带挖苦的建议可能对于《浮士德》来说有点为时尚早。但是欧吉尔提到《葛兹·冯·伯利欣根》还是完全有道理的,他在说这个题目的时候装出一种"野蛮和滑稽"的腔调,《19世纪地球和水星》还变本加厉地借此机会开玩笑。阿尔贝·施塔普费尔于1825年完成了歌德戏剧的译本,他给浪漫主义提供了一个认真细致的译作以及中肯的评注,其实歌德的历史题材戏剧已经在法国文学史中占有一席之地。1773年在汉堡首次出版了《葛兹·冯·伯利欣根》的法文版,由弗里德尔和德·博纳维尔合作的《德国新戏剧》刊登了这个译本。1787年的《水星》和1788年的《文学编年史》对其进行了报道,虽颇有微词,但是对这本书很关注。从18世纪开始,这本书就为塞巴斯蒂安·梅西尔波澜不惊的作品提供了养料,还启发了拉蒙·德·卡尔布里尔一系列的对话体

第二部分 戏剧诗人和抒情诗人

绘画，他在这些画中重述《西方教会分裂关键时期的阿尔萨斯战争》。本杰明·贡斯当在《华伦斯坦》卷首的《沉思集》中引用了这本著作，它在 1809 年引起了一些争论，之后因《德意志论》一书的出版引发更为激烈的论战。皮埃克赛古尔没有忘记从这部带有中世纪战斗性色彩的戏剧中汲取一些最简单的元素来加以模仿，他尤其在《维克多或者森林之子》和《鲁莽的查理》这两部作品中提及这些元素。直到 1824 年，欧仁·德拉克罗瓦向巴武赫·洛尔米昂的秘书，也就是他的朋友皮埃尔了解情况后，才决定以艺术的形式向这位铁腕勇士的英雄事迹致敬。他以素描、石版画和绘画的形式经过几年的努力才完成了这一项计划。

但是，《葛兹·冯·伯利欣根》对法国戏剧的发展起到真正影响还要归功于《世纪报》和与这份杂志志同道合的文艺社团以外的一群文人。这些头脑清醒、远见卓识的年轻人不太看重诗句，他们都真心实意地为散文写成的历史题材剧而努力奋斗，同时也认真研究现代戏剧的可能性。体裁的混合、三一律、戏剧中的历史等问题，在各式各样的论文中都得到了研究。梅里美将克伦威尔写成一幕剧的主人公，一个周末，他在几位朋友前朗诵，这部剧没有任何三一律可言，悲剧取材于历史，滑稽之处源于清教徒的行话。没过许久，查理·德·雷慕莎就在《世纪报》杂志总监的客厅里朗诵他的《圣·多明戈的造反》。

但是有一点重要的是，历史和戏剧的融合不能超越本国历史的界限。梅里美用近似《葛兹·冯·伯利欣根》的戏剧形式讲述了在约翰王被俘期间法国博韦西地区的农民起义，他的《扎克雷起义：封建主义的故事》于 1823 年被收入《克拉拉·加苏尔戏剧集》。除了经典的戏剧情节支离破碎化以外，我们还发现几处模仿《葛兹·冯·伯利欣根》的细节：一名土匪入"匪窝"；小龚拉让他的老师博兰讲述《骑士时代的精彩故事》,还时不时用一些天真无邪、童言无忌的问题打断他。那是一场漫长的战斗,在不同的篇章中都会以速战速决的形式呈现。没过多久,维特发表了《内战》,紧接着《布卢瓦》和《亨利三世之死》又相继问世。他在第一部著作的序言中写道:"此时正是文学革新派开始热情洋溢地鼓吹他们的戏剧理论之时,每天早晨就听见他们强烈谴责将时间限制在24小时内,将地点囿于三尺见方的戏剧作品……很多人觉得在我的历史剧中看到了一种和解,就像一种协商方式。"

这些令人感兴趣的尝试犯了一个大错,他们几乎没有考虑舞台的可能性。正如我们所知,《葛兹·冯·伯利欣根》的最初版曾经就吃过这个苦头,歌德绞尽脑汁去修改他的作品,重新调整以便更好地适应剧场。但是,除了这个实际操作上的缺陷以外,这些剧作在1809和1810年期间,是不是斯塔尔夫人和本杰明·贡斯当所期望的,是不是司汤达最近所要求的?当然,我们在这里放弃了"遮丑"的亚历山大诗体,随心所欲地处理已经过时的古董。但是,老实说,我们混淆了对话体的历史和历史题材的戏剧、"图片"的瞬间转换和艺术的结构严密、细节的真实性和总体印象的忠实性。尽管这群年轻的空谈派很有远见,但是他们缺少对真正戏剧生命意义的把握,即使在他们的理论中,也没有过多谈及一个戏剧作家认为必不可少的品质:关注的中心,命运和性格的渐进式发展,历史事实明显的因果关系以及旗帜鲜明的独立性。1820年,雷慕莎在《法国中学》中合理地要求"自由、灵巧地将人们如实地搬到戏剧中,有他们的弱点,有他们的言行不一致,有他们的不平等"。但是在他给历史的真实给出定义的时候,他不是自己道出了这些尝试的首要错误吗?"任何没有局限在书本中对世间事情进行思考的人都熟知这个不规则、充满偶然的特征。这正是我希望我们未来的悲剧所拥有的美妙之处……"

这种尝试源于莎士比亚的《历史集》，《葛兹·冯·伯利欣根》本应该促使我们的浪漫主义创作出散文体的历史剧。剧作家继续这种尝试，他们在历史中关心的不是大仲马悬挂他画作的"钉子"，而是其他事物。维克多·雨果，这位负有盛名的抒情诗人并不想在戏剧中放弃诗句的使用，他在《克伦威尔序言》中急切地参与进来，宣告另一种戏剧形式存在的权利。因为雨果在他的宣言中婉言拒绝的实际是《世纪报》所钟爱的历史剧，而不是我们想当然的情节剧，它也是与古典教义相悖的。"我们感到散文必然没有诗句那么收放自如，它不可避免地会剥夺戏剧的所有抒情诗或者史诗，仅限于对话形式和实证主义。它没有宽大的翅膀，此外，它极易上手，平庸的作家也能驾驭。'就最近出版的几部杰作来看'，艺术将很快充斥着早产儿和胚胎。"《世纪报》杂志没有搞错，雷慕莎在1982年2月2号这一期中对《克伦威尔》进行了说明，他也不忘最后一次为散文辩护。"尽管数量没有诗歌多，也没它优雅，散文也有其魅力和尊贵之处。《葛兹·冯·伯利欣根》这种题材有它的伟大和完美，就我看，歌德在其中表现出的诗人气质要比《塔索》和《伊菲格尼》明显。散文甚至不会令剧作失去趣味，失去它的哀婉动人……"但是这是一个正在溃败的学派最后的弹药了，随着雨果提出的要求以及人们对他诗歌作品的一致认同，华丽的戏剧、口语化的戏剧、既没有真实性也没有忠实于历史的戏剧纷至沓来，成为一种趋势。

此外，场面突然令人感动，肤浅的煽情，地方色彩的不着边际，令人揪心却毫无逻辑的戏剧性变化，这些类别的戏剧与大仲马一起取得了辉煌的成就。他写了《亨利三世》一书，并且在他《回忆录》的第七卷提到了他朗诵"歌德著名戏剧《葛兹·冯·伯利欣根》"一事。这位擅长制造错觉、煽动人心的能手选中了"三到四个情节，它们都被淹没在这部气势恢宏的戏剧中，在他看来足够他写一部剧了"，其实这就是一个微不足道的小冲突，"一个女人逼着她不爱的男人去杀掉她心爱的男人"；葛兹骑士，他所捍卫的事业，他所提及的地方，这一切都沦为次要情节，但是阿带拉易德在宾斯万根和弗朗茨两人之间的表里不一令人感动……

事实上浪漫主义的戏剧正是这样利用外国的先例的，它曾经还仰仗莎士比亚的权威。它真正的生命既不存在于对一个历史性事件的展开，他自己本就可以发现兴趣点所在，也不在于挖掘它所处时代的形势所决定的特征以及对大事件的反作用力。它的关注以及功效都在别处，大仲马在回应那些指责他抄袭的诽谤者时也自欺欺人："我接连不断地挑选了一些天才作家，莎士比亚，高乃依，莫里哀，卡尔德龙，席勒，歌德。我把他们的作品像死尸一样平放在圆形剧场的石阶上，手拿解剖刀夜以继日地工作，我直入内心深处寻找生命的本源和气脉通畅的奥秘……"浪漫主义在莎士比亚的经典作品中追寻更多的是片段式写作而不是新戏剧生命的律动。

至于歌德戏剧的独特之处，可能是那些能够提供感人元素或者当地色彩的作品激发了我们的模仿或者改编。1831年5月在奥德翁剧院上映了科尔得利尔·德拉鲁改编《葛兹·冯·伯利欣根》的《疯子凯尔诺克斯》，是一部用诗文写成的四幕剧。凯尔诺克斯疯狂地爱上了爱达乐尔贝，向他揭露阿带拉易德爱情上的不忠，还与弗兰克·卢日①的成员偷情。斯塔尔夫人和J.-J.安贝儿认为歌德戏剧

---

① 弗兰克·卢日是德国14世纪到16世纪的一个秘密法庭，目的是惩恶扬善，宣扬正义。——译者注

中数《艾格蒙特》最为杰出,1822年后,它给了欧仁·德拉克罗瓦很多灵感,首次在马赛上映,黑吉尔的《艾格蒙特伯爵》于1832年8月在万神殿剧院上映。然而,1844年10月在奥德翁上映的桑提作品《艾格蒙特伯爵》与歌德在历史大环境下对性格形成的研究没有丝毫关系,罗兰用诗句改编成的戏剧于1847年5月在相同地点上映,他则延续了歌德的传统。

《柯拉维戈》曾经因为是一个资产阶级戏剧所特有的主题而备受欢迎,现在当地色彩又可以融进来。雷沃·阿莱维于1831年3月给圣马丁门剧院写了一部三幕剧《博马舍在马德里》,多尔瓦和波卡基两位夫人饰演了最重要的角色。加洛普·德·翁凯勒从18世纪末一直到1832年写的《博马舍的玛利亚》,浪漫主义对《柯拉维戈》这一材料的使用经常占据着法国的舞台。

《塔索》这一作品中的外部活动极少,是部纯粹的心理剧,它为一部"历史题材的剧本"提供了素材。1826年12月在法兰西剧院上映了亚历山大·杜瓦尔用散文体写成的五幕剧《塔索》。的确,他在歌德的作品中只汲取了两个素材:一位天才和一位即将登上王位的公主之间失衡的爱情——一位仇视诗人的达官贵人的嫉妒心。他原封不动地照搬了几个最令人扼腕叹息的场景,但是剩下的部分都在竭尽全力地拓展延伸他的主题。至于诗人的那种疑心重重和过度的猜忌心理,我们更应该在维尼的作品中找到它的影子,我们已经见识过查特顿[①]的性格。

《施黛拉》的法文版曾被收入《德国新戏剧》,杜博松和德歇伊将它改编为一部三幕剧《齐利亚》,并在鲁瓦街的剧院上映。它还被

---

① 查特顿是维尼的同名剧作《查特顿》的主人公。——译者注

卡巴尼斯翻译过，收入《外国戏剧杰作》。浪漫主义对这部剧没有过直接的模仿。相反，《杰尼和巴特尼》这部言情小故事激发了《蒂罗尔》和《皮埃尔和玛丽》两本书的创作，它经久不衰的法文版译本被编入《木屋》这部小册子中。这部由斯克里伯和梅莱斯威尔共同完成的译作于1834年9月在喜剧歌剧院上映，同时配有亚当优美的音乐。

如果浪漫主义戏剧已经足够偏离莎士比亚所引领的戏剧形式，如果对歌德戏剧的直接模仿结果不尽如人意，那么只是突出强调几处对情节的借用还是很合情合理的。与其说这个新的流派对歌德真正地领悟，毋宁说他们对仰慕的前辈只是借鉴。在《艾格蒙特》中，歌德为了安排马基雅弗利和帕尔马的玛格丽娅这两人出场而构思了一些场景。毫无疑问，浪漫主义也习得这种介绍著名人物出场的高超技艺，它不直接取决于行动，而取决于人物耐人寻味的想法，出场感人至深，意境悠远。此外，就像席勒和维尔纳一样，歌德也引导浪漫主义挖掘戏剧中的一切抒情元素。我们已经很明白，这个刚刚崭露头角的流派所表现出的倾向已经注定它会接受并且夸大抒情元素，因为抒情对动作的发展或者人物的心理活动大有裨益。

另外，浪漫主义戏剧借用了歌德戏剧中的一些细节、主题以及场面。多娜·索尔在《埃尔纳尼》中的感叹："黑色的丝绒与金色的项链交相辉映！"重拾克莱尔在《艾格蒙特》里面一句天真的话："啊！丝绒太美了……"在《卢克丽斯·博尔吉亚》中我们歌唱一曲《自深处》，正如我们在《浮士德》中歌唱《愤怒之日》。阿勒贝公爵担心艾格蒙特会不会落入布好的陷阱，而这种担心又重新出现在大仲马《克莉丝汀》第四幕的森蒂内利这一人物身上。我们在阿尔弗雷德·德·缪塞的《罗伦扎西欧》中找到《葛兹·

第二部分 戏剧诗人和抒情诗人

冯·伯利欣根》和《艾格蒙特》的短暂回忆:抗议时间的可耻,资产阶级的对话,幼儿的天真幼稚的絮语或者教士的言论。我们还饶有兴趣地注意到曼佐尼的《卡尔马罗拉侯爵》是受《艾格蒙特》的启发写成的。1820年那年刚好在《法国中学》里有一篇论文,还有作者那封著名的信件"就三一律问题致肖维先生"。从次要程度来看,歌德是一位助理。弗里奥在出版《卡尔马罗拉侯爵》和《阿德尔吉斯》的译作时没有忘记在第一幕剧后面加上歌德在《关于艺术和古代风俗》中对它的"检查"。

总而言之,革新者在他们的理论运动中借助歌德来反抗古典主义;他给予最活跃的那批革新者更多的是对革新有利的论据,而不是他们所追求的范本。从1828年开始,一些作家的尝试已经远远偏离了《葛兹·冯·伯利欣根》《艾格蒙特》或者《扎克雷》和《布鲁瓦国》。只有忘却了这点,我们才能将浪漫主义的历史剧归于莎士比亚剧的旗下。我们注意到——我们也正是这么做的——沃尔特·司各特从《葛兹·冯·伯利欣根》中获得了最早的灵感,这对他的作品起到了决定性作用。苏格兰小说家的历史特色给1830年时代的剧作家提供了整体大环境。这就是不断加深文学中亲子关系的研究,不要忘了像沃尔特·司各特这样的弟子虽然个人特色鲜明,但是无法掩盖最初的源头是出自青年歌德的一部戏剧。

《伊菲格尼》作者的折中主义确实只能给浪漫主义的解放提供一个暂时的、不太重要的支撑:他作品中的一些方面有所帮助,但是1830年的那些作家所表现出的激情过于极端化,就像一种自私自利,它偏离了歌德式的"中庸",它赋予每个主题能与其性质有机融合的形式,根据主题的要求从莎士比亚的剧作一直选到拉辛。浪漫主义者怎么会理解歌德戏剧的深层涵义呢?他们渴望的只是让世界、生活和历史都服从于"自我"独断专行的步调。如果单纯考虑戏剧形式的多样性,《葛兹·冯·伯利欣根》的作者在我们文学中还是有过辉煌的时刻,甚至在《浮士德》到来之前,他的思想更为深刻,艺术范围更为宽广。但是圣马丁门的革新者和魏玛的折中主义之间持续紧密的接触既不符合浪漫主义的狂飙突进,也不与歌德戏剧的主要性质保持一致。浪漫主义胜利之后,奥德翁的观众于 1837 年 11 月被邀请去欣赏刚刚修葺一新的剧院的天花板,然而歌德没有位列 12 位戏剧作家的画像之中,这也并不是没有理由的。

第二章　浪漫主义的抒情主义

> "为了证明这些古老的神鬼故事
> 完全能够被装点得诗情画意,
> 我们希望列举歌德几部令人赏心悦目的作品……"
> A.于连:《百科知识杂志》,1825,第860页

围绕戏剧规则进行的斗争、狂热躁动的情感和天马行空的想象、当地特色在文学中的蔓延、戏剧服装和布景,浪漫主义所表现出的这些驳杂不一的方方面面让我们有点忘却了这个错综复杂运动最早的抱负是什么,最稀奇古怪的创作是什么。在法国以及其他地方的浪漫主义尤其想表达和启发不可言传之物,它雄心勃勃,意欲翱翔在一个超感和超验的世界里,在神秘而不是现实中寻找它的天地。这种完全理想主义倾向的早期浪漫主义后来促成了幻想与怪诞文学的发展,不过很快就沦为《吸血鬼》和《独居者》这样没有固定类型的作品,终于在1820年左右找到了它的理论依据以及代表作。查理斯·诺迪埃在《争鸣》杂志对第五期的《德意志论》做了分析,意欲描绘浪漫主义的"显著特点":"但是怎么描绘不可言传、我们感官所抓不住的东西,或者感官感受到的只是一种无形的力量,它的扶摇直上之力很大程度上是源于自身的缥缈,只能通过无法言喻的东西来解释。"1823年,第一部《浪漫主义书集》问世,由路易·布朗依作序,它用来象征浪漫主义神性灵感的不是后来朝气蓬勃、具有革命性以及粗犷狂放的缪斯形象,而是"一位头戴面纱、

身披披风的女子，头上萦绕着星光，两匹奔腾的黑马拉着一辆古代战车带她纵入云霄"。拉马丁的早期诗歌，程纳多莱的《诗歌研究集》，维尼的《艾罗阿》，雨果的《颂歌集》以及诺迪埃带有神秘主义色彩的中篇小说，都从这位缥缈无形、超凡入圣、神秘莫测的女神那里获取了灵感。后来，《争鸣》刊登了雨果和霍夫曼一段著名的有关"抽象"高于"现实"的讨论。1825年，当地特色和与历史有关的题材在文学大行其道，它使得稚嫩的浪漫主义文学已经转向其他方向，亨利·莫雷尔一首充满敌意的诗歌《浪漫主义的庙宇》是这么描写这个新流派的：

俗世的诗人，万物的颂扬者，
当上苍卷我入云霄，
你们在尘世间卑躬屈膝，
可憎的天才法则的奴隶们。
实证世界的弥天大错，
你们执迷不悟地勾勒事物迷人的线条；
对于阿波罗之子，真正的世界，
是不存在的世界。

1824年，卓越的维也莱在《论浪漫主义缪斯的书信》中对新流派所珍爱的一些主题进行了讽刺性的统计，他是这么罗列的：

……这个真理与本性无关，
是忧郁和神秘；
是假装天真；
是过眼云烟的理想世界；

情感直至一切都口吐莲花，意象纷呈；
是沙漠的嘶吼，是激流的咆哮，
抑或是椴木之王，抑或是游荡的鬼魂，
晚间来到河谷呼啸或者呻吟；
难以名状的形象；
不知为何心驰神荡，
愈是不解，愈是迷人……

《桤木王》这个对歌德一首最负盛名的叙事诗毫无掩饰的影射——有一定的误解——揭露出德国诗人的抒情作品哪方面可以激发形而上的浪漫主义的兴趣。曾经一些杂志里零零星星地刊登了歌德的抒情诗，但是1813年在国外水星出版社出版的《爱情——风景的画家》和《哲学十日（第四日）》里面的《新爱情》，特别是著名的阿那克里翁风格的法译本，说到底，什么是德国的帕尔尼呢？

爱情，不是孩子般的爱情，
而是塞姬①所怀念的抚爱，
漫步于奥林匹斯，徘徊于众仙女间，
一位年轻征服者坚定的目光……

此外，有些言情诗歌清新淡雅，直抒胸臆，刊登在一些期刊上，但是它们非但没有吸引普通读者反而令其失望。必须有本杰明·贡斯当的洞察力以及他对异域诗歌敏锐的嗅觉才能喜欢"这种对自发情感的放任自流和印象派式的描写"。在从巴尔去往摩尔让达尔的路

---

① 爱神丘比特所爱的美女。

上，他试图让内克尔·德·索绪尔夫人也参透其中的奥秘；必须有J.-J.安贝儿的细腻心思才会懂得欣赏这种直抒胸臆的突然性，他在1820年8月10日跟他朋友巴斯蒂德提及了这点。卡巴尼斯在"恐怖时期"翻译的歌德诗歌只是为了取悦爱尔维修小姐，而维克多·古桑在德国拘押期间翻译的诗歌不入文学的主流。

相反，歌德的一些叙事诗中暗含一种玄秘、有理想主义倾向的诗歌，正是处于萌芽阶段的浪漫主义发现了这种诗歌。《紫罗兰》的哀怨从1804年开始就启发了诺迪埃：

纯朴无瑕的紫罗兰，

在幽暗的河谷底部，

在感动的青草之上展开，

它蔚蓝如天、沁人心脾的喇叭筒……

晚一些的程纳多莱表现得过于辞藻华丽：

为什么命运遮蔽我的双眼，

在葱葱郁郁的草丛中，

富丽堂皇的百合花，

令我荣耀黯然失色？

《德意志论》的出版也进一步明确了吸引人之处。斯塔尔夫人从1800年开始就翻译了《罪人，上帝和舞女》，尽管想努力重现原作的流畅文笔，但是法文版诗句还是相当生硬。她一针见血地指出《罪人》一书中的"写作技巧，它让人感受到一些自然现象产生的神秘力量"；她解释滑稽搞笑的《见习巫师》背后隐藏的思想；

第二部分　戏剧诗人和抒情诗人

她在《德国诗歌》这一章节中粗略地评论了《上帝与舞女》一书中对印度奇怪的追忆以及《科林斯的未婚妻》收尾处爱情和恐惧的交织。诺迪埃在《争鸣》的专栏文章中负责引导复辟时期的读者阅读这些新颖独特的文章。最后，阿尔贝·施塔普费尔于1825年出版了《歌德概述》，里面有大量的诗歌翻译，其中一部分被杰拉尔·德·内瓦尔收录到他的诗选里；由庞库克夫人牵头，联合著名出版社的很多同僚，其中以奥贝尔·德·维特里和洛爱武·魏马尔为首，他们共同翻译了歌德的《诗集》，并在"国外名著"丛书中出版。浪漫主义拥有了歌德全部的抒情主义作品，或者至少对浪漫主义最重要的，加上布尔杰的《雷诺尔》和部分席勒、摩尔的作品，这一切都更好地解释了为什么浪漫主义的一些尝试倾向于神秘主义和朦胧派诗歌。1825年5月5日出版的《世纪报》杂志指出庞库克夫人的译本中存在着不忠实原文、译句生硬的瑕疵；而《百科全书》杂志、《通报》《19世纪水星》都对译者赞声不绝，不惜笔墨对这次意想不到的成功进行评论，认为这是《维特》作者最意外的化身。

莱昂·提尔赛在《水星》中写道："人们建议我们在作品中改写的神奇之事时常萦绕在歌德的诗歌中，当然这得与我们的信仰相一致。"《百科全书》杂志就一个《叙事诗集》合集说道："为了证明这些古老的神鬼故事完全能够被装点得诗情画意，我们希望列举歌德几部令人赏心悦目的作品。"两年前，亨利·德·拉图世的《奥利维亚·布鲁松》第二卷就以"苏格兰式"的叙事诗收尾，这令《法国诗人》的一位编辑想到了"歌德和席勒相同类型的诗歌，它们都在德国获得了巨大成功"。

正是拉图世让《桤木王》在法国名声大噪。1818年初，《阿基坦的蜂群》已经对这部工整的叙事诗做了翻译，没过多久，波尔多这本同样的杂志加入一篇E.热劳的论文，里面有《桤木王》的散文版。紧随其后的是些令人大为不快的评论:"只有孩子能看见和听见这个鬼魂,他父亲一无所知,最后它杀死了无辜的受害者,因其美貌诱人。"很快,1818年第18期的《香槟信件》刊登了拉图世用诗文翻译的译作,并且评论道:"这部悲歌建立在一个传统的迷信之上,整个北方都很熟悉,它把柳树和桤木的树荫与一种心怀恶意的精灵联系在一起,用来吓唬孩子们的想象。"法国的记者认为结尾"比原作更感人、更自然",这位极富创造力的译者是这样娓娓道来的:

> 但是这位老堡主敦促着他黑色的骏马,
> (孩子拥入怀中),折回城堡。
> 高耸的塔楼,神灵护佑的大门,
> 放下吊桥,踏入门中,
> 保姆在门槛处搁上摇曳的火把,
> 父亲轻轻拂去外衣。
> "愈加谨慎小心;伊索尔一路以来
> 谈论他恐惧的鬼魂:
> 他在我怀中大叫,现已睡下。
> 带走您的孩子。——啊!他已死亡。"

这是歌德最出名也是最有争议的一部叙事诗——确实我们有时候把它归功于译者。斯塔尔夫人特别看重的《罪人》于1818年被翻译为散文体,并刊登在《阿基坦的蜂群》上。它由众多翻译家翻译,从程纳多莱开始:

> 在清澈见底的河畔,

一个可怜的渔夫驻足，
在一阵疾驰后，
坐下，夏日的夜……

直到梅拉尼·瓦尔多：

湖水平静波光粼粼，
渔翁驾着一叶扁舟……

其间还有圣·菲尼克斯男爵在1828年《诗人年鉴》中发表的四言亚历山大诗体以及1831年在《外省杂志》上的形式巧妙的诗节：

波光粼粼，波涛激荡，
渔翁栖息在河畔。
湖光山色，良辰美景激起，
一个灵魂里绵绵的惆怅。

《科林斯的未婚妻》为它异教徒的主题付出了失宠的代价，但是它还是很荣幸地出现在爱弥尔·德尚的《研究集》中：

一个雅典的青年来到了格兰特
此事未之有也。
然而他希望，
在一位贵人之家，父亲的旧识
像位久违的老友进门
两位父亲梦想同一家庭

将儿女联姻……

埃克曼告诉我们,歌德对这个翻译很是欣赏。在德尚的文集中,它紧随《图勒王》无数译本中的一种:

史书上说他生于图勒
是位温柔信教的君主
她的情妇奄奄一息时
赠他一只喝酒的金杯

因为浪漫主义革新者们的好奇心定会驱使他们从《浮士德》里摘下这枚抒情的珠宝,他们同样也会在《威廉·迈斯特》里寻找《宠儿》的歌曲。最早对这部小说的翻译是尝试着用诗歌完成的:

你不知这块幸福之地
长满橄榄与金橘;
长青的月桂与香桃木,
绿叶为冬天增色添彩?
我心爱的人!出发吧,快点出发;
当我们与爱情有约,有何可待?

A.斯达菲尔很喜欢《宠儿》里面的人物以及他"无法表达的魅力",将这些著名的诗节翻译成了诗句。泰奥菲尔·戈蒂埃也在《宠儿之歌》的开头加上了:

诗人之地,你不知吗

第二部分 戏剧诗人和抒情诗人

光耀之地，柠檬成熟
金橘闪闪，丛中微笑
生死之地，诗人神往
期许之地，追随我至

事实上，又有几人像拉马丁那样听了诗人的建议呢？他在《知心话》中宣称歌德怀旧的诗歌早就给他揭示了意大利天空的纯美。

浪漫主义从歌德的抒情作品中得到了什么启发呢？在1842年至1843年出版的《19世纪天才》一书中，ED.阿莱兹在快速评价"人类思想自1800年至今所取得的进步"时，丝毫没有犹豫向德国诗人致敬，很大程度因为他的新抒情主义。他写道："19世纪的第四种诗歌流派时而把戏剧、时而把哲学融入颂歌里面，它赋予叙事诗史诗般的高贵，赋予抒情短诗悲剧情节的生动性，把歌谣推到酒神颂歌的高度。歌德是这种体裁的鼻祖，是他突破了为抒情诗设定的界限。"一段很长的附录描绘了"杰出抒情诗人歌德的作品。形式美和对灵魂最真挚、最习以为常的感情的描绘从来没有如此完美地在他的颂歌、叙事诗和韵文讽刺故事中得以展现。从来没有一位诗人能够像他那样恰如其分地抓住人的共性和个性的融合。每个人都会在歌德的诗中找到自我的影子，而作者不断地在描绘自己"。

事实上，浪漫主义根据他们的喜好降低了歌德抒情作品的积极意义和价值。阿莱兹两次提及的"颂歌"以及"达到酒神颂歌高度的抒情曲"一点都没为1825年的诗人提供范型。他们从这些浪漫曲中丝毫没有或者几乎没有汲取到营养，它们是歌德诗学花冠上永不凋谢的花朵；浪漫主义者对这些短小精悍的言情诗只是一知半解，诗歌中的心理状态毫不拖沓地用最自然的方式表达出来，大自然的情状和某种感觉的契合或者不协调，比如喜悦、悲伤、回忆，都通过一蹴而就的唱段表达出来。在展开诗歌主题的过程中，他们需要更多的渲染，更多的气势，更加具有感染力的情节，更加细致的意象；他们还没准备好如何去欣赏这些浪漫曲，安娜曾说它是我们的灵魂之吻。泰奥菲尔·戈蒂埃《风景》的第七卷开头展现了最美妙的浪漫曲之一——《游人的夜歌》：

没有一片叶子在颤动
没有一只鸟在歌唱……

但是之后的诗句是单纯的描写，它很快就偏离了歌德八句诗中低吟的哀曲，还有晚祷的感受与梦境的短暂结合。即使两位翻译家杰拉尔·德·内瓦尔和巴莱兹·德·布里在他们新颖独特的诗歌中保留了对大师作品更为细致入微研究的痕迹，我们还是很难找到歌德浪漫曲的才华，比如对瞬间的记录，用词的清新淡雅，对"一沙一世界"的妙悟。法国要想欣赏这类诗歌，就必须对文学品味有所改革，对情感宣泄过于强烈的抒情主义产生失望和厌倦感；同时还需要舒伯特的音乐揭示里面所蕴含的情感（爱弥尔·德尚对舒伯特的《民谣歌曲》进行了翻译，柏辽兹称赞其"巧夺天工"）；还需要像 ED. 舒莱的《民谣曲历史》（1868）这样关注真正流行歌曲形式的研究，歌德也有这种形式的抒情作品。但是，这个时期的诗人运动更倾向于帕尔纳斯派的美学或者诗学的现实主义，而个人更具自发性的灵感所需要的细腻心思则受海涅的影响更大。他的诗句中蕴含着一种引人注目、才华横溢、色彩浓烈的艺术感，歌德的诗歌中却没有这些。

至于浪漫主义，它从《桤木王》作者的抒情作品中真正学到的只是那些叙事诗，在这个诗体刚诞生的时候人们偶尔称之为"悲歌"

第二部分　戏剧诗人和抒情诗人

或者"浪漫曲",不过现在越来越把它理解为纯幻想类文学。歌德叙事诗的情节安排中所表现出的朴素象征主义和泛神论的神秘主义丝毫不会吸引这一代人,因为他们接受的完全是基督教教育;尽管译作丰富,评论颇丰,但是德国诗人的这部分作品没有激发很多模仿的作品。戈蒂埃有可能在《小奥汀和罪人》中重拾"罪人"这一老生常谈的话题:

> 气在颤抖,水在低吟,好似一个灵魂;
> 一只蓝眼张开,在睡莲的深处闪耀着;
> 一只鱼幻化,变成一位美人,
> 充满爱意的手臂,迷人的目光……

爱德华·德·安吉尔蒙在《法国新传说集》中把这个相同的主题放在中世纪。《公爵的池塘》中那个被那伊阿得斯①的美貌所迷惑的年轻的乡下人被池塘吞噬。他在同一作品中通过回忆,并且在布里城风俗习惯的基础上,改变了《见习巫师》的神秘主义色彩。"西尔芙"②很可能是从歌德这类作品中飞出来的精灵,它在我们的浪漫主义诗歌中飞来飞去,正是它在雨果《叙事诗集》的第二部里轻轻诉说着:

> 我是气之子,一个比梦还轻盈的西尔芙,
> 是阳春之子,是拂晓之子,

---

① 法文 Naïade,是希腊神话中生活在淡水里的仙女。——译者注
② 法文 Sylphe,是一种西方传说的神秘生物。西尔芙这个名字源自中世纪欧洲炼金术士帕拉塞尔苏斯的著作,用来表示空气这种不可见的存在,也就是他的元素论中的气元素精灵。——译者注

漫漫冬夜里,明室的主人,
是晨曦带走的精灵,
是虚空里无影无形的栖居者……

它也启发了优秀的仲马,他于1829年写下了《普绪克》①:

我是一个西尔芙,一个影子,一个虚无,一个梦,
空气之主,神秘的精灵,
和风带走的淡淡清香,
连接人与神的生命之环;

还是它激发了P.德拉克罗瓦的一部分诗歌:

噢!我的西尔芙,卧在一只蛾子的背上,
在它轻盈的身体下耀武扬威,
你笑脸盈盈,你清新的气息中,
散发出玫瑰和柑橘的香气。

或者启发了艾罗·德·古尔维尔《光明与黑暗》一部诗篇的卷首:

带着玫瑰的花冠,让他去吧!
游荡在繁花似锦的平原,

---

① 法文Psyché,希腊神话中以少女形象出现的人类灵魂的化身,与爱神厄洛斯相恋。——译者注

第二部分　戏剧诗人和抒情诗人

手中擎一把百合花的权杖，
无论是蝴蝶还是小蜜蜂，
他在鲜红的花瓣中，
饮啜晨泪酿成的蜂蜜。

但是不管这个时期的诗人是怎么想的，他们没有亲密地接触过这些本初的基本元素；他们喜欢使用的神话故事尽管有助于激发诗歌的情感，同时也博得了好感，但是对于他们来说，只不过是些小儿科的故事罢了。在这里，回音四起的不是"孩子的神奇号角"，而是青年贵族的猎号或者象牙号角。雨果在《〈克伦威尔〉序言》中提到坟地里游荡着的阴森可怖的鬼魂中就有桤木，可这是毫无意义的。他要求恢复他所援引的这些民间信仰的艺术权利，对他来说，这些信仰只是稀奇古怪的艺术形象，很容易向"怪诞"发展，只是台诗学机器，其意义并不一定比得上以前的神话。很遗憾的是，这代作家中的杰拉尔·德·内瓦尔和诺迪埃仅仅满足于绘制一个蓝图，但是没有去实现它，尽管他们的民间创作中展现了想象力和可信度的巧妙结合。内瓦尔在《瓦卢瓦歌曲和传说集》中引用了这句诗：

当在战场的让·雷诺归来之时……

他补充道："这句诗完全可以和德国最感人的叙事诗媲美；唯一的缺陷就在细节的操作上，早在歌德和毕尔格之前的古老传说《勒诺》以及《桤木王》中也存在同样的问题。"他还说道："我们希望现代的优秀诗人好好利用我们父辈天真无邪的想象力，然后像其他国家的诗人那样给我们留下丰富的短小精悍的杰作，它们会随着记忆一天一天地逝去，正如那个时代的才子的生命那般。"人们在半个世纪之后才听到了这个忠告。

因此,我们的文学只抓住了很多主题表面上的光彩之处,歌德很多叙事诗促成了浪漫主义时代歌剧剧本的写作。斯科尔博给奥贝尔写了《上帝和舞女》的剧本;在《玫瑰仙女》的第一幕中,阿莱维的经历正是他从《见习巫师》中学来的。如果我们相信布莱兹·德·布里的话,同样的主题一直萦绕在迈尔贝尔的心头,直至他的死亡,他觉得这个主题可以写成一部很有魅力的歌剧剧本。泰奥菲尔·戈蒂埃构思一部芭蕾舞剧,其主题源于《桤木王》,他虚构了幽灵王的女儿真正爱上骑士之子的情节。

如果说我们的诗歌没有受到歌德诗歌深层次影响的话,那么它的复兴不仅仅汲取了一些歌剧主题作为营养,还获得了其他好处,只不过在这些方面它的启蒙作用略显狭隘。不要小瞧了像《我邻居的窗帘》这些改编,缪塞将歌德的《自我欺骗》写成法文版。请注意《五月之夜》和题为《据为己有》的诗歌中存在诸多细节和设计方面的相似。不要人云亦云,像他们那样确信《阿拉伯语诗集》影响了《东方集》。相反,我们要提醒大家,德国的叙事诗给法国的诗歌带来了多么大的帮助,法国的诗歌起初是想象力有余而理性不足,能够引发联想而缺乏描写性;就这一点我们着重指出一些特别的细节之处。维克多·雨果在《仙女和死亡》中重拾《桤木王》提及的神秘的女诱惑者,他的副歌暗含这两种精灵;聆听他们的孩子没有经得住诱惑,就像歌德写的那个小男孩或者那个罪人桦:

孩童踌躇,已然些许顺从
聆听精灵们虚幻的呼唤;
然则,他逃逸的大地似乎如此美妙!
突然,他在他们不忠的目光下消失……

第二部分 戏剧诗人和抒情诗人

他瞥见了苍穹!

《安息日的环舞曲》看起来是部彻底的浪漫主义作品,其实它是将《瓦尔普吉斯之夜》改写成了叙事诗。总之,很有可能的一点是,《桤木王》和毕尔格的《勒诺》以及《野蛮的猎人》在法国的诗歌中引入一种"腾云驾雾"的意韵——一位骑士的经历,他在诗歌中的一路奔波是这首诗的全部所在。我敢这么说,行吟诗人曾经使一种"站得住脚"的抒情曲风靡一时;即使古西班牙八音节史诗集从1814年起就为我们的诗人所熟知,在力度上,它与来自北方的叙事诗还是不可相提并论的。骑士的疾驰和飞奔,浪迹天涯的侠客、猎人或者鬼魂,维克多·雨果在他的第十部叙事诗中向这类人中的一位"过客"发起了对话:

黑夜,侠客,声声作响的道路,
你的狗焦躁不安,如影随形,
灼灼白日之后,为何还要上路?
月黑风高,你倔强的马把你带往何处?

《约翰王的竞技》——拜伦诗歌《马泽帕》里面的整个第一部分都用来描写骑士惊心动魄的一路狂奔,《静观集》里《森林双侠》的对话,还有《面具人的老鹰》里疯狂的追捕,这些神奇的经历或者波澜壮阔的远行都受到当时盛行于德国的古代传说的启发。它们被德国人提高到了文学的高度,从此就一直穿梭于我们的文学中。在雨果的作品里这些远行扣人心弦,但是显而易见的是,其他诗人都在需要的时候拿来为己所用,但是这并不意味着对德国叙事诗的利用总是合理的、直接的。

如果说 1820 年代的浪漫主义在歌德的叙事诗中领略到的一点特别之处就是对超验和超感世界的展示，那么 1830 年左右，很肯定的是，幻想的情节、古怪的画面才是我们应该去品味的：这个转变很符合文学总的发展趋势，它在 1820 年时所关心的是如梦般的幻想，而十年后则不惜一切代价向色彩斑斓的世界发展。法国文学界对德国这个奇怪邻国的看法会随着他们一时喜好的改变而改变。随着霍夫曼的名气与日俱增，渐渐地，德国已不再是天真无邪和天马行空的国度，它成为所有鬼怪的集结之地，有时候一些神秘剧极其暴力、恐怖，好像迟暮的中世纪的避难之处，隐藏在幽暗的森林里，城堡的主塔直刺云霄……

然而，非主流戏剧的缪斯在 1828 年左右遇见幻想的缪斯之后，结伴而行去寻找《浮士德》这部看似"未定型的悲剧"却又是不折不扣的"鬼戏"的作品。这部无与伦比的作品一直处于令人忧心忡忡的半明半暗之中。

第三章　论《浮士德》

> "多么美好的时代！……我们
> 钻研歌德《浮士德》的奥秘。"
> 泰奥菲尔·戈蒂埃：《浪漫主义史》，第5页

首先，《浮士德》因是一部哲学性悲剧而腹背受敌：一些人认为它是一部极其拙劣的悲剧；另一些人则把它视为一部界定不清的哲学。因为这部作品的第一部分直到1832年才为人所知晓，即使在德国也是如此，所以需要给读者一定的时间才能在歌德的诗歌中找到其他东西，而不仅仅是一部爱情悲剧或者"鬼戏"。然而，浪漫主义的热情，它所表现出的超越一切人类极限和限制的巨大渴望都与这个传说人物的最初心理状态所契合，以至于1830年狂热的青年都对德国这位博士的炽热梦想产生了好感。

斯塔尔夫人在《德意志论》中对第一部《浮士德》进行了细致入微的分析，还翻译了这部"不可思议"的作品里面的几幕戏。她旗帜鲜明地把这位邪恶、爱嘲笑别人的魔鬼当成这部作品的真正主角；在她看来，"魔鬼对不信奉上帝的启示"正是作品的原则，她对这点显得张皇失措，因为她对各种正面价值所表现出的虔诚与一腔热情也受到了质疑；对《浮士德》这部"令人惊讶、震惊、感动"的作品感到失望，因为它没有"在灵魂中产生一种惬意的感觉"。一方面她肯定了这部作品发人深省的力量，它"让我们思考一切……甚至比一切还要多"；一方面她又特意地指出这部戏剧"不是一个典范",这个"思想上的混沌"与其说是一部艺术作品,还不如说是一位才子的孤注一掷。然而,1808年在科佩的戏剧爱好者剧院里上映了《浮士德》的一些剧本,施莱格尔可能对其进行了大量评论。

和斯塔尔夫人一样,本杰明·贡斯当在歌德不完整的作品中尤其看到了一种18世纪的精神遗言,令人不可思议,充满讽刺意味,对一切持否定态度。他在日记中写道,1200年雨月22日,"一种对整个人类和知识分子的嘲讽。德国人从中读到的是闻所未闻的深度,而我则觉得它没有《老实人》写得好;这两部作品都伤风败俗,枯燥无味,但是《浮士德》缺少妙趣横生的构思,却多了很多低俗的品味"。

它目前的哲学倾向不甚明了,令人大失所望,但是更可怕的是它形式的复杂和独特:古典主义和浪漫主义刚刚交锋,《浮士德》就被看作一头骇人的怪物。这部作品被贴上"中世纪""形而上""前后不一"等标签,通过道听途说,有人认为它是"狂热派诗歌"最完美的代表。圣·沙芒的子爵于1816年出版了《反浪漫主义》一书,他对人们没有在1814年后让木偶表演这部充满人类的丑陋、魔鬼的快乐、诗歌的疯狂一事而深表遗憾,而且,他的评价只建立在斯塔尔夫人和施莱格尔的报告之上。勒布伦1820年3月出版的《玛丽亚·斯图亚特》大受欢迎,这也是两者交锋以来浪漫主义第一次欢呼胜利。它使得古典主义者开始担心外国文学的入侵,《浮士德》当然会有一席之地;《争鸣》在3月13日大张旗鼓地写道:"《唐·卡洛斯》《华伦斯坦》《强盗》应接不暇地向我们袭来。看到奥德翁剧院不断上演歌德的一部名为《浮士德》的戏剧不会令我感到绝望,魔鬼在第一幕剧就上台了,他打扮成小主的模样,并在最后一幕带走了这部迷人的喜剧的男主人公……"7月28日,同一份报纸还对拜伦的《曼弗雷德》以及《一个病人的梦》的风格进行了大量评论，提及《浮士德》里面的内容："魔鬼穿上了法式衣服，腰间别着一把剑，三角帽夹在胳膊下。在《曼弗雷德》里，我们看到的不是一个魔鬼而是10到12个。"此外，那个时候的批评界好像只能通过二手资料来获取信息，戏剧里面的邪说和魔鬼的参与一样令人感到可悲。《百科全书》杂志在1821年对马图然的小说《梅尔莫斯流浪者》进行说明时，迫不及待地指明："这个品位堕落的不朽之作"可以"启发一部与之臭味相投的作品，著名作家歌德那部名为《浮士德博士或者悲惨的科学》的戏剧在德国取得了前所未有的巨大成就。"另外，歌德的这部哲学性剧作实际上在很长一段时间内都与其启发的作品同呼吸、共命运。安娜·拉德克利夫的小说以及《僧侣》之所以受到追捧，都亏了这部大体上带有魔鬼性质的浪漫主义作品。

最终，批评家和观众都能面对面地凝视这头怪物。1823年，圣·奥莱尔在拉德沃卡出版的《外国戏剧杰作》第九卷中翻译了《浮士德》，译文传神且易读，但是自由发挥的成分过大，不太关注原文，以至于删除了大段有关神秘人物出场的情节。阿尔贝·施塔普费尔的译本也在同年出售，比前作更加一丝不苟，更加忠实于原文，但是太过于朴素，以至于《百科全书》杂志的批评家查理·科克雷尔如此评论道："向浪漫主义爱好者推荐这本译作有可能会引诱他们上当，然而总体看来，这部译作还是可圈可点的。"至少从今以后，我们完全有理由反思那些长期以来有失偏颇和年代久远的评论。1823年11月24日，《通报》将《浮士德》列为被"一群渴望了解和评论外国缪斯别出心裁之作的读者们"贪婪阅读的众多作品之一。德·绍尔和德·圣·吉利尔斯在他们平庸的译作《18世纪法国名人》后面加了注，用来分析《浮士德》。批评界处处影射这部作品的哲学价值，称它的戏剧性只是流于表面的，施塔普费尔也承认这是一部"怪作"。

然而，正统的古典主义没有缴械投降。尽管假装承认《外国戏剧》的翻译给他们没有成名却令其引以为自豪的作品致命一击，但是他们会抓住任何机会，用老学究的口吻向这些"未定型的怪物"讲述他们的功绩。《浮士德》往往与应该逐出教会的异域戏剧联系在一起，欧吉尔将它与《葛兹·冯·伯利欣根》列入同样的黑名单中。1825年4月5日，尼波姆森·勒梅希尔在《戏剧独创的杰作和拙作之我见》一书中讽刺道："你们去读读为魔鬼效忠的浮士德的故事，从超验的崇高之地坠到一位农妇的床上，因其犯了杀婴和弑母的大罪他逼着农妇上绞架……"

另外，有一点确定的是，那个时代的大部分革新派在听取《摩西》作者带有讽刺意味的建议后，都去实实在在地读这部作品。他们在读的时候既钦佩万分，又飘忽不定，因为作品对场景的可能性漠不关心，太过于缺乏动作的一般表现手段，太过于浸染象征主义和形而上学色彩。我们应该在一些独立分子或者哲学家那里寻找歌德诗歌的智慧所在而不是文人墨客那里，即使他们是最前卫的。诺迪埃将浮士德和墨菲斯托菲利斯列为文学中令人敬佩的"一类"，J.-J.安贝儿在浮士德身上看到"一个理想的拜伦形象，他想拥有的比生活给他的还要多"。纪内总是在给他母亲的信中将《浮士德》的情节运用于他内心生活的事件。至于活跃的文学，它在诗歌的错综复杂面前茫然不知所措。1825年，绍尔和吉利尔斯合作写成的《浮士德的历险以及地狱之旅》一书启发了很多有关歌德戏剧的论文，"融崇高与怪诞于一体"，"只能去好好欣赏令人赏心悦目的戏剧"。如果说从今往后，人们对《浮士德》有所关注和敬重的话，那么占据主导地位的感受还是侵袭整部作品的黑暗。这是一种摸得着、看得见的黑暗，尤其值得注意的一点是，戏剧本身并没有从中获利。要等到1827年之后，我们才能找到借用的痕

第二部分　戏剧诗人和抒情诗人

迹,这样的启蒙是缓慢的,同时也不彻底,但是可能并没有像我们说得那样肤浅。

不过,就在《浮士德》不再被看作一部纯粹的异域奇书之时,德国诗人的作品开始为法国文学提供模仿和创作的素材,人们开始在包罗万象的诗歌中进行区分与挑选工作。人类命运彻底的悲剧性,行动原则和不同哲学体系之间的冲突,自然力量或者道德力量的规则,所有这些深层次的意图至少都出现在第一部《浮士德》中,但是它们差不多都被忽视了:要么因为虚幻和可怕,要么因为多愁善感和浪漫情怀。在这期间,墨菲斯托菲利斯和玛格丽特连累了在路上碰见他们的主人公。

首先占据上风的好像是恶魔。绘画艺术在精神爱好方面的影响还是巨大的,它已经铺平了道路。莱驰有关《浮士德》的画作令欧仁·德拉克罗瓦震惊不已。1825年,德拉克罗瓦在伦敦看完一部英国改编的戏剧之后留下了深刻的印象,其中墨菲斯托菲利斯这个角色在他看来"是集智慧和讽刺的完美形象"。他在1826至1827年间制作了17幅石版画的插图,并于1828年出版,被附在施塔普费尔译作再版的第四期。和他的石版画一样,1827年的沙龙作品《墨菲斯托菲利斯出现在浮士德面前》以及次年的作品《浮士德与墨菲斯托菲利斯》都突出了这个主题古老和黑暗的特点,托尼·朱安洛继承了这个传统。此外,浮士德、神秘虚幻的浮士德的影响与之前冒险小说所掀起的一股过于简单化的魔鬼主义或者太过于看重唯美画面的潮流不谋而合,而且还强化了这种潮流;这期间还汇集了霍夫曼神秘虚幻的《故事集》。阴森可怖的鬼怪幻影一时成为流行,比比皆是,不管是文学作品还是画作;可怕的契约把人和魔鬼拴在一起,这个魔鬼有点麻木不仁,有点知识渊博或者有点狡诈阴险,渴望扩大自己的享乐圈或者权利圈。

1827年10月27日首先在新剧院上映了德奥隆和龚德利尔写的三幕剧《浮士德》，还伴有博库尔的音乐。《争鸣》于29日写道："《浮士德》在整个欧洲享有的盛誉以及它在德国和英国剧院里获得的成功使昨天的剧院爆满"；这位报纸的专栏作家发现这部音乐剧和原作出入很大，坠入爱河的浮士德召唤魔鬼为的是向他索要用来置办婚礼的黄金，他继续补充道："浮士德寻找试金石好久了，可是枉费心机，他在新剧院肯定能觅得真金。"事实上，尽管像《世纪报》这样的很多报刊都对此持保留意见，哀叹"一个如此令人敬仰的主题居然沦落到一钱不值的歌剧脚本"，但是新剧院的音乐剧整个冬天都在上映，它还是这个剧院最卖座的剧目之一。

次年也就是1828年，杰拉尔·德·内瓦尔的译本出版了，而前两部译作曾经的愿望只是把《浮士德》从其他外语的云山雾罩中解脱出来。戈蒂埃把内瓦尔比作海伦和浮士德之子欧福里翁。内瓦尔用散文诗翻译出来的译作意图使其成为一部古典主义作品，一部真正的法文作品，他把莱茵河彼岸的梦想和想象都转换成了伏尔泰的语言。内瓦尔的译作不是一个简单的翻译，它配得上与歌德诗歌所启发的创作平起平坐：如果我们相信查理·蒙思莱说的话，这部译作难道不正是长久以来挥之不去的一个念头的最终结果吗？不正是对过往怀念的一种满足吗？童年时代的内瓦尔在一个旧书商那里瞥见克林格带有插图的《浮士德》译作，可惜囊中羞涩，从此以后心头一直萦绕着这位神秘的德国博士。我们知道魏马尔的族长在重读内瓦尔的《浮士德》时定会满心欢喜，他曾经给这位译者写信，信中说道："只有在读您的译作时我才这么深入地了解自己。"不过这个消息不一定确切，但是他在翻阅将它的思想转换成另一种不同语言的译作时，感到非常快乐，因为重新发现了一种德文原作所不具备的清新感。尽管有些翻译腔和谬误之处，但是它可称得上一本真正的带有浪漫主义色彩的《浮士德》，是柏辽兹和泰奥菲尔·戈蒂埃的启蒙导师。总而言之，诗人翻译的《浮士德》要远胜于施塔普费尔的译本，后者认真严谨，一丝不苟，只不过这本《浮士德》更像出自《世纪报》杂志的编辑之手。

还有一点要注意的是，一直持敌对态度的批评界前几年偃旗息鼓，但是正当《浮士德》好像即将在我们的文学中立足之时，批评声四起，愈演愈烈。1828年8月7日，《争鸣》报写道："浮士德和玛格丽特这两个角色以及与其相关的三到四个剧情都令我们对作者的才华大加赞赏。同样的道理，这部剧剩下的部分能够招致一些有识之士的批评，批判它的粗俗，它的不守规矩。"查理·德·沃特邦在《一个孤独者的漫步》中怒斥"所有这种荒诞不羁的玄学。比起浮士德和墨菲斯托菲利斯废话连篇的德文，《忒勒玛科斯》和《论自然法则》的诗歌给与心灵和精神的养料不是更多点吗？一千本这样的悲剧作品也不会让人类的思想前进一步，我甚至还要说，它使思想倒退。歌德只不过是个空想者罢了，他的崇拜者和同胞们甚至一直以来都没读懂过他"。《百科全书》杂志写道："就晦涩、模糊、前后不一这些方面而言，我只能找到一部与歌德戏剧相提并论的作品，那就是拉伯雷的小说……这两部作品好像都是出自得了妄想症的天才之手……我们的戏剧刚刚模仿了这部剧，据说，其他的模仿正在进行之中。《浮士德》以及其他同类型的作品注定有一天会在我们的法国文学中立足吗？我说不准。尽管崇拜德文的门徒们付出了很多努力，但是法国读者执意要在崇拜前将其搞清楚。"

那篇文章所影射的仿作首先是1828年10月20日在圣马丁门剧院上映的《浮士德》三幕剧，很像一部喧闹嘈杂的神仙剧，作者是贝罗和梅尔乐，他们还邀请布瓦尔迪厄成为合作伙伴。《白衣女郎》的作曲者从3月9日起就拒绝把"戏剧"变成喜剧—歌剧的合作，认为这种合作可能会使他的歌词一文不值。因此，盖特剧院上映的《浮士德》永远是一部"模仿歌德的三幕剧，场面波澜壮阔"。豪华亮丽的布景以及海报上弗雷德里克·勒迈特的名字使它大获成功。这位艺术家在《回忆录》中写道："墨菲斯托菲利斯这个角色实在无用到让人绝望，为了能给他多点价值，我觉得最好的方法就是给他安插一曲《地狱般的华尔兹》，这是我亲自谱写的，与科拉莉共同完成，还有魔鬼本人，我自己是这么认为的……"多尔瓦夫人扮演了玛格丽特的角色，我们看到她躺在宗教法庭的地牢里，在遭受严刑拷打之后奄奄一息。最后一幅画大胆独创，颇有中世纪神秘画的风采，它将这部戏一分为二，同时展现了玛格丽特的封圣和浮士德被罚入地狱，天堂和翱翔在地狱以及魔鬼之上的天使。罕见的换景设备、带着一群愤怒的魔鬼和巫婆的周六子夜巫魔会、主演们的才华，这一切使得这部平庸的改编剧名声大噪。《争鸣》写道：浮士德在里面"只不过是个堕落的老头，他重返青春年代只是为了沉溺于声色犬马的生活"；墨菲斯托菲利斯在勾引年轻妖娆的寡妇玛莎时已经淋漓尽致地展现出了他恶魔般的邪恶！但是，远在魏玛的歌德却担忧他最心爱的作品被改编得走了样、变了味。巴黎人成群结队地涌向圣马丁门剧院，至少他们使得那些布景师和机械师都名动一时。《世纪报》杂志哀叹道："德国诗人的灵魂在仿作中消失了。"一位同时代的观众狂喜道："里面有些了不起的场景，令人激动不已；这是一场前所未有的演出，它的奇怪之处既激发了好奇心又满足了好奇心……"

没过多久，也就是1829年三四月份的时候，一部《浮士德》长期霸占盖特剧院的海报：这是诺迪埃改编的三部曲吗？同年，一位名叫鲁塞的医生以匿名的方式出版了他的《浮士德或者一位浪漫主义玄学家的初恋》。年迈的德国博士摇身变成一位35岁的男子，而

第二部分　戏剧诗人和抒情诗人

墨菲斯托菲利斯的名字变成吉姆巴尔,一个令人忧心忡忡的神秘人物。他是"亦正亦邪、好坏参半的可怕统一体",哲学上的苦役犯与服苦役的费加罗的结合体,他也因此磨坏了监狱的铁栏杆释放了浮士德和玛格丽特。而莱吉永用诗歌写成的三幕剧《墨菲斯托菲利斯》在排练的时候受到审查委员会的制裁,戏剧新制度出台之后,这部简化的音乐剧才于 1832 年上映。

最后,为了让巴黎的观众至少熟悉《浮士德》第一部分情节,于 1830 年 3 月上映了一部半严肃半玩笑色彩的意大利歌剧,几个星期后又上映了施波尔的《浮士德》。1831 年布尔丹小姐的《浮士德》也被搬上舞台(玛丽布朗饰演玛格丽特),这些都确定了一点:歌德的戏剧可以被拍成带有音乐的歌剧。此外,从 1829 年 4 月 10 日开始,亨利·柏辽兹已经给歌德寄去了他亲自为内瓦尔的译作《八幕剧》谱写的两段乐谱。同年 11 月 1 日,他的一首新曲也在音乐会上演奏。和德拉克罗瓦用雕刻刀愤怒雕刻的版画一样,他的音乐里所展示的是成为主基调的幻想和阴森恐怖;15 年前的《罚入地狱》一书已经把受到谴责的浮士德带入令人头晕目眩的地狱之旅中。

另外,1830 年左右,四面八方的魔鬼都从陷阱中逃出来与贪婪、爱享受的人类达成协议。1828 年在综合剧院上映的《爱情与死亡》中,一位女巫召唤了魔鬼;丰唐的《僧侣》模仿了路易的作品,于 1831 年在奥德翁上映,魔鬼同样扮演了乔装改扮的诱惑者角色。1832 年,莱吉永的《墨菲斯托菲利斯》在万神殿上映,魔鬼在这部戏中作茧自缚。在诗歌领域,爱德华·德·安吉尔蒙 1829 年的作品《法国传说集》少量展示幽灵出现以及恶魔契约的场景;1833 年出版的《新传说集》中有四篇向我们展示了撒旦这位阴险的契约缔结者形象。巴尔扎克《改邪归正的梅莫特》一书的主人公从魔鬼那里得到了全知全能。《驴皮记》里面恶魔契约也在扮演着它的角色。如果我们相信《婚姻生理学》里面一个幽默的片段的话,作家自己也想得到召唤他们赋予人物的这个力量:"作家回到家后对魔鬼说:'来吧,我准备好了。签协议吧!'魔鬼再也不回来了。"

确实,墨菲斯托菲利斯在一群呼吁民主、煽动群众的激进分子中做鬼脸和发出冷笑不需要从地狱里闪现出来,不需要像维克多·雨果的《叙事诗集》里那样引领周六子夜巫魔会,不需要像戈蒂埃《阿尔贝托斯》作品中那样成为魔鬼和巫婆这群乌合之众的引领者,更不是爱马努埃尔笔下的《墨菲斯托菲利斯》。小说家和专栏作家都自居为墨菲斯托菲利斯的后裔。戈蒂埃和缪塞的一些长篇大论、巴尔扎克和于连·雅南的一些片段中所表现出的无情讽刺和粗俗放肆,这一切都将拜伦文学中所蕴含的嘲讽手法推到了极致(从根本上来说不乏抒情主义,还带有一些煽情)。最终,《浮士德》那位恶魔般的哲学家把讽刺提高到了至高无上的地位。巴尔扎克在《高老头》中写道:"我们提过的其中一个人看到他们的时候说道:'然而,确实应该如此'"。这是用来指代浮士德伙伴的旁白台词。1829 年在滑稽歌舞剧场上演了《巴黎一夜》,墨菲斯托菲利斯本尊将一位天真的年轻人带入各种各样骄奢淫逸的生活,尽管这些生活都是普普通通的。欧吉尔·苏 1832 年出版了《蝾螈》:有一位三十出头的年轻人,他叫斯扎菲,这个人心思邪恶,他先毁掉了年轻保罗——他觉得作恶纯粹是好玩——心中一切有关道德的概念,然后将其带入深渊。巴尔扎克笔下的人物都略微带有这种墨菲斯托菲利斯式的恶念;在缪塞的《巴尔贝琳的纺锤》中,这种恶意成分减少,增加了更多活力,它促使尤拉迪斯拉斯给罗森贝格提了很多轻率的建议。泰奥菲尔·戈蒂埃梦想将这一点夸张化,他通过《山中老翁》这一题目及其特征描写展示了一位才华横溢的堕落者形象:他手握皇权,为了满足他的恶习和秽行,不择手段地利用全人类。即使在故事情节

第二部分 戏剧诗人和抒情诗人

和影响力方面没有达到这种程度,有一点可以确定的是,1830年文人爱说笑的口吻中流露出一种不同寻常的讥笑和些许尖锐的讽刺,它让我们想起恶魔哲学家的嘲讽。1831年11月26日,查理·德·贝尔纳在《弗朗什孔泰的小道新闻》中说道:"墨菲斯托菲利斯沉默和扭曲的微笑取代了我们父辈坦率灿烂的大笑,那是一种穿透你双耳的笑声……"

然而,另一个可以轻而易举消化吸收的元素就是玛格丽特这个情节,它还是很有魅力的。品味格雷琴楚楚动人的魅力,这是浪漫主义和古典主义很早就达成的共识。斯塔尔夫人因为同情她长久以来所受的痛苦,将其"可悲的境遇和狭隘的思想"置于她宽大的保护伞之下。1823年,埃克斯坦的男爵在其保守的作品《文学和艺术年鉴》中大声疾呼:"……她的坦率和腼腆迷倒众生……这个世纪的诗歌中绝无仅有。"1823年8月7日脾气暴躁的批评家在《争鸣》中强烈谴责歌德的戏剧,但是对这个"优雅动人、撕心裂肺"的角色却网开一面。抒情诗人争先恐后地默念着图勒王的叙事诗。乌尔里奇·居坦格试图用他的《玛格丽特》再现动人的歌曲,伤心的情人痛苦地呻吟着,她哀叹自己的伤感和难以平息的内心:

> 不见你,我备受煎熬,
> 你不在,我心死如灰,
> 每晚,我都需要
> 你的吻,你的在场……
> 一切都不能分散我的心,
> 想着亲爱的你。
> 一直以来的痛苦,
> 压抑着我的灵魂……

埃德蒙·杰罗对《浮士德》的荒诞不羁非常敌视，以至于认为李维斯的《僧侣》更加让人印象深刻，他还对格雷琴在大教堂的祷告进行了改写：

> 如花似玉的我被抛弃，
> 忘恩负义的他背叛我的爱情，
> 天空之母，请帮帮我！
> 成为柔弱的我祈求的支柱。

大仲马在他改写席勒的《阴谋与爱情》一剧中通过父亲米勒的旁白无所忌惮地影射了玛格丽特的命运；在他的《马哈娜的唐璜》中，这位不知疲倦的浪子为特蕾莎重现《浮士德》珠宝和镜子的一幕。

> 内罗尔在马背，麦克白和一些巫婆，
> 劳拉的王子们，玛格丽特在祷告

这些都是装饰戈蒂埃的阿尔贝托斯画室的画作。对于与他同时代并且饱读诗书的人来说，玛格丽特的记忆就像大教堂的门拱。总体来说，那个时代的文学作品，不管是缪塞的诗歌、幻想剧，还是戈蒂埃、雅南，抑或是巴尔扎克和雨果，这种天真少女的角色只是在纯真方面有细微差别，就好像德国的"金发"间的差别一样。有一点我们要注意的是，缪塞在提及纯真、贞洁的格雷琴时，还试图制造一种模糊的感情，它源于一位经历沧桑的男人在处女面前表现出的激动不安，就像《柳树》里面这一段：

> 你，神秘的魅力，没有人能够抵御，
> 你令浮士德辗转于玛格丽特的门口，
> 屋顶温柔的神秘，天真无邪居于此，
> 最初的纯真……

或者在《劳拉》里：

> 你的心已老去，你的心已碎……
> 当上天赐予你重生，
> 一个十五岁少女的处女嫁衣。

另外，我们知道这种感觉与诗人对青春的纯真和童贞的圣洁之神往是完全契合的。

应该承认的一点是，比起《浮士德》的奇思异想和墨菲斯托菲利斯这个人物的绝对讽刺，格雷琴的故事情节更有助于向大多数法国读者掩盖歌德戏剧的深层意义；但是，在为此感到愤慨之前，最好去看一下是不是在别的国家情况真的大不一样，甚至就在德国内部，而不要去学那些愤怒的德国批评家。总而言之，没有什么能够说明问题的。1830年4月23日，一位音乐批评家在《争鸣》中谈及斯福尔的《浮士德》时吼道："没有玛格丽特的《浮士德》是畸形的，它让我们带着蔑视的目光拒绝新兴诗人的作品。"对这个人来说，他不会觉得古诺的《浮士德》歌剧剧本力道不够并且过于狭隘。我们把德拉克罗瓦在日记中截然不同的评价和这个感叹句放在一起："一位剧作家创作了一个《浮士德》，他只忘了《地狱》；他没有察觉出这类主题的主要特征和这份掺杂喜剧的恐惧。"大家看到的将是法国的思想对歌德错综复杂戏剧的看法长时间摇摆于两个极端，要

么是伤风败俗的撒旦主义，要么是伤感的田园牧歌。路易丝·柯莱在《歌德的青春》中借鉴的正是后者，写了一段六十多句的诗歌。她甚至还让浮士德自己朗诵，同时也让她的心上人夏洛特朗诵：

> 哦！忘却我们不快的时光！
> 认出你的情人！他拜倒于你脚下！
> 我来打开你幽室的大门。
> ——是他的声音！……我还活着，是真的吗？
> 他会来与我交谈？……难道只是回忆？

从1830年开始，吸引法国人想象力的纯朴女孩玛格丽特有了她专职的画家阿里·谢弗，同样，浮士德的邪恶伴侣也有了配得上他声誉的德拉克罗瓦，一笔一画，惟妙惟肖。在作曲家那里也出现了类似的分工，古诺完成了在音乐上对玛格丽特形象的定位，而柏辽兹更倾向于奔向深渊的眩晕感。从1830年开始，《浮士德》第一部的情感部分都展现在沙龙的游客面前：在纺车工作的玛格丽特，在教堂里的玛格丽特。司汤达在给朋友的信中写道，她从教堂出来，"令圣·德尔曼小镇的贵妇人几近晕倒"。这一系列展出持续了很长时间，其间因别的主题而中断过，但还是特别偏爱这位病快快的弱女子，画家也渐渐地夸大化她那捉摸不定的柔美。直到1846年，居斯塔夫·布朗西才在《两个世界的杂志》中无拘无束地写道："我们可以相信读者开始对永无止境的浮士德和玛格丽特系列作品厌倦了。"而布蕾兹·德·布里则站在画家一边，为不朽的爱情故事辩护：

> 我听见他们在吼叫，但是

这一切永无止境,

白纸黑字,

无人避开他的命运,

永远是浮士德,永远是瓦伦丁,

和玛格丽特!

布蕾兹·德·布里是指派给玛格丽特的骑士,他在诗作中歌颂她,对她的热情始终未减。但同时,《浮士德》于1846年失去了我们往日所看到的吸引或者刺激他人的能力;仅有《浮士德》的第二部还存有那份神秘未知的诱惑力,因为读者无法入手,但是大众所熟知的《浮士德》缩减版已被列入杰作行列,事实上只不过是一本平淡无奇的杰作罢了,既没有立竿见影的效用又没有引人注目的热点。巴尔扎克甚至在《巴黎杂志》中宣称墨菲斯托菲利斯"令人同情":"法国喜剧中的仆人个个都比这位所谓的魔鬼风趣、明智,做起事来也更具逻辑性和缜密性……"之后,小仲马在《妇女之友》的序言中对这位传说中道德沦丧的玛格丽特进行了批判:"她在人们的想象中保留了那份平易近人和圣洁,这位轻佻的女子水性杨花,为一个项链用尽心思,还杀了她的孩子!她的圣洁,她的丈夫,她的情人,她的母亲,这些都在哪儿呢?"这个难以解决的矛盾丝毫没有损害她的荣誉,这么多年以来思想上充满爱意的默契和所有艺术共同的偏好都使得这份荣誉很坚实、很可靠。1830年左右,即使那些人严厉谴责《浮士德》是部糟糕透顶的剧本,他们对这位温柔的爱人还是充满爱意和容忍的。我们可以感到奇怪,为什么1832年在大仲马举办狂欢节期间,没有任何一位女性受邀者在著名的时装舞会上展开格雷琴那些金色的辫子;我们也同样奇怪没有任何骑士炫耀那个再平常不过的化妆饰品,即墨菲斯托菲利斯礼帽上斜放的羽毛。

我们需不需要重提那个老生常谈的异议,需不需要重申浪漫主义完全曲解了《浮士德》的深层涵义?浪漫主义以欢迎的姿态吸收了歌德的奇思异想和恶魔的讽刺,或者德国童真少女情感上的天真无邪,但是它在自己的创作作品中对主人公深层心理的解读却极其糟糕。可能在这点上,对风景如画的爱好超过了哲学方面的洞察力,很多人对浮士德的喜好还仅仅停留在炼金师层面。他身处一个中世纪实验室的中间,实验室虽次序凌乱但引发联想,正如歌蒂尔所看到的那样:

> 尺和榔头,象征性的圆圈,
>
> 沙漏,钟和神秘的桌子,
>
> 浮士德的家具,尽是不知名的物体
>
> 还有圣伯夫这段,细节方面会有所弱化:
>
> 浮士德博士杂乱无章之物
>
> 重新浮现,历史昭然若揭
>
> 阿梅德·波米耶的这段还介绍了炼金术操作的一些细节:
>
> 当我步入你的作坊,
>
> 唤起浮士德、勒梅①和雷蒙·卢勒②
>
> 曾经工作过的实验室。
>
> 神秘学的书

---

① 尼可·勒梅,法国人,14世纪著名炼金术师。最著名的贡献在于据说制造出了炼金术师的魔法石——哲人石,并用其成功地将水银变成了黄金。因此,他也被视为欧洲炼金术的始祖。——译者注

② 雷蒙·卢勒生于1232年,卒于1315年。是中世纪一位哲学家、诗人、神学家。——译者注

第二部分　戏剧诗人和抒情诗人

　　在课桌上展开，
　　神秘的文字显现，
　　格言式的两行诗
　　刻于墙面；
　　在强力的溶剂里，
　　金属分解，
　　未知的物质
　　在熔炉和蒸馏瓶中
　　沸腾，炉火纯青……

　　但是浮士德在实验室的沉思给浪漫主义带来的启发不仅仅是服装和背景方面的别出心裁，这一点小说和戏剧当然是获利不少。对于 1830 年的人来说，除了这部黑色小说所刻画的巫师形象外，还有另外一个浮士德：

　　另外一个真正的浮士德博士，被深深的暗影萦绕着，
　　在他的窗户旁边，绿色的玻璃
　　在摇椅中追寻一些苦涩的梦境，
　　在无底的灵魂中寻寻觅觅……

　　有些人超越了肤浅的解读，但老实说，其中很大一部分执意将唐璜和浮士德简单地混为一谈，《世纪报》杂志说道："对一切产生厌倦的男人，他只需要魔鬼重新唤起他已经麻木不仁的情趣。"司汤达写道："歌德让魔鬼与浮士德做伴，有了这位强有力的助手，浮士德干了我们所有在 20 岁干的事情，他还勾引了一位制女帽女工。"不管怎么说，拿这两种类型的浮士德进行对比是常有之事，它还启

发了雨果在《克伦威尔》序言中使用一个通俗易懂的反衬:"唐璜是唯物主义者,浮士德是唯灵论者。前者享受了一切肉体享受,后者领略了一切学问……前者因享乐遭天罚,后者因学识。前者是位大老爷,后者是位哲学家。唐璜是身体;浮士德是精神。这两个悲剧相互补充。"这两位在爱情和知识方面的探索者向世人宣告他们所有的发现,还有这位至高无上的成功人士——拿破仑,戈蒂埃在《死亡的喜剧》中将其浓缩为人类对"一生"这一词的理解:虚无隐藏于人类各种形式的野心和爱情之下,这就是人们心目中三位理想的代表人物给出的答复,也是诗人经过一番满腔热血的调查之后得出的。浮士德的失望也是挺令人痛心的:

> 我从我的井中汲取的只有清水:
> 被质问的斯芬克斯保持沉默;
> 光秃秃的,破碎不堪,
> 见鬼!我还停留在一知半解,我知道什么?
> 我额头的鲜花像一场大雪
> 飘过我所经之处,
> 不幸的我毫无忌惮地
> 咬了科学之树的金苹果!
> 科学即死亡。
> 爪哇(岛)的见血封喉①,非洲的大戟属
> 睡姿优雅的毒番石榴,
> 毒性皆不能出其右。

---

① 爪哇岛产的桑科毒树。——译者注

事实上，那时候《浮士德》的第二部还没问世，我们就无从知道第二部针对永恒的焦虑给出的那些宽慰人心的答复，尽管充满着象征主义色彩，歌德的主人公尤其应该代表的是焦虑本身。有些人已经看出来了。乔治·桑在1839年写道："只有贵族精英才会真正理解《浮士德》……"我觉得任何文学都需要这种谨慎和界限，我们不得不承认这首诗的内容与1830年的法国还是不太相符的，那时的法国仅仅局限于田园牧歌和奇思异想，而且"《浮士德》的秘密"在爱情故事和魔鬼现世之下好像隐藏了别的东西。那个时代的文人中对德国哲学最精通的人，比如J.-J.安贝儿、埃德加·纪内，都把对这部剧全方位的概括置于这种解读的审视之下。可是有一点可以肯定的是，这种解读缺乏准确性，只有长时间对歌德进行研究才能达到这一点；而缺乏的既不是开阔的视野，也不是直观的洞察力。这个人类命运的象征包含了秘而不宣的预言、神秘的启示以及模棱两可的信息。如果说它完全没有产生类似的浪漫主义作品，在我看来，尤其是因为1830年代的法国浪漫主义对历史更感兴趣而不是形而上学。1827年出现了埃尔戴尔和维科的历史哲学，他们促使所有写于那个时代论人类历史的作品都往历史画卷的展开以及时代交迭的方向发展，而不是一种偏离历史观的抽象、象征性构建。还不要忘了沃尔特·司各特作品中本国历史特色的影响，它引起了疯狂的追逐；可能安德烈·舍尼埃在《赫尔墨斯》中所梦想的时间更有利于这种企图的实现。1830年左右，人类哲学的创作中夹杂着一种无法抗拒的史诗情怀。在后期的作品中也深深感受到了这点，因为它们的根都扎于这个时代。拉马丁在《一个堕落的天使》序言中写道："我要展示的是灵魂的转世；人类灵魂为了达到尽善尽美要经历不同阶段的劫难，最终通过上帝的旨意和在人间的磨难修成正果。"雨果在《世纪传说》的序言中，想要"以一种千句宗教颂歌的形式刻画一代一代人类的发展以及从地狱到天堂的蜕变"。纪内的《阿哈斯维鲁斯》有着相同的情节，可能只多了点宇宙起源说方面的思想。作者在书中继续谈论不断前进的人类所表现出的生气，而不是用一个人类典型代表的活动、憧憬、受伤以及安慰来一以概之。在这点上，《浮士德》的影响是显而易见的：民间传说作为主题，戏剧形式并且带有插曲，开场往往发生在天际，还有很多细节，比如拉谢尔在摘雏菊的叶子，莫布在逐一讲述人类关心的事情时学习墨菲斯托菲利斯的方式，阿哈斯维鲁斯和拉谢尔一起谈论宗教，阿尔贝托斯·马努斯博士在他的实验室里……

1839年乔治·桑在《竖琴的七根弦》中展示的也是一位阿尔贝托斯。这是一部幻想剧，其象征主义已经远远摆脱了历史和史诗的背景。相反，我们通过作品的点点滴滴能够看出受到了圣西蒙的影响。在这本书的旁白里，墨菲斯托菲利斯很自然是在影射浮士德博士，他激起了阿尔贝托斯大师想理解一切的渴望；但是尽管诱惑者陷阱重重，阿尔贝托斯在得到爱情之后灵魂还是获得了至高的智慧。因为人类的思想如果想要参悟万事万物的规律，必须自己已经达到一种调和，与万事共融共通。"从此以后，阿尔贝托斯的灵魂就像是一把所有弦都在共振的竖琴，它谱写的圣歌将乘着希望和喜悦的翅膀飞向上帝：他爱过。"就像《浮士德》中的一样，一位名叫伊莲娜的女性重新唤起对无限的向往。

除了那些将人类或者人的灵魂带往内心和谐或者救赎之路的磨难以外，对《浮士德》的记忆还体现在浪漫主义所熟知的恼人的激情和无尽的疯狂这种心理状态之中：渴望通过梦、知识、爱情或者行动，超越一切日常的束缚，无法忍受命运的局限性；既然无限的想法萦绕在每个人的脑海里，就有在非凡的生命中实现它的雄心壮志，或者在一个与宇宙匹敌的思想里：

第二部分　戏剧诗人和抒情诗人

我们中的哪一位，哪一位想成为上帝？

这种思想或者行动上的篡位经常见于浪漫主义文学，既雄壮瑰丽又是一种禁忌，它大声吼出对绝对或者不朽的渴望。恩培多克勒·德·波洛尼厄斯曾经就经历过：

为了满足我不可战胜的渴望，
我本该跨越一切时间与空间，
一跃冲天，超过有形世界的一切界限，
苍穹之上。
我本应该纵身于天地间，
识破一切秘密，
与万物齐一，与万物同在，在石与草之间，
在火与气之间……

缪塞作品里几个人物的浮士德式幻想所表现出的万物有神论要比这个弱一点。《柳树》里面的蒂比尔斯：

躬身油灯下，不知疲倦的情人
孜孜以求之，枯燥乏味的学问

对于《酒杯与嘴唇》里的弗兰克来说，他所寻觅的是他内心的秘密而不是宇宙的难解之谜：

为什么上帝创造了我
给我元气时在我胸口

撒下了神的火光

燃烧着我？

为什么我是蝾螈栖息的火焰？

为什么我感到我的心在哀怨，在惊叹，

无法遏制这跳动的光芒，

它来自天空，想复返之？

奥古斯特·巴尔比的艾罗斯特拉特一想到人能够在身体和灵魂上不死不亡就感到安慰，即使脱离宗教的许诺：

神圣的不朽，我高贵的谵妄

至高的目标，我一直的向往

啊！荣耀不再是唯一的大道

带领我们享受你无尽的风采

爱情，爱情也能延长大地上

脆弱生灵们过眼烟云的生命

多亏他手中一直闪耀的火把

粗俗之人也能躲避死神之爪

天地间随处可见的爱意缠绵

是每个生灵发起的奋力反抗

这骇人的虚无！享乐的颂歌

只是向不朽发出的巨大叹息

乔治·桑的莱利阿也对浮士德的勃勃野心和对知识无尽的追寻历历在目，爱情中的绝对也拥有这种类似性质的烦扰。她自己就把热情似火的反抗中所包含的疑惑和激动比作歌德笔下博士的失望：

第二部分 戏剧诗人和抒情诗人

"……啊，生活啊！啊，痛苦啊！憧憬一切却什么都抓不住，理解一切却一无所有！就像浮士德对思想产生了怀疑，我也对我的心灵产生了怀疑……"

最终，柏辽兹在《罚入地狱》中对浮士德痛苦和狂热的追寻做了音乐方面的阐释，还有罗西尼和迈尔贝尔，他们都被这位完美的浪漫主义英雄弄得神魂颠倒。柏辽兹既没有像古诺那样在结尾处添加些平常的圣宠、柔美以及戏剧煽情元素，也没有以最终的平息收尾。他极其出色地表达了这种憧憬和近似否定一切的沮丧。这两点是浪漫主义在浮士德的遐想中找出的偏爱之处，多亏了这种沮丧的激发作用。这部作品完整的演出要等到1846年，即使两部作品紧密相关，但这部作品属于这项运动的英雄年代，而诗人这边对超脱凡尘的热情已经消退，外界反应也开始反对泰坦欲登天的傲慢梦想。

人道主义方面的政策和关心也继承了他们的憧憬，并且缩小范围，将其细化，有很多追求无限的野心家都投身于其中。其他人则摇身一变，成了一般的资产阶级。维尼躲进了他的象牙塔。很多人都重拾以前的信仰，接受基督教对迷失方向的灵魂以及带有偏见的质问所给出的答复。"1838年左右，诗人突然被圣光照耀，开始歌颂信仰。唐璜变成了隐士……"浮士德也差不多，或者说，如果他一点都不想皈依的话，即使忧心忡忡也会被开除教籍。1839年，费罗德·奥莱迪想起了他，并在诗歌《十二岁那年》里重新唤起第一次领圣体的人心中的崇敬之情所散发的魅力：

哦！年老的浮士德，如果巴斯卡尔钟声的呼吁

将一个可怕的药瓶从你嘴唇移开

在你笃信万物有神论的心中

唤起感人的模糊回忆——

曾经久久的静心祈祷，圣洁无罪

你童年时代在周日教堂里的切身体会……

让·贝公达尔的诗歌《沃勒贝尔》的主人公"像曼弗雷德一样骄傲，像浮士德一样博学，像唐璜一样麻木不仁"，他还是皈依了传统的信仰。圣·勒内·塔扬迪耶的《贝阿特丽丝》一书表达了未来科学和信仰的融合，正如蒙特鸠指出的那样，这一点正是这位精通德国文学的作家所有作品的"主要特征和看法"。欧吉·罗宾1836年出版的戏剧诗歌《妮维雅》分为5天发生，它表达了建立在爱情之上的救赎，其中最巧妙的一幕是唐璜和浮士德的会面，最终浮士德受到了处罚。我们有时会援引苏梅的《神圣史诗》作为歌德戏剧影响的一个例证，但是他在序言中只提到了但丁、弥尔顿、克洛普施托克，并没有歌德的名字：事实上，他想要展示的超自然力量之间的碰撞是为了整个人类的利益，但是碰撞是发生在全人类之外的。相反，阿道尔夫·仲马在《喜剧的终结》或者《浮士德和唐璜之死》中重拾已经过时的两种超人之间的对比。1836年作品被递交给法兰西喜剧院，但是被上级查禁。同年，拉马丁在《乔斯琳》中让浮士德的名字出现在主人公的笔下，但是意义缩减了很多：

在我无尽的夜读中，哦，我的姐妹，我像

醉心于学校里春药的浮士德，

人类科学，闪耀的象征……

是的，是浮士德，哦，我的姐妹，但是在这怪异的黑夜里，

不是邪灵，受到天使的慰藉！

是的，是浮士德，哦，我的姐妹，但是浮士德与上帝同在！

埃德蒙·特希尔写于1835年的《约瑟法的河谷》一诗态度更加明显。作者将歌德的主人公传唤到上帝的法庭，同时传唤的还有拿破仑、拜伦和一位诗人。浮士德对自己与魔鬼签订协议一事供认不讳，也表达了自己丧失信仰后的悲伤：

> 百年内我在寻找光明，一切皆徒劳，
> 世界还深陷在谬误之中
> 哦！三番五次，我大声祈祷，
> 在我的黑夜中梦想一个更好的未来！……
> 我一生坦坦荡荡，
> 哦！人类的前景一片光明；
> 我因科学而才高八斗，
> 世界因我而生生不息……

但是只有诗人一人才能坐在上帝之子的身旁，因为他还有信仰，仅仅祷告就足够了。因他"一时犯错"，浮士德没有得到永生；在他一生忙碌于种种活动和大事之后，他在临终之时揭露了劳动救赎的力量，这是何等的悲凉！"只有他一个人值得拥有自由，配得上体面的生活，他每天都得重新获得这两样东西。"1840年，巴莱兹·德·布里在给他的译作《浮士德》《浮士德二世》以及《论神秘》伴奏的时候小心翼翼，他将天使之后——圣母玛利亚——置于诗歌"爱情等级"的最高级，从这点就可以瞥见基督教的偏见之所在。

此外，如果我们看到法国的思想界以传统信仰之名已经远离了歌德的诗歌，我们刚才列举的那些作品还是在利用《浮士德》这部哲学戏剧的形式，它向我们展示了形式的灵活多变和错综复杂。

这正是我们的文学不断从歌德作品中汲取的东西。在这之后，要想把德国戏剧中提供的主要元素运用到戏剧中，必须是位浪漫主义的行家才行，比如巴莱兹·德·布里的《指挥官的晚餐》，杰拉尔·德·内瓦尔的《哈莱姆的画家》，大仲马上演的一部改编戏。《浮士德》的书本形式已经准备好迎接所有形式的艺术和思想，这种形式反而在浪漫主义消失后很久才重现。提到奥古斯特·瓦克里的《未来》、维利耶·德·伊瑟尔亚当的《阿克塞尔》、福楼拜的《圣·安东尼的诱惑》、勒南的哲学戏剧《世纪传说》的增版时，我们还能忆起《浮士德》的情节，这些当然都是形式自由的戏剧，可是都是歌德遥远的后代，他曾经对戏剧进行了高瞻远瞩的思考。

确实，对于理解拟人化的抽象和无生命物体的语言来说，法国人没有这份敏锐和智慧。他们也没有哲学的头脑，没有对象征符号的喜好。在法国这些都是精英层所特有的。戈蒂埃在《魔鬼的一滴眼泪》中嘲笑了这个方法，认为他在合成方面过于简单；阿尔弗雷德·德·缪塞笔下塑造了一个著名的人物杜兰，他只知道胡言乱语，而这一点还是歌德曾经所拥护的：

> 我艰苦地创作了一首骇人听闻的诗歌：
> 月亮与太阳在我的诗句中厮打，
> 耶稣与它们同来，共赴地狱舞蹈。
> 看吧！我的思想充满哲理：
> 一切皆是我的目的：梵天、朱庇特、穆罕默德，
> 柏拉图、乔布、马蒙泰尔、内龙以及贝尼格尼，
> 齐聚一堂！

第二部分 戏剧诗人和抒情诗人

我们可以这么发问：杜兰胡编乱造的是类似《浮士德第二部》的作品吗？

1838 年，缪塞嘲讽滑稽、近乎亵渎的模仿实则是针对一部作品的。《南姆纳》的作者在《高贵的歌德》一书中读出了拜伦的味道，这种味道还要更加柔和点。他们这代人对阐释《浮士德第二部》的含义，哪怕是一点含义，都未做好思想准备。此外，这代人的思想丰富多彩，他们不太会因为一些他们心灵不感兴趣的事而忧心忡忡。1828 年，安贝儿非常巧妙地阐释了《伊莲娜》里面的插曲。1835 年，雷尔米尔在他的研究性作品《莱茵河之外》仔细地分析了"这个具有现代万物有神论色彩的戏剧，这是理想主义的万物有神论，它让我们的思想对万事万物的缘起缘灭有所了解"，"是一部与谢林和黑格尔的哲学相契合的悲剧，是一部德国本体论的抒情合唱曲，是对人类知识革命的预言"。但是，同年出版的《歌德研究》虽然表达了对《浮士德第二部》的赞赏，其作者夏维尔·马尔密在书中还是揭露了一贯以来的逻辑错乱和铺天盖地的譬喻。对于雅南来说，它是一部"名不见经传的《浮士德》"，欧仁·德拉克罗瓦认为它"是一部没有消化的作品，从文学角度看没什么价值"。拉马内 1841 年读了《浮士德第二部》，他的解读也证实了他对歌德的反感。1841 年 5 月 24 日，他在维特罗勒男爵逗留期间写道："有时候我就在寻思，这位著名的江湖郎中'神奇般地'领悟了他连自己都没搞懂的东西，他在取笑那些为了一道无解的迷而绞尽脑汁寻找答案的傻瓜，实际上也在嘲笑自己……"

法国思想界只有通过付出新的努力才能挖掘《浮士德》全集的深奥秘密。浪漫主义一路过来所借鉴的思想和情感不会让人去揣测诗歌中隐含的信息，只是对信息的性质和影响有所猜想罢了。下一代脱离浪漫主义的人要想再一次领悟歌德作品中所蕴含的错综复杂的各类传说，就需要一次新的科学启蒙，还需要对社会问题更加关切。

至少，浪漫主义喜欢过《浮士德》里面不计其数的奥秘和众多令人感动之处，它理解了是怎样一种紧张优越的理想生活促使主人公突破一般人的思想和活动；所有这些启示和歌德作品给予的教诲与鼓励都使得那个时代的浪漫主义对他心怀感激。

第二部分　戏剧诗人和抒情诗人

第四章　浪漫主义的致敬

"哦，歌德！哦，伟大的老人！日耳曼的王子！"

阿珂·巴尔比，1832

　　法国浪漫主义接受过歌德，与其说是对他彻彻底底的理解还不如说是一种解读。歌德对法国文学所投入的解放斗争还是心存好感的，但是也对很多狂热年轻人所热衷的过分举动感到反感。他一直都喜欢《世纪报》杂志那些空谈家的智慧，比起激进派的狂野、甚至维克多·雨果的才华横溢和他天马行空的想象，他更喜欢梅里美这样的非正统浪漫主义。但是，如果说歌德的艺术信条和浪漫主义的典范从未有过深层次的完美契合，那么这两者的结合却是不争的事实。革新者经常高举《葛兹·冯·伯利欣根》和《浮士德》的大旗，他们的对手已经斩钉截铁地将德国诗人归到一个颇受争议学说拥护者的行列之中。歌德的作品中已经提供了很多战斗性的论据，以至于他在法国的名望与这个流派的成功完全没有关系。那些反对派中经常有一些斗士把目光转向魏玛，向年迈的诗人致敬，他不知疲倦地关注着邻国文学运动的一举一动。1830 年既是法国浪漫主义胜利的一年，又是德国作家的声誉如日中天的一年。

　　1825 年，好像有必要援引另外一位外国诗人的证词才能说明为何将"伟大"这一形容词赋予歌德。10 月 22 日的《通报》写道："一位对德国文学不熟悉的记者觉得，歌德的传记作家把他列为最才华横溢的天才，这是很不好的。我们只信赖欧洲文学界的观点，为了支持传记作家,我们借助一位诗人的威望,一致认为他才华横溢。每次拜伦阁下提到《维特》和《浮士德》的作者时,他都只说'伟大的歌德'。"几个月之后,安贝儿在《世纪报》中写道:"歌德的名望之所以在我们身边慢慢地传播,很大程度上是因为他卓尔不群的天赋和不拘一格……歌德总是与众不同,变幻莫测,我们很难知道在哪找到他,很难猜到他去哪……为了能够完全领略他的风采,我们的文学成见不能比他多……"

安贝儿的文章通过内在的原因解释了歌德的声名远播,一年之后,他就被伟人邀请至家中做客。在他之前,维克多·古桑是新一代作家中最早去魏玛拜访歌德的。这也因此形成了一种传统,不管是短暂逗留的外交家还是没有特别文化修养的游客,他们都或多或少继承了这个传统,斯塔尔夫人和本杰明·贡斯当很早以前就拜访过了。但是古桑在1817年至1825年期间短暂而快速的逗留并没有使两人产生好感。相反,安贝儿在1827年4月20日至5月15日逗留期间给魏玛带去了一股大公无私的虔诚,还有点天真。他在歌德身边极好地扮演了情报员的角色,这一点比陪他去的阿尔贝·施塔普费尔做得好;圣伯夫说得好,他是这代人中最配得上向他老师介绍正在巴黎发生的哲学和文学运动的人。他在汇报时滔滔不绝,洋溢着青春般的优雅,歌德既感到惊讶又深感欣慰;他本以为是一位中年男子来看他,没想到进来的"是位意气风发、风华正茂的青年人"。

通过交谈和安贝儿的肯定,爱克尔曼对歌德的记忆永远定格在美好的回忆,他向这位德国诗人汇报有关梅里美、维尼以及其他当代作家的情况。而怀有些许虚荣心的年轻法国人(安贝儿)一见面就被歌德的魅力征服了,他在给安德烈·马里安贝儿的信中写道:"亲爱的父亲,我见到了歌德,他热情地接待了我……我觉得这位伟人人很好,很简朴,精神矍铄,和蔼可亲。"当天,他还给勒加米尔夫人写信:"他是最朴素、最和蔼可亲的人。我本以为会有点拘谨,会有一些崇拜偶像的习惯性动作,都是情有可原的,但是完全没有这些……"

在给夏多布里昂的女友写信的时候说有些"崇拜偶像的习惯性动作"可以原谅,其中不正有从个人偏好出发的巧妙之处吗?安贝儿还给勒加米尔夫人写了一封长信,刊登在5月22日的《世纪报》杂志上,这令作者大为不快。"……他是最风趣、最和蔼可亲的人。他对自己的荣耀有着朴实无华的认知,这点讨人喜欢,因为他多才多艺,他对所有美好的事物都很敏感,不管身处何处,不管哪一类型。他对莫里哀和拉封丹顶礼膜拜,欣赏阿达莉,'品味贝勒奈西',能够背诵贝朗热的歌曲,连我们最新的歌舞剧他都能一一道来……"

这封信的出版令歌德身边的人感到大为恼火,认为安贝儿的嘴不严。安贝儿7月5日在柏林提出抗议,抗议《世纪报》出版了一封私人信件以及那些引用信件的报纸,但是他也借此机会完善了他本不想公开的报道。"既然在这个时候我很幸运地将你们读者的注意力都转向了魏玛,那么请允许我再更多地满足一下他们,就德国这个如此引人注目的地方以及居住在那里的伟大诗人我要再多说几句。"在快速地介绍完魏玛的环境之后,安贝儿回到歌德身上,谈到了"他上知天文下知地理的才能,好奇心极强,这一切都使得他妙语连珠,出口成章。看到这么多青年才俊和这么多虔诚的崇拜者聚集在年迈、集荣耀于一身的歌德身边,我们都被深深地感动了。就我而言,我永远不会忘记那些熟悉的谈吐,还夹杂着一些妙语或者意蕴深刻的话,也不会忘记他清澈的目光,时不时就会放出令人不可思议的光芒,还有他启迪思想和令人亲切的双唇上留下的微笑,那是至善者才有的微笑"。

"我尤其终生难忘的是我和他道别的那天。他那时住在一幢小别墅里,紧邻公爵大人的花园……他让我看那些耸立在我们头顶的大树。他微笑着说道:'我们种树的想法还真够大胆的。'突然,歌德起身,好像在回避即将到来的伤感;我走近向他道别,他拥抱了我,还赠我一本书,作为纪念。我大步流星地离开了,心中充满难以名状的感情……"

后来,在《巴黎杂志》刊登的《北方一览》中,安贝儿又回到了这一幕:"老人精神矍铄,鹤发童颜,热情满满,风度翩翩,慈眉善目……"和蔼可亲的形象与移居汉堡的人从可敬的克洛普施托克口中得到的相符,这也有可能会令浪漫主义者改变对魏玛诗人的看法。

1827年,安贝儿拜访歌德之后,又过了几个月,另外一位"年轻人"打算踏上相同的朝圣之路。在维克多·古桑的建议下,埃德加·纪内给歌德寄去了他对艾尔戴尔《人类史的哲学》一书的翻译。歌德对他说:"他很高兴看到四十年前一本德文书的法文译本。"纪内因为忙于《论赫尔德》译本的印刷工作,所以想到了一个更为直接的方法。他在1827年10月18日给他母亲的书信中写道:"我向您坦诚地说,一旦我的书印好,我就立即把它亲手交给歌德。他已上了年纪,寒冬即将来袭,我决定不能再拖了。他已经78岁高龄了。天知道他还能活多久!"这次远行最终没有实现,据说,纪内后悔了一辈子。

当圣·马克希拉尔丁拜访他的时候,伟大的老者已经失去了接待安贝儿时的活力与机敏。1830年,他在《论德国文学与歌德》中写道:"我在魏玛见到了歌德,当我拜访他的时候,当我看见他饱满的天庭时,感到他好像已经无力思考了,眼睛开始失去光芒,那张嘴也失去了往日的灵气与表现力;当我与这位可敬的老者会谈完之后,我逛了一下魏玛这座城市,昔日它光彩照人、熙熙攘攘,如今却一片凄凉……我情不自禁地相信,歌德和魏玛之间有着某种神秘的关系……"这位演说家(因为这是他在巴黎文学院上发表演讲的节选)预言:"歌德一手创造的德国文学将会随着他的陨落而跌入深谷……"

法国文艺界在他去世前两年向魏玛的诗人致敬,死亡让"已经失去光芒的双眼"永远地闭上了。1829年7月27日,大卫·德·安吉尔在给朋友路易·巴维的信中写道:"您知道我对伟人一向崇拜,有一位伟人我想研究并且欣赏一下他的面部特征,那就是歌德。我希望不久后就能在他身边。"大卫带着安贝儿和古桑的信,与维克多·巴维一道前往魏玛,两人于8月18日抵达。他想起去年拜访沃尔特·司各特时,对方接见时自视甚高,他在犹豫是不是要称"阁下",这一切都令身为雕塑家的他有点退缩。他的伙伴重述了这次旅行的点点滴滴:首先是雕塑家的紧张心态,他迫不及待地想见到歌德;其次是介绍;最后是在歌德周边宁静肃穆的环境中进行了为期15天的工作。1830年1月2日,《争鸣》根据大卫的印象写道:"尊贵的老人住在一个外表朴素的房子里,然而里面的书和杰作汗牛充栋……在歌德家里,所有都是诗歌的素材,画作、雕像、历史、植物、音乐;在歌德身边,诗歌就是第二个需要用尽全力来重新装点的自然。"

在大卫看来,伟大的诗人好像是居住在仙阁的人,他准备塑造的头像应该具有神化的特征,这样才能达到歌德的高度。我们都知道艺术家对个性的诠释都极端化,他将最具代表性的面部特征果断地朝一个方向夸张化:半身像的额头比实际大了三倍。大卫说道:"我拥有一座山,那么多的黏土,要么是奥林匹斯山要么是阿陀斯

山,我有办法去使用它们,哪怕只是重塑这位伟人的肖像……"真正的歌德,全神贯注和"充满灵感"的歌德,几乎全都体现在他那双眼睛上,那双棕色的大眼睛闪烁着光芒,还有那洞穿一切的迷人眼神。但是,我们饶有兴趣地发现,雕塑家在1830年时,是以超凡智慧的标准来诠释歌德的,这种智慧造就大脑上知天文下知地理的能力,直到患了脑炎。大卫给歌德寄去半身像的时候写道:"我给您寄去刻画您肖像的拙作,它不是一个配得上您的礼物,而只是见证了一颗有所感却无法表达的心灵……您是我们这个时代伟大的诗人代表,给您做一个雕像理所当然,我试着做了一部分,一位配得上您的天才将会完成剩余部分……"

大卫之行将诗人与法国崭露头角的文学之间的好感拉得更近了。10月18日,巴维在《安瑞通报》上连载了一篇文章,歌颂了这次朝圣。圣伯夫说过他也想陪同大卫去魏玛,他补充道:"但是,那时我在恋爱,不得不留在巴黎。现在,爱情已逝,我却没见过歌德……"大卫还曾给过歌德上面刻有维克多·雨果、古桑以及德拉克罗瓦肖像的纪念章。早在1827年1月,画家杰拉德就以雕像的形式致敬,还写了一篇很恭维的献词。德·夏多纪龙在翻译席勒的《荷兰的暴动史》时,将译作献给"席勒最好的朋友歌德"。亚历山大·德·汉姆特在巴黎逗留期间被授予一项使命:杜拉斯夫人已病入膏肓,她给歌德寄去一本精装版的成名作《乌丽卡》。1827年3月26日,汉姆特写道:"出自您手的几句话能给这位病入膏肓的夫人带来极大的喜悦。"汉姆特在转达了阿玛布勒·塔斯蒂夫人类似的话之后补充道:"我给萨尔范蒂和梅里美带的礼物引起了疯狂的嫉妒。"歌德的图书馆里藏有梅里美寄来的《古泽拉》、杰拉尔·德·内瓦尔寄来的《浮士德》、施塔普费尔的译作,还有居维叶的学术报告集以及他对歌德学术的赞美词。诗作中充满着从歌德那里借用的题词。

音乐方面也不甘示弱。1829年4月10日，艾克托尔·柏辽兹给《浮士德》的作者寄去了两部乐谱的样品，皆受到"这个令人惊叹的作品"的启发；"这部给您呈上的作品，不管是否配得上您，我都要以个人名义向您致敬……您现在集万千荣耀于一身，如果您无法接触到一些崇拜您的无名人士，那至少我希望您能原谅一位涉世不深的作曲家，他因您的才华而感到心潮澎湃，思绪飞扬，情不自禁地发出了赞美之声"。这就是邮件附信的结尾。爱弥尔·德尚在《法国和外国研究》的序言中找到了大名鼎鼎的歌德对他所提诉求的有力支持，尽管他为了论述的需求引用更多的是莎士比亚和席勒。"你们不要认为，在我们这个科学和哲学都达到如此完美的世纪里，诗人已不能像黑暗时代那样占据一席之地；德国哲学界歌德的盛名以及政治诞生之国拜伦的盛名都揭穿了这个广为流传的成见。"

1830年，一种集体性的活动令这位全神贯注、魅力四射的老者感到十分高兴，这一切都亏了大卫。一个箱子从巴黎寄来，因为歌德做事井井有条，所以一步一步打开了箱子。埃克曼3月7日写道："在吃甜点的时候，歌德打开了一个包裹。里面是爱弥尔·德尚的诗歌，还有一封信，他读给我听。我能看到歌德对法国文学的振兴起到了多大的影响，那些年轻的诗人是多么尊重他，视其为高级知识分子。"3月14日："歌德让我看大卫寄来的箱子里所有的财富，他开箱就用了好几天，目前已经整理好。上面刻有法国青年一代诗人中佼佼者的石膏浮雕，被整齐地放置在桌面上……他还向我展示了浪漫主义派最杰出作家赠给他的最新作品，数量很大，都是通过大卫这位中间人得到的。我看到了圣伯夫、巴朗仕、维克多·雨果、巴尔扎克、阿尔弗雷德·德·维尼、于连·雅南以及其他人的作品。"歌德对我说："大卫给我寄来的书足够我惬意地读上几天了。这一周我都忙于读这些年轻的诗人，我从他们那里得到的鲜活感受好像能让我多活几年。我要为这些亲爱的人和这些珍贵书籍做一个特别的目录，它们都会在我的丛书和书架上占据独一无二的位置。"爱克尔曼总结道："从这点我们可以看出歌德的态度，法国年轻诗人对他的致敬令他打心眼里高兴……"

几乎在同一时期，一首名为《歌德》的诗歌刊登在 1830 年的《浪漫主义年鉴》上，这就好像在胜利之后奏起的军乐，向经历了战场洗礼的强大盟军致敬。诗歌的作者是保罗·福谢，维克多·雨果的内弟。

《歌德》

众人赞不绝口的名字，没有争议，没有嫉妒，
名字的主人属于哪个时代？
可能，他仙游已久，他的生命
已逝，却无法遮挡他的永生。

可能，他把彼特拉克的十四行诗
换成了有关转瞬即逝的爱情不朽的十四行诗。
弥尔顿向他展示了苍穹和上帝？
但丁向他展示了地狱和它的俘虏……？

啊！不是的，这个伟人是万世师表，
在世就被后人仰慕，
九霄云外的无限云海，
他用必死的额头刺穿永恒。

他生活在魏玛。——游客匆匆而过

第二部分 戏剧诗人和抒情诗人

听着天籁之音:
浮士德唱着魔幻般的歌声,投下
雅各布的梯子,从天堂至地狱。

贝利欣根铺开了惶惶巨幕
为了百年的戏剧,为了顶天的英雄;
维特金色的额头,碧蓝的眼球,
两眼放空,呼唤虚无。

在这个古老的埃及,现已衰败,
谁在宗庙之顶俯瞰宇内,
如今他的雕像,
逃脱了漫天火海,百人得;

摩瑞斯国王在一望无垠的湖中投下,
一个雕像,
说道:"我希望,如果生命轮回,
我被忘却之地重现于此。"

你伟大的期许,你可靠的作品,
哦!歌德!面对面,你能自由地
倒映在伟大的镜中,亘古恒长,
永垂不朽,流芳千古。

哦!莎士比亚在世!哦!摩西重生!
我们当今无可争议的荷马!

目光里遥不可及的星辰之光,
心灵里不可捉摸的咏唱之声!

我们的荣耀生于你的脚下,斗争,溃败;
他们奄奄一息的波涛,你的岩石就是暗礁。
一时的波浪滚动在他的基石,
使他耀耀生辉,光彩夺目。

这首狂热的抒情诗所表达的更多是狂热的崇拜而不是雄辩的艺术。但是它还是如期而至,它在1830年《浪漫主义年鉴》中也有自己的一席之地。在刚刚兴起的浪漫主义文学眼里,"伟大的歌德"是那个时代超凡入圣文学家的象征。拜伦还保留着魔鬼般纨绔子弟的威望。夏多布里昂因为自己是正统的保皇派而有点痛苦。但是,比起席勒或者沃尔特·司各特,在世的、受人敬仰的、体态优雅的、高贵的歌德更符合有野心的梦想家们对成功诗人的看法。他对"文学巨人"这一理想的创建起到了推波助澜的作用,圣伯夫不久就揭露了这个令人不快的烦恼。巴赖兹·德·布里开始"迷信歌德";1833年,泰奥菲尔·戈蒂埃名为《鄙视》戏剧中,第一段是这么写的:

当我独自一人时,我心生怜悯,我想到
这个折磨我们的可怕野心,
在我们中间沽名钓誉,
至高无上,
桂冠加冕,光芒万丈,
被尊为伟大的歌德,伟大的拜伦。

第二部分 戏剧诗人和抒情诗人

这些躁动不安的年轻人嫉妒那些能够与奥林匹斯诸神面对面观望的人。他们觉得迈特拉的好奇心并不荒谬,她是乔治·桑同名中篇小说《迈特拉》的女主人公。"她如此好奇地打听年迈的浮士德以至于想让我特地去一趟魏玛,为了给她带回歌德额头的确切尺寸。我很幸运,因为我刚想上路的时候伟人就逝世了……"

这个超过一般人类命运极限的生命终于走到了尽头。歌德死于1832年。当奥古斯特·巴尔比得知这个死亡的消息时,他正在罗马的废墟中闲逛,他将伟大诗人的记忆与罗马城的记忆结合起来,并在他的诗歌《古罗马广场》中为两种已经消失的伟大编制了一顶葬礼上的花环:

哦,歌德!哦,伟大的老人!日耳曼的王子!
矗立在古罗马之上,男性的天才
在我哀怨的诗歌中,我情不自禁
将你的圣名与坍塌的伟大名字相连
两位的名字响彻在宇内
两位的名字镌刻在苍穹

永远刻着光辉的痕迹
唉!
我们听见你的墙壁在整齐划一的合唱
我们看见在你富丽堂皇的石板上行走
成千上万个婀娜多姿的年轻人
长久以来这里是一座高贵城市的国王
哦,古老的罗马!哦,歌德!哦,世界的力量!
你的王国就似江水的波涛

就似指间划过的轻盈沙粒

就似空中的一口气息，就似林间的回响

永别了，这铺天盖地的瓦砾！在你们华贵的坟墓里

长眠，安息……

当歌德逝世的时候，巴黎正值霍乱肆虐之时，一时谣言四起，混乱不堪。很多杂志都发表了悼念文章，不过时间上有点晚，这些文章要么是原创的，要么是直接翻译的德文。但是雅南在4月9日《争鸣》的连载中写道："当这位伟大诗人辞世的时候，整个欧洲都顶礼膜拜，就像昔日的伏尔泰，他是天才中的王者，他是诗歌革命的引领者，每两个世纪才会有如此的天才，这个消息在忙忙碌碌的两周之后才响彻欧洲：'歌德逝世了！'"

但是我们都理解，服丧之事不应该只发生在德国，即使在外地也是如此。住在外地的柏辽兹在这段时间听到别人议论他崇拜的神就火冒三丈，就好像他们在谈论某个偏离正轨的裁缝或者鞋匠一样。里昂的《外省杂志》上有这么一段："自拜伦阁下逝世以后，欧洲最具影响的大事件刚刚结束。歌德在魏玛结束了他荣耀宁静的一生……"在巴黎，莱斯纪翁的《墨菲斯托菲利斯》刚准备上映就得知了歌德逝世的消息，那时他们正在进行最后一次排练。因此，第一次上映前还增加了《向歌德亡灵致敬》：

当我们默默地思考戏剧之时

我们今日在您逝世之日奉上的作品

死亡的喊叫声向我们袭来：

歌德不在了！歌德！这个

六十年来荣耀一身

第二部分 戏剧诗人和抒情诗人

处处可见的光彩照人的前额

总是青春洋溢,光彩照人,沉浸在荣耀中

好似空中之烈日

他走了!艺术穿上长长的丧服

在他的棺材边奏起虔诚的颂歌……

这部新剧的命运如何

他向您索要花环

置于坟墓的前面

至少,歌德是我们不会忘却的亡者:对于一些人来说,服丧刚刚起步,然而浪漫主义的溃败早就已经开始了。1836年10月,缪塞在哀悼玛丽布朗前为这个世纪初陨落的巨星列了一个清单,其时间顺序有点不太确定:

黑暗天使仅仅

给我们这个世纪留下了唯一一个伟大的名字?

籍里柯,居维叶,席勒,歌德和拜伦,

昨日已经在坟墓中安息,

我们看见如此多的名人陨落,

在半开的深渊中追随拿破仑?

同样,阿梅德·波米耶在《祷文》中哀悼古维耶:

闭上了他有力的眼皮,

古维耶在他的棺材中

与他伟大的一代人相聚,

歌德,席勒,拜伦,科琳,

大卫，作画的画家，

塔尔马，古里耶，神来之笔，

卡诺瓦，斯科特，拿破仑！

1841年6月3日，雨果在法兰西学院的就职演讲中说道："自从伟大的歌德逝世以后，德国的思想就黯淡无光；自从拜伦和沃尔特·司各特逝世以后，英国的诗歌失去光芒……"萨尔范蒂给予回击，他影射了法国的"威望"是从歌德的语言和文学中汲取而来："如果说法国拥有统治地位，那并不是因为它所敬重和怀念的伟人们逝世了，比如拜伦阁下、沃尔特·司各特、歌德……"

那天，维克多·雨果将形容词"伟大"赋予了歌德，我们知道，在德国的名人当中，雨果更愿意将"伟大"留给贝多芬。25年后，他在根西岛列举"行动与思想上至高无上的大师"时，丝毫没提及歌德，认为这个人太冷淡、太自私。拉马丁在《新知心话集》的序言中没有将《真理与虚构》的作者列为"那些把他们心灵的真正脉动留给世界的人"。然而，他和布莱兹·德·布里一样都直观地感受到了德国诗人的真正伟大之处："他感到四周有股气场，还带有一种近乎神圣的感觉，就好像靠近了一座庙宇……直觉告诉我他叫歌德"，是德国最杰出的代表。

至于另外一位无意成为浪漫主义先辈的夏多布里昂来说，尽管他容忍这点，还是觉得有关歌德的一些赞美之词是不应该的，如果是拜伦尚且可以。他太局限于《维特》以至于无法公平公正地做出评价。他在《墓外回忆录》中提到了歌德的往事及他的名字，分别在罗马、魏玛、卡尔斯巴德这三个地点，但是他宣称不喜欢"唯物论的诗人"，承认歌德确实是位"旷世奇才"。最后，作为浪漫主义另一类代表的巴尔扎克在1838年11月15日给汉斯卡夫人的信中解释了对19世纪只产生一个伟人的责难,那就是拿破仑。还列举了各式各样的伟人,既有法国的又有外国的,提到了无法回避的"双子星"拜伦和沃尔特·司各特,甚至还加上了科贝尔的名字,可能用紧随其后的"等等"代表了歌德及其他人,但是就是不道其名号。

因此,当法国浪漫主义一致向歌德致敬的时候,他们领袖的态度是模棱两可的,这么说一点都不自相矛盾。这股在浪漫主义兴起的敬仰和感激的热潮更多是来自于那些名不见经传的小兵。在同样情况下,队长的欢呼只代表了那些与大部队格格不入的人发出的孤独的叫喊声,他们比那队人看得更深、更远;但是在队列中保持他们位置的人所发出的喧哗声才揭示了整个队伍的灵魂。戈蒂埃或者德尚,以及不是浪漫主义作家的柏辽兹或者德拉克罗瓦,他们的狂热崇拜很能说明浪漫主义的观点,要胜于雨果的一句恭维之词。

但是,我们看到,从根上来说,1820年到1835年间的法国还是搞错了。古典主义认定《浮士德》的作者是拉辛的敌对者,浪漫主义则援引《葛兹·冯·伯利欣根》和《艾格蒙特》来支撑他们的论点,他们都没有真正领会歌德艺术的涵义,要么横加指责,要么为他们大胆的想法保驾护航。关键之处在于艺术自由的原则:浪漫主义把这个原则看作天才的绝对自主性、艺术家任意支配主题和形式的乐趣;古典主义则以受到传统和品味约束的规范之名拒之千里之外。然而,歌德的灵感既远离教条主义又不源于自由:它承认有一个艺术的必要性,但是与所写主题的性质息息相关,形式和表达不是取决于先于或后于作品的一成不变的范式,而是由它的本质所决定的规律。浪漫主义完全没有搞清楚这一点,或者说,当他们一知半解的时候,个人冲动的热情很快就超越、突破了那些不可动摇的限度。维克多·雨果在《〈克伦威尔〉序言》中犯了严重的错误,他说自己习惯于"任意地改变形式与内容"。他身上所表现出的汪洋恣意的个人主义以及大部分人对解放的痴迷都将文学素材置于新的暴政统治之下，也就是作家的"自我"。从这点看，浪漫主义对《葛兹·冯·伯利欣根》和《伊菲格尼》作者的崇拜是错误的，严格来说，歌德文学中的折中主义与革新者的独裁和不妥协是格格不入的。

他们的仿作几乎都是流于表面的，或者更准确地说，他们在德国诗人的作品中找出那些与其理想相似的方面，而对剩下的则视而不见，他们把作者看作盟友。凭着直觉与禀赋，有些人一眼就识破革新者的夸张言行中所包含的专横性。其他的先不说，阿尔弗雷德·德·缪塞就是其中一位，与其他浪漫主义竞争者的作品相比，他的戏剧作品没有那么伟大，没有那么光彩夺目，但是增了一份灵巧，添了一些变化。他在1833年9月1日写道："普世思想里所有潜在的中心、人类思想的所有联想只会为一群奴颜婢膝的模仿者服务，现在如此，将来亦是如此。当规范缺失，当信仰消逝，当一个国家的语言变质、腐烂之时，一个名叫歌德的人展示了他的价值所在，他同时创造了模本、素材以及范例。但是，如果说生涯已规划好，目的已定好，道路已铺好的话，现在一些分量最重的马车在最尊贵的骏马之后驶上了这条大道。"浪漫主义没有完全搞懂，歌德在同时创造"模本、素材、范例"，尤其是每个素材都必须使用的模本时，他的创作源于另外一个口号，它完全异于"艺术自由"。

美学争鸣的时期一过，这种歌德的"文学泛神论"才会真正被这代人所领悟。毋庸置疑的是，J.-J.安贝儿早就清醒地意识到了这点。但是浪漫主义的文学创作迫在眉睫，势在必行，以至于它无法将就一些细微的差别与区分。只有在英雄时代过后，我们才发现类似的宣言越来越多，也越来越清晰："今天，法国已经吸收了戏剧；我们理解歌德与莎士比亚就跟我们理解斯塔尔夫人一样……然而，正因为戏剧被吸收了的原因,我觉得悲剧重新恢复了昔日的风采,比任何时候都骄横跋扈。"几天后,梅里在文艺复兴时代戏剧的开幕式上致辞:

> 艺术有了所有名字……
> ……神奇之事皆是孪生姐妹
> 是一个王朝,一个不灭的种族
> 与阿贝尔同作画,与贺拉斯同歌唱;
> 与米开朗琪罗画一座空中楼阁;
> 与歌德和席勒的画作一起哭泣

没过多久,杰拉尔·德·内瓦尔在《艺术家》中写道:"歌德和席勒根据他们要表达的主题,一会儿写戏剧,一会儿写悲剧。《葛兹·冯·伯利欣根》和《唐卡洛斯》想写成戏剧的形式;《在陶里斯的伊菲格尼》和《梅西纳的未婚妻》则跟悲剧的形式更相符。不只是古老的话题才最适合传统的形式:《塔索》在歌德看来是个悲剧的主题,就好像'朱尔斯·恺撒大帝'在莎士比亚看来是个悲剧的主题一样。如果没有逻辑性的观点就没有悲剧,没有统一的风格就没有悲剧的风格。"如此振聋发聩的声音只有在论战结束后才被听到,而不是战斗最激烈之时。有一点值得指出的是,这些声音确实是充满智慧的。同样,歌德美学的真正意义也在为文学自由而奋斗的那批老斗士中找到了关心它的见证人。

第三部分 科学与小说

第三部分　科学与小说

第一章　浪漫主义的未来

"我要诚恳地说，我大概对此毫不理解……对于异国，每个民族都具有自己独特的敏感心弦……"
（X.杜当：《关于〈亲和力〉》，1851 年 6 月 23 日信）

19 世纪初，《威廉·迈斯特》译本首次问世。19 世纪 30 年代的浪漫主义确信《威廉·迈斯特》比不上许多其他的外国作品。这两个时期都没有从这部成长小说中得到真正的领悟与收获。自 1796 年以来，从佩尔奈①到魏玛，《威廉·迈斯特之学习时代》第六部分的翻译最终得以完成，但译稿却没能引起翁格尔印刷商的出版兴趣。1797 年 4 月 22 日，斯塔尔夫人在给亨利·迈斯特的信中写道："歌德给我寄来他的一部小说，装帧极其精美，名为《威廉·迈斯特》。由于这是部德文作品，因此我只能欣赏精美的封面（读过此书的本杰明断言，在我们之中，我会比他更欣赏这部作品）。但是，应该请您向歌德转达我的无限感激之情。这种感激包含着我对此书文字的一无所知，也道出我对《维特》作者的认可与赞赏。"我们联想到的《维特》的作者与平静温和的歌德是截然相反的。青年小说几乎拦住了成长小说的路，这就是我们所知道的一种相当寻常的现象。特别是对斯塔尔夫人而言，当她表明对于德语以及德国文学一无所

---

① 法国安德尔-卢瓦尔省（Indre-et-Loire）的一个市镇，属于图尔区（Tours）纳伊莱蓬皮耶尔县（Neuillé-Pont-Pierre）。——译者注

知时，当施莱格尔用莱茵河畔的智慧奥秘启发她时，斯塔尔夫人也仅局限于夸赞"《威廉·迈斯特》中巧妙且富有思想的讨论"。对于一部过于平静的作品和"一个无关紧要的小说情节"，斯塔尔夫人却完全没有表示出对这部作品的启发作用以及对德国浪漫主义的赞美。

1810年，斯塔尔夫人这样写道："在德国，这部作品被大加赞赏，但在其他国家却鲜为人知。"此前存在一些法语译本，但翻译拙劣，也存在一些书评，但评价极低。然而，这些译本都曾努力使刚刚开始喜爱阅读《维特》的大众也能接触到《威廉·迈斯特之学习时代》。其中，1801年在德国科布伦茨出版的译本并未完成，且鲜为人知。1802年在巴黎出版的另一译本共分三小卷，并配有小说人物画像及镌刻版浪漫曲。这本译作归功于译者查理-路易·德·瑟韦兰热，他正是《维特》的译者。这是怎样的浪漫曲啊！这些穿插在小说《威廉·迈斯特》中的浪漫曲是多么的拙劣，又是多么的不和谐：

好一个行吟诗人，毫无忧伤
四处游荡；
四处找寻温暖的港湾；
四处找寻快乐的面庞……

抑或：

我依然有活下去的打算，
阿尔弗雷德又看到新一天的阳光；
神啊，当我追随他时，
要将他献给我的爱人！

芳芳在她的软弱中无法施救，

芳芳在她的苦痛中只能死去……

  芳芳是迷娘①；阿尔弗雷德是威廉。对于小说人物名字的改动，译者在序中写道："译者以为可以对小说人物的名字稍加修改。"的确，"许多章节和片段对熟谙德国风俗的读者来说才具有意义，才能产生共鸣，将其删减是为了尽可能地让我们看懂"。因此译者进行了删减，并且附上《敬告读者》来说明"如果只想在所有新出版的书籍中寻找一本简单纯粹的小说，那绝不会在这本书里找到平日阅读的感受"。尽管如此，阿尔弗雷德这个名字还是完全不被欣赏。M.-J.约瑟夫·舍尼埃在《1789年以来法国文学宗派图谱》中对《威廉·迈斯特》的评论就带有典型的反对及厌恶色彩："尽管译者进行了精简，但这本书还是太过冗长……另外，奇怪的情节和糟糕的编排，时而拖沓时而急促的故事节奏，无果的伏笔，无解的谜团，我们想从主人公身上得到启发，而主人公却只是一个可笑的冒险者。其他人物也是被作者随意地安排在小说中，不是被莫名其妙的病情所终结，就是被自杀所完结，这造成一种粗俗且突兀的结局。如此一个阿尔弗雷德的故事，在这部不合情理的作品中，我们丝毫看不到《维特》所透露出来的智慧。"

  在这些"被随意安排在小说里"的次要人物中，舍尼埃只对斯塔尔夫人提到的迷娘赞赏有加。充满浪漫想象的迷娘"非同一般的女人"，"如梦一般的神秘"。1823年，在沃尔特·司各特的《佩弗里尔山顶》译本中，费奈拉这个人名使我们再次感受到歌德笔下的女主人公形象，而这种感觉一直延续到《巴黎圣母院》中的艾斯米

---

  ① 小说《威廉·迈斯特》中的人物。——译者注

拉达这一女性人物身上。雅南在 1830 年 1 月 2 日的《争鸣》期刊中指出："费奈拉和迷娘，这两个相似的人物设置都是属于歌德的。沃尔特·司各特的费奈拉就全部借鉴了歌德的创作。但是歌德笔下天真善良的女性形象还是大大超越了沃尔特·司各特的模仿。"

这部德国小说中独特的青年人很快就被接受了。1816 年 11 月，采尼埃的《小波西米亚人》吸引了大量人群前往昂碧居剧院，这部小说似乎也受到了这个人物的启发。他的著名歌曲用强烈的忧郁之情象征了北方人对意大利天空的心驰神往：

　　你去过那片土地吗？
　　那里有繁花盛开的香桃木，
　　那里有能让你邂逅爱情的阳光天空……

正因如此，我们听到戈蒂埃在《阿贝都斯》中说：

　　这片迷人的土地，歌德笔下柔弱的迷娘，
　　令人想起……

从 X. 马米埃到阿米埃尔，从图斯内尔到拉迪斯伯恩，再到爱德华·格勒尼耶，译本不胜枚举。这些译本尽力为我们建立起这种思乡浪漫曲的法语对等。自 1832 年以来，发生过一次误会，犹如查理·德·贝尔纳的小说《毛隼》讲述的那样，一位画家说："我开始我们自己的艺术性——你去过那片'柠檬花'盛开的土地吗？——那里比我们这里热得多。"公证人却回答"对迷娘的浪漫曲一无所知"。

转年，基内把这一柔弱的人物放进他的《阿斯维律斯》，放进伟

第三部分 科学与小说

大的理想恋人的合唱中,放进克拉丽莎·哈罗与朱丽·德·沃尔马的合唱中。1839 年,阿里·谢弗将这个微妙的逃亡故事放进两幅著名的画作中,那就是《怀念故乡的迷娘》和《向往天空的迷娘》。画作赋予人物一丝忧郁和细腻,远离了歌德勾勒的生命力顽强的形象。1858 年,戈蒂埃写道:"然而,阿里·谢弗的迷娘如此被接受以至于渐渐取代了歌德的创作。"迈尔贝尔想竭力创作一部与此有关的歌剧,他写道:"正是这样一位苦难的金发女性人物,或许应该被优美的旋律所包围。"另外,这位女性人物也被应用于音乐。继卡斯顿·德·蒙多的戏剧形式(于 1851 年 11 月在巴黎综艺剧院上映的一部戏剧)和 J.-T.德·圣-日耳曼的小说形式(1857 年)之后,昂布瓦斯·托马斯赋予《威廉·迈斯特》中的这一章节最享有盛誉的音乐形式。根据小说的创作背景,米歇尔·卡勒和于勒·巴尔比创作了这一歌剧原本。小说中的迷娘死去了,然而歌剧中的第一女主角却没有死去,这部歌剧开始在抒情歌剧院上演,后被搬上喜歌剧院的舞台。雷耶在 1866 年 12 月 2 日的《争鸣》上写道:"人们庆祝着如此之多的婚礼,迷娘无法将她痛苦垂死的场景呈献给厌恶悲剧结尾的观众,因此,这就是为什么尽管有歌德,尽管有昂布瓦斯·托马斯,尽管有米歇尔·卡勒和于勒·巴尔比,迷娘最终还是嫁给了威廉·迈斯特。"对于音乐和歌剧作品的资产阶级情趣是幻想与不羁的起源。

很久以来,法国文学对迷娘的喜爱并不利于接受小说的其他部分。我们从中抽离出迷娘这一人物形象。1823 年,刚刚出版了歌德《名人》译本的索尔和圣-热涅正在构思如何出版《威廉·迈斯特》的译本。他们放弃这一计划,莱因哈德 4 月 11 日写给歌德的信和这两位译者 3 月 26 日的信都提到这一计划。随后,莱因哈德在 1829 年 12 月 10 日和 16 日的信中和歌德交谈了另一项翻译计划。一位并不通晓德文的老妇人对歌德这位德国作家十分支持,渴望将《威廉·迈斯特之学习时代》进行精简、概述并节选,将260页的第一卷缩减至64页。"完整手稿共计300页左右的in-8°印刷纸,是这部小说的框架,并节选一些她特别喜爱的片段、描写和箴言。"

1829年,一部《威廉·迈斯特》的完整译本问世。图斯内尔的这部译本共分四卷,已经做到忠实原文、通俗易懂,并且基本切合原文。这部译作超越了以往的所有译本。原文是一部既复杂又混乱的作品,然而法国大众却很喜爱。道德思想是这部作品中唯一整体和谐的部分——一位热血青年的成长,生活使原本并不出类拔萃的他展示出真正的才华。译本抹掉了原文书名中的"学习时代",仅仅保留了主人公的姓名。有人强烈指责图斯内尔这种拙劣的翻译处理。1830年5月,《百科全书》写道:"这部著名小说的译者并没有保留原题《威廉·迈斯特之学习时代》,或许,他犯下了一个错误。然而,尽管这个译名略显模糊不清,但也表达出最基本的思想,这恰恰与歌德作品中的混乱不清相吻合。"

很明显,所有想在《威廉·迈斯特》中找到奇遇小说影子的人都没能如愿。雅南在1830年1月2日的《争鸣》期刊中写道:"对于德国人来说,这确实是一部杰作,对于我们来说,却是一盘大杂烩,混合了庸俗的奇遇记、卑鄙无耻的人物、拙劣无度的神秘主义,这就是这部小说的形式。至于作品的内容,和斯卡龙的《滑稽小说》属于同一主题。"我们不祈求任何人去欣赏某些创作的文学艺术性,一个片段的巧妙编排,以及偏离主题情节的魅力……

图斯内尔的译本只涉及《威廉·迈斯特》的第一部分。1833年,《世纪》杂志刊登了《梅尔露辛神话新编》,《威廉·迈斯特之漫游时代》也因此接触到一部分法国大众。直至1843年,《威廉·迈斯特之漫游时代》全本才被收入我们的"外国文学经典藏书"

中。德·卡尔洛夫奇夫人出版了《威廉·迈斯特之漫游时代》这部独特小说的译本,这部译本中规中矩。与以往一样,媒体和读者的接受效果是不被看好且令人担忧的。杜当在给施莱格尔的信中写道:"我们重新阅读了歌德的《威廉·迈斯特》。我决定向您请教对于这部作品内容与形式的看法。对于形式,我没有任何评论,但对于内容,我认为过于混乱和虚幻,我的评判是否错误了?……阅读着歌德的作品,完全没有脚踏实地的真实感。就犹如一场不切实际的漫游,在这场不切实际的漫游中,并不清楚这是一些真实存在的实物还是一些令人头晕目眩的虚幻。"

杜当与施莱格尔同样具有权威性,面对这样一部狂想曲,杜当能够说出大概有多少读者是处于混乱和困惑的状态,并且能够对此进行解释。这部缺乏条理的作品有着丰富的内容。其中的诗意和智慧使字里行间充满深刻的寓意。梅里美写道:"在这部奇书中,世界上最美丽的事物与最滑稽的幼稚相互交替。"缪塞在《戏剧与谚语》的序言中有趣地将歌德摆在自己的对立面:"歌德在他的小说《威廉·迈斯特》的某个片段里说,一部幻想小说应该是完美的,或者是并不存在的。如果按照这条严苛的准则,那么恐怕自《威廉·迈斯特》之后就没有什么作品存在了!"

歌德小说中的变幻不定将会一直敲打和困扰着阅读者和评论者。马米埃是首先指出歌德作品中的寓意与哲理的评论家之一。他在《歌德研究》中试图指出歌德作品的寓意及哲理,并试图解释表现作者真实意图的题目——"漫游时代"。但在法国,爱弥尔·蒙泰居是《威廉·迈斯特》真正的评注家。在他看来,歌德的主人公似乎是和维特一样的"现代典范"。在1863年11月1日《俩世界》期刊上,爱弥尔·蒙泰居在文章中表现出这一倾向,除此以外,在他每次关注歌德或者讨论追求遥远理想的幻想本性之时,他都表现出这一青睐。就像英国的卡莱尔一样,他是否对这本书欠下一笔私人情债?这本书是有效行动和卧薪尝胆的典范。犹如《衣裳哲学》的苏格兰启示录,他从歌德那里学习到骁勇和坚持。尽管命运完全不符合人物的最初幻想,但还是应该"结束他的拜伦",并且不应该失去对生活的希望。这个想法似乎与大胆的历程背道而驰。在这一历程中,是否每个人都认为自己拥有才华? 1859 年,蒙泰居向昂方坦推荐阅读《威廉·迈斯特》;1863 年,他指出所有的矛盾消除了歌德的主人公身上那种"完美的资产阶级"。他的热情、他的才能、他的社会环境和他所处的时代都被放进这些矛盾之中。尽管他发现在显示出歌德聪明智慧的结尾中欠缺某些热情和"幻想",但他仍然坚持解决诸多矛盾的实用之美。因此,随后不久,在 1863 年 11 月 1 日的《日耳曼和法兰西杂志》上,路易·德·龙绍便恰如其分地翻译了"歌德采用的寓意结尾":"那些认为自己拥有独特才华并且被赋予非凡命运的人,如果他的努力不幸无果,那么他也不该气馁,不该失去对生活的希望,而是应该根据自己的才华,寻觅使自己变得对他人有用的方法。生活的真正目的是成为有用之人。追求艺术通常是迷惑人的才华,以至于使我们去追求艺术,而追求艺术是直到……之后才能到来的。"

同样,直至浪漫主义时代结束,评论家才认可并指出《威廉·迈斯特》的意义。我们不该渴求找到这部小说的中心思想所带来的影响,这是一种充满抒情,充满主观性,充满幻想,又或是充满忧郁的混杂体。我们看到的迷娘很快就吸引了我们的所有想象;另一方面,追求冒险的年轻资产阶级和一群滑稽小丑整装出动,因此《威廉·迈斯特的学习时代》并不缺乏喜剧小说在 1830 年令人愉悦的表象。直到与浪漫主义的对抗之后,我们才能发现其他一些这样和那样的触碰点和同情点。1835 年,路易·拉瓦特(笔名:路易·

斯帕什)的《新老实人》将年轻人萨米埃尔·班德搬上舞台。这位年轻人的所有幻想逐渐破灭、逐渐坍塌,然而这些幻灭并没有将其打垮,也没有使其让步于苦涩的垂头丧气,而是启发和教育了他:心甘情愿地忍受这个世界原本的模样,更确切地说是一个与自己背道而驰的世界,犹如伏尔泰的"老实人"甘迪德具有一种反讽性的无忧无虑,犹如浪漫主义衰落时期的所有主人公那样。是否也应该想到查理·诺蒂埃?在蒙泰居看来,查理·诺蒂埃在他的一生中"'格外忠实地复制了'威廉·迈斯特的形象:同样拥有莽撞冒失的热情,同样是飘摇不定的贵族,同样怀有鸿鹄之志却壮志未酬,同样经历冒险的旅程,最终,收获一样的幸福结局"。

乔治·桑在1842至1843年间创作的《康素爱萝》经常被拿来与《威廉·迈斯特》进行对比。当时的人们已经觉察出它们之间的相似性。加斯孔·德·莫莱讷在1844年4月19日的《争鸣》中写道:"康素爱萝使我们瞬间想到歌德的威廉·迈斯特。我们知道就像哈姆雷特奔驰在大道上一样,试图找到应该用什么声调和霍拉旭对话,快乐地躺在森林的绿苔上;在他的灵魂中,不断地把对艺术的关注加入对自然的热爱中。康素爱萝如威廉一样离去,笑望天空,热爱树木,轻抚绿草,在她的记忆中回忆着波尔波拉老师的音乐……"很多法国和外国的评论家,从爱默生到法盖都提到其他的相似之处,逐一提炼出小说的主要特征,积累各种各样的相似因素、美学理论、"科学神秘、宗教散乱、废话连篇"。最熟悉乔治·桑的传记作家弗拉基米尔·卡列尼娜认为法国作家并没有接受到一种有意识的或无意识的影响。据她所说,《康素爱萝》的所有因素都存在于乔治·桑将波丽娜·维亚尔多描绘为女主角的希望中,存在于她对秘密结社的好奇中,存在于对中世纪社会和基督教宗派的偏好中,最终存在于圣西门主义思想和艺术音乐界的气氛中。在创作《康素

爱萝》时,乔治·桑正生活在这样的环境中,围绕在肖邦周围。有人抹杀《威廉·迈斯特》对《康素爱萝》创作的所有影响。为了反驳这一观点,可能会提出乔治·桑和阿古勒伯爵夫人的密友关系来辩论(尽管从1839年她们中止了关系,尽管伯爵夫人这位贵族不再使用笔名达尼埃尔·斯特恩,这位对歌德过于狂热的崇拜者没有对乔治·桑产生某些影响)。关于小说中的神奇与合理这个话题,《康素爱萝》和《罗道斯塔特伯爵夫人》的作者援引《威廉·迈斯特》的第二卷:"《威廉·迈斯特》第二卷似乎并不是发生在现实世界,这是很有趣的并且是具有研究价值的,像是揭示歌德的作品中包含一个具有新面貌的世界,歌德正是有思想和爱幻想的德国的化身。"① 最后,特别值得强调的是,尽管否定了影响这一话题,但这两部作品仍然表现出相似性。首先,作者自己并不承认这种创作意图,"在游历者康素爱萝之后,穿越田野奔跑着",在18世纪的德国同样存在偶然的相遇和非凡的才能。各种形式的音乐艺术、理论与实践,起着与在《威廉·迈斯特》中一样的喜剧艺术作用。康素爱萝夹在安卓莱托和阿尔伯特中间,命运使她在戏剧的一生和普通的一生之间进行抉择——或者至少是在婚姻与家庭之间进行抉择——犹如威廉那样。因此在他身上,他的艺术之梦正在转变为一种崇高的理想,为最崇高的社会目标尽力。尽管在康素爱萝身上表现得更加崇高,但确实是一种相似的"升华",一种历经挫败与失望的磨砺之后得到的升华。② 在《罗道斯塔特伯爵夫人》中,犹如《康素爱萝》的音乐一样,秘密结社构造出令女主人公濒临死亡的气氛:从

---

① 《我的自传》卷四,第264页。——原注
② 也许用一个众所周知的表达来形容比较合适,那就是《威廉·迈斯特》的插曲之一:"这是一颗饱经沧桑的心,但却依然握瑾怀瑜。"(《康素爱萝》卷三,第166页)——原注

《威廉·迈斯特的学习时代》到《威廉·迈斯特的漫游时代》的相同转变用结识献身人道主义事业的秘密群体取代了对于喜剧艺术的追求。在《威廉·迈斯特的学习时代》和续篇《威廉·迈斯特的漫游时代》里存在一些陌生贵族组成的团体,他们努力推进社会进步,秘密活动,不知不觉地将小说人物置于他们的从属关系中。

《威廉·迈斯特》和《康素爱萝》试图将美学元素、感人的小说元素、寓意和哲理元素相结合,但这种结合并不容易做到,其他作品也在进行此类尝试,比如保罗·斯库多的《萨尔蒂骑士》。对此,1857年,《俩世界》期刊的音乐评论家重新尝试将现实与美学相结合。菲利普·沙勒写道:"引入戏剧运动和激情描绘的空想艺术。"犹如在《康素爱萝》里,正是在主人公的奇遇中加入了音乐,而不是已然更加鲜活和"真实"的角色艺术。

几乎在同一时间,戈蒂埃着手一部自1830年就开始构思的、充满浪漫主义热情的小说。《弗拉卡斯上尉》是《滑稽小说》的典型模仿,从《威廉·迈斯特》中借用了某些察觉到的或者没有察觉到的元素:主人公性格的发展变化,或是加入人道主义社团组织的理想,斯高纳克决定和"小丑"合伙,小巴斯克人奇吉塔这个奇特人物,比随和的卡门更有魅力的迷娘——这样或那样的,观察到的或者表现出来的特征。是否是一种完全符合歌德想法的思想?侍女泽尔碧娜给出的解释是喜剧演员对世人的吸引。"这是一种精神的激情,更是一种身体的激情。他们想通过熄灭现实来达到理想,但是他们追求的图景却被他们遗忘。一位女演员犹如一幅画,应该在合适的时机,保持一定距离地欣赏。"① 我们回忆起:正是天真纯朴、没有半点矫揉

---

① 喜剧演员来到斯高纳克的破败城堡,使我们想到在《威廉·迈斯特》(III, 3)里类似的情节。同样,值得注意的是,表明了一种对于"家族"的偏爱。1861年,小戈蒂埃(戈蒂埃儿子)重新翻译了这部小说。——原注

造作、略带高贵的女主角导致戈蒂埃的斯高纳克剧团发生一系列的后续故事。无丝毫矫饰，如同在《威廉·迈斯特》里一样：1831年，《阿尔贝图斯》的诗人对其并不看好，加入悲伤的成分。

> 卡马尔戈，玛侬·莱斯科，费丽娜，一个个
> 都是迷人的妞！

第一眼就被吸引，经历如此之多的奇遇之后，女主人公依然天真纯朴，戈蒂埃的男主角没有经历其他的"学习"，只经历了一些对他有所启示的仪表课程、戏剧表达和骑士精神的骁勇。在最初的构思中，他应该进入德拉米赛尔城堡，就如他从那里离开那样。另一方面，我们很想深思《威廉·迈斯特》对《情感教育》的深远影响。福楼拜则在《情感教育》中放入一个与使命和恋慕做斗争的年轻人的热情灵魂。然而，在这部作品里，与其说是一种"学习"，不如说是一种变形，就像是所有力量和所有志向的土崩瓦解使弗雷德利克·莫罗在经历巴黎的遭遇之后变得虚弱疲倦，最后看破红尘。

1866年10月6日，梅里美写道："我建议阅读《威廉·迈斯特》。在比亚里茨的皇宫旅居，然而，读了第一章之后，我们宣称这是世上最令人厌倦的东西。"拿破仑三世身边之人的草率评价绝不是法国普通大众做出的反馈，然而，恰巧迎合了法国读者内心深处的印象，是对一部与他们所熟悉的文学类型有着天壤之别的小说的印象。最尊重和最了解歌德的人承认观察到和表现出的世界是围绕主人公的发展进行的，只领略到一部分试图组织这些复杂因素的方法：保罗·布尔热在他的关于阿米埃尔的散文中把《威廉·迈斯特》这部日耳曼小说的典型代表和其中主人公的"各种经历细节"与《克莱芙王妃》《玛侬》《阿道夫》对比。歌德设计了一系列的经历，由

此，法语语言自我丰富了这些表达。"学习时代（les années d'apprentissage）"这一词组表达丰富了法国心理学家和评论家的词汇。同样，另外一个源自歌德的表达"永恒之女性（l'éternel féminin）"却没有很确定的意义和明确的应用。随着迷娘这一人物完全被法国接受（巴尔贝·奥尔维依在她身上看到歌德唯一的女性人物），具有一些美学和心理学面貌，这些更多的是与歌德的哲学有关，而不是和他的文学有关，"学习（l'apprentissage）"这一概念和表达这个意义的词语似乎是法国思想从《威廉·迈斯特》的心理学和社会传记中得到的最大收获。

除了这部作品之外，歌德的另一部伟大作品《亲和力》在当时出版的一直只是死气沉沉的文字，随后成为浪漫主义刮目相看的对象。如果在某个忧虑心理胜过浪漫主义特性的阶段，我们自身显露出《威廉·迈斯特》的智慧和某种影响，与之如此相似以至开始欣赏他的奇遇和非凡，那就应该追溯到早于 1830 年的时代去认识那些更有利于积极接受的条件。1825 年，菲利普-阿尔贝·斯塔普费尔在《歌德概述》里回忆：起初，是怎样地冷落对待"这一奇特的作品"，"这一奇特的作品被迅速翻译成法文，并被抛掉风格的魅力，就像歌德的其他所有作品一样，风格的魅力使我们看到某种可以描绘毫无吸引力的事物的魅力，这种译本令所有人感到不悦"。1810 年，两部译本是和新小说最接近的版本——《亲和力》共三卷，由雷蒙和四位译者合译，《奥荻莉：同情的力量》共两卷，由布勒托翻译完成。给予故事一个标题和痛苦的感受这一现象招致反感，对这一反感最有意思的标记就是首位译者在 92 页所做的标注，夏绿蒂和她丈夫之间的谈话用到"affinité（亲和力）"这个词语："这一反复贯穿在作品中的平淡无奇的文字游戏，在德语中更容易被接受。我们不得不用'affinité'来翻译'Verwandtschaft'一词，'affinité'既接近词语的本意,又符合在作品中的化学现象。"

的确,这已成为流言蜚语的主要对象——"半化学、半色情的论述"(《争鸣》,1810年5月16日),"这种情色吸引力产生的影响不可避免"(《巴黎日报》,1810年6月25日)。这些恶评中,最好的是"对一位才子的误解",最充满敌意的是"一堆令人反感的怪事"。《巴黎日报》写道:"歌德的新体系似乎是将科学放进小说中,就犹如有段时日以来,我们在法国看到一些很有才华的贵妇千方百计地想把才华放进故事中。科学小说将不会比历史小说成功,在《亲和力》中,将化学应用于爱情或许只会明显地表现出介于矫饰和滑稽之间的'亲和力'。"

正如斯塔尔夫人所说,"这部作品整体看来无任何特征",所以她确信《亲和力》不会在法国大获成功;她因歌德"倨傲的哲学"和缺乏"坚定积极的宗教情感"而对歌德的小说不满。似乎在书中的化学论述中更清晰地看到这部作品失败的真正原因。本杰明·贡斯当在1804年1月27日的私人日记里记载:"滥用类比广泛存在于歌德的作品中,特别是在化学方面的矫饰和严格的科学中。"西斯蒙第二次承认他对阿尔巴尼夫人的失望。他在1810年1月22日写道:"至于被否认的声誉,您是否看过歌德的最新小说《亲和力》?我们怎能猜到作者就是忧伤作品《维特》的作者?"在3月12日写道:"至于新小说,除了歌德的作品,我没有阅读过任何一本……他的作品在我看来是悲惨的。"

唯独奥荻莉这一"被勾勒得如此完美"的人物在某些评论家和读者面前得到了宽恕。其中一位这样写道:"哪部法语杰作能与这部作品对奥荻莉的描绘相媲美!能与作品中的深邃、吸引力和出乎意料相媲美!在这方面,这部作品大大超越了其他民族。"然而这样的评价却没有得到呼应。此外,从人物中抽出这个忧伤的形象,与自

然融合，混杂在其中，歌德把在情爱方面的相互吸引比作不可更改的、严格的化学法则。对此，利涅亲王对歌德的思想没有丝毫敬意。

世纪之初，只有一位法国人，那就是司汤达似乎理解了歌德的这一思想并适时地提及：我们深知歌德的哲学同情与18世纪的唯物主义有多少联系，他认为将近1880年的时候，与歌德所处时代不和谐的作品注定与读者背道而驰。自1809年5月31日以来，宣扬形象（物理的，也同样是思想感情结晶的形象）的司汤达在其作品《海顿传》中引用《亲和力》；在他1810年2月18日的日记中，记录自己对《亲和力》的阅读。然而，他在1812年10月2日莫斯科的信中写道：有什么是更符合这本书中的假设的？是"贝尔精神"？"一周前，我正在阅读卢梭的《忏悔录》。正是仅仅因为缺乏一些'贝尔精神'，他才如此不幸……三周时间与一人结成友谊，于是有了友谊的责任等。两年之后，这个人将他忘记，他为此找到一个卑劣的解释。'贝尔精神'告诉了他：'两个人相互靠近产生出热情并发酵；然而这一自然状态是稍纵即逝的……'"值得注意的是，《红与黑》的作者司汤达为书中的第七章取名为《亲和力》，在这一章里，于连和德·瑞那夫人命中注定地相爱了，他们抛开了一切。

我们要注意，浪漫主义时代没有看到《亲和力》的复译。德·卡尔洛夫奇夫人和卡米尔·塞尔登分别于1844年和1872年重新翻译了这部作品。然而，如果说译本比较平庸，那么1830年，为了使译本的表达更加明确，应该去了解德文，并且求助于老版。然而在1834年，它的影响产生了两个反响。11月，热拉尔·德·内瓦尔正在阅读乔治·桑的《雅克》期间，在给朗迪埃尔出版社的信中写道："我很不喜欢三段论的小说。这看起来结合了一些要么带有代数术语、要么带有化学术语的分析，有些像歌德的小说《亲和力》。通常认为，《雅克》中的四个人物如《亲和力》里的人物被编排得很好；

歌德在法国
——《少年维特之烦恼》在法国的传播与接受研究

同时,我们可以用 a、b、c 等来表示;我认为只有在歌德作品中的第四个人物是用这个未知量 x 来表示的……"同年,路易·拉瓦特(路易·斯帕什)在"阿尔萨斯小说"《亨利·法雷尔》中直接引入对《亲和力》的记忆。

"至于相安无事,我们从哲学的角度,以抽象的概念对它进行思考;将 A 放在米娜的位置[他的妻子];您的妻子由 B 来表示;您由 C 来表示;我就是未知量 X。我对您说,A 就这样占领了 C,并将 B 又抛回到空白处,难道这不明显吗;您对此怎么看?亨利说,我认为被他的面积包围,这些是糟糕的代数玩笑,最好留在我们在《亲和力》里放置的地方。"① 另外,接续的剧情使我们联想到《维特》和《亲和力》是一样的,她丈夫提出的公式只吻合了一半的准确性。

根据布拉兹·德·比利②所说,《亲和力》的远期影响恰恰发生在维尼阅读歌德的《亲和力》和倨傲的序言之后。他在日记中记录了以天鹅"寓言"这首诗:"歌德的作序者严厉地批评了《亲和力》。这一巨大的不幸与未来拙劣的评论形影不离。"这一思想被比喻为挂在天鹅身上的蛇,蛇咬住天鹅,吸食天鹅的血,然而天鹅在空中飞翔,因此这一思想逐渐变得清晰:"具有创造力的诗人把贬损歌德作品的无能评论家带到蔚蓝的天空和光线中,附着停留在它的侧翼,将其撕裂,这是血的文字,在心上将他的名字刻上纯粹的永恒。"③

但是为了了解《亲和力》在法国更加清晰的影响脉络,或者至少说是一种具有智慧的信息材料在法国的影响痕迹,那么应该进入

---

① 路易·拉瓦特:《亨利·法雷尔》,I,第 190 页。——原注
② 《关于浪漫主义的思考》,《D.M 杂志》,1881 年 7 月 2 日,第 19 页。——原注
③ 《一个诗人的日记》,第 72、260 页。——原注

一个更加了解科学研究的时代，也同样是更加倾向于将物质运动与物理现象相关联的时代。一些文学上的反感依然存在，梅里美在《一个陌生女人的信》中写道："在这部奇怪的书中，世上最美丽的事物夹杂着最为滑稽可笑的幼稚……我想，这就是歌德所写出的与法国背道而驰的古怪。" 1831 年 6 月 23 日，杜当给阿尔古侯爵夫人写信道："我真不敢对您说是否歌德的名字不能包庇所有。在他的语言里必须有一种风格上的巨大价值，因为这不仅首先是寓意上的独特，更是与寓意没有直接关系的思想上的独特，这些思想或是沉重的、或是错误的、或是幼稚的。这正是我要真诚地说出来我大概毫不理解的地方……"

1856 年，让·雅克·维斯在论文《赫尔曼和窦绿苔》中指出"我们是否愿意接受随歌德进行假设"，总之，结论是"成功地思考了感性上的激动"。相反，1872 年，卡米尔·塞尔登在她的《亲和力》译本的开篇序中着重思考了"人类内心永恒的前后不一致性"和"摆脱命运意旨的不可能性"。

与歌德产生不合之前，小仲马似乎经常认真阅读这本书。在《米斯泰尔摄政时代》中所表现出的相互交错极为接近《亲和力》，或许是小仲马借鉴了《亲和力》，相互交错拆散了德格留斯和玛依、保罗和维吉妮，而带来一些新的组合。《亲和力》在这里尤其是一种对立法则，作者——即那些有含义的细节——给予歌德话语。米斯泰尔摄政王在给他的信中写道："您补充道，因对比而活着的心和我们熟悉的四个人相遇了，德格留斯也许会爱上维吉妮，玛依也许会爱上保罗，如果维吉妮不爱德格留斯，保罗也不爱玛依，那么可能仍然是非常幸福的。"

另外，小仲马回忆《亲和力》，在他的《六月的信》中 1870 年 12 月 20 日的《幕间曲》影射一种现象，能把"丈夫生育出来的孩子变成一个精神和身体上都鲜活的情人形象,从不知道他如此被爱着"。特别是在《陌生女人》里,雷莫南的三位一体(第二幕第一场)完全进入歌德式的假说:

"爱情是生物进化的一部分;爱情产生于某一阶段,完全不受意志的控制,也没有特定的目标。在爱上某人之前就已经感受到对于爱情的需求。因此,爱情是属于身体的,是人类的内心特质;然而婚姻却是一种社会结合,这种社会结合会产生神秘变化,它是彼此间的身体行为,以及随附出现的现象……如果想将爱情和婚姻这两个对立因素相结合,但又对此一无所知或是处理不当的话,那么你们只会发现一些消极性对抗,这两种因素永远处在彼此的对立面,永远不能相互协调。"

随着法国评论对于歌德及其生平细节的科学研究,认识也随之扩展与明晰,《亲和力》也显得更为明朗和深入。特别是 A. 梅济耶尔,他在其中看到对一段暮年之恋的忏悔;阿尔维德·巴丽娜夫人干脆将《亲和力》列入歌德的科学作品行列。"就犹如歌德构想的那样,化学激发起哲学中的一个基本问题。"罗德强调论题的大胆寓意和"命运的深刻情感,我们的情感、我们的痛苦和我们不可抗拒的生活支配者,各行其道,用于细微的秘密直至表面看来最无意义的细枝末节。"有时,一位诗人雅兴大发,回忆对于这本书的阅读:

雨后,潮湿的空气散发着香气;
暮色微蓝,空气中弥漫着水汽。
歌德"优柔寡断的空中搏斗",

他的《亲和力》令我哭泣。①

但必须说的是，比起其他作品，这部小说等到了天时地利人和之时。基于作者生平的评论，毋庸置疑，特别是意想不到的严肃性启发和对歌德持之以恒的研究是不可或缺的。另一方面，在此之前，他几乎没能得到尊重，几乎没被引用过。随后的时期，心理小说开始寻找鼻祖（保罗·布尔热经常在他的序和研究中引用《亲和力》），并且一些小说的题目向他们表明——象征主义或者寓意——存在于心理现象和身体现象之间的一些深刻类比。因此，存在这样一本书，对令人生畏的力量和盲目的爱情进行痛苦和大胆的论证，对于颂扬致命激情最多的文学时代来说，这本书依然是冷冰冰的文字。同时在这个文学时代，这种心理学类似于一种活力，直至浪漫主义之后才被理解。既不通过书名的难解之谜，也不通过小说中的具体说理，《亲和力》没能取悦想方设法使激情理想化的几代文学家，对于他们来说，爱情，如果是致命的，那么同样也是神圣的……

将歌德的小说创作与1835年他自身的一段生活经历相联系是合情合理的。在法国，这段生活经历一点都没被发现，那时的资料也许没有被当作生平资料，而是他感情上的新特征。1842年，菲利普·沙勒在《争鸣》的一篇文章中指出：转年，塞巴斯蒂安·阿勒班翻译了歌德和贝蒂娜之间的通信，并写了许多书评。我们在其中读到一位年轻的法兰克福女子，她精灵古怪、变幻莫测，是意大利的想象和德国的幻想相结合。她对58岁的歌德充满独特和迷人的爱慕这位年迈的诗人轻抚激动的心，同时与这位年

---

① 罗贝尔·德·孟德斯鸠：《红色珍珠》，1899，十四行诗Ⅸ。——原注

轻的女子保持一定距离。1850年，圣伯夫针对这一令人好奇的状况创作了一篇专栏文章，随后，保罗·布尔热从中得到启发创作出名为《爱情的年纪》的小说。当时，正是一位文学名家对一位热情女读者的吸引启发了一部法国作品：巴尔扎克写于1844年的《莫黛斯特·米尼翁》。和贝蒂娜对歌德的爱慕之情一样，作品中的女主角对诗人卡那里也充满同样的爱慕之情。"卡那里在给莫黛斯特·米尼翁的信中写道，一位沉醉在她20岁的年轻德国女孩爱慕歌德：她将他变为她的朋友、她的信仰、她的神！歌德夫人，卓越的德国人、女诗人，她采取极具嘲讽的好意来赞同这种崇拜，并没有治愈贝蒂娜！……既不是拜伦勋爵，也不是歌德，两位诗人和利己主义的大人物，然而都只是一些诗歌的作者，我不能收回对这样一种崇拜的尊重……"

　　1847年，贝蒂娜（已成为阿尔宁夫人）吸引着在柏林肩负外交使命的爱德华·格勒尼耶靠近自己。她散发着浪漫主义魅力和著名书信集的神秘感对我们讲述着《文学回忆录》。她使这位仰慕歌德的年轻法国人感到好奇，他问阿尔宁夫人，终于有一天得到了答案："嗯，那么，是的，这正是我愿意并且想给他写的内容！"

　　总之，歌德的小说——《维特》除外——都突出了一些存在于德国小说形式和法国人偏好之间的美学分歧，德国小说形式是指从教育小说到《威廉·迈斯特》的小说形式。法国人的偏好是指法国人青睐顺理成章的心理危机故事、明确的奇遇记故事和编排清晰的行动故事。法国人似乎更喜爱从始至终拥有同样性格和心理的主人公，他们的行为符合个性和心理的发展趋势，然而德国人却乐于看到一个人物在寻找真正自我过程中的演变，通过生活、通过追寻那个最终的"我"和他真正的使命而前行。

浪漫主义之后不久，似乎可以发现半奇幻、半现实的魅力，威廉的奇遇记就是范例。还有一些作品，比如《康素爱萝》和《弗拉卡斯上尉》，从不同程度上带有《威廉·迈斯特》中的一些艺术特征。但困难的是，同一代人感兴趣于《亲和力》提出的假设。的确，这一小说尽可能地与歌德的科学活动相关，直至临近1858年，法国——在法国科学院之外——才考虑对歌德这部才华横溢的作品合理评价的重要性。

第二章 物理学家与自然主义学家

> "……所有奉献于自然研究的人都应该骄傲地拥有在自己的领域中最为广博的现代聪明才智。的确,对于歌德来说,自然历史的研究是一部庄重的作品,在这部作品中,尽显他的才华……"
>
> 《自然科学词典》,t. LVI,
>
> 歌德词条,1845

  在此,我们并不考虑在法国的科学中追寻歌德思想的足迹,不考虑在《植物形变论》《比较解剖学导论》《主客体间的媒介实验》中寻找收获。本章不采取太过专业的方式去发现歌德,而是去挖掘经验主义知识方法和器官组织同一性观点在法国的变迁。在法国引起的新一轮轰动堪比歌德在文学领域获得的文学荣誉。法国出版并欣赏歌德的科学写作,这扩大了歌德在诗歌以外的声望。这些新的研究为更深入地解释歌德的哲学和植物学提供了方法,也对歌德这位作家的人物研究提供了更加全面的理解:这样的一位人物应该成为研究对象,在这项研究中,比起哲学科学,我们更侧重于文学历史。

  我们知道歌德一直用怎样多情的自尊心来捍卫他作为物理学家和自然学家的价值。长久以来,他的价值在法国和德国都没有得到肯定。然而,他却使一些法国人很早就看到了歌德所关注和研究的领域的重要性。穆尼埃历经多次移居,最终在魏玛惊异地发现《维特》的作者倾向于意想不到的观察和经验。1796年,歌德给予穆尼埃一些有关植物学的作品。1798 年,为了共同着手一些自然史的研究工作,他与富凯伯爵和伯爵夫人建立了联系:"2 月 28 日,他给席勒写信道,优秀卓越的人们彬彬有礼且乐于助人,首先他们与我相处得十分融洽,但是,在我们一直以来的印象中,在创作六音步诗句方面,一直与沃斯并驾齐驱,最终坚信只有他,也只能有他……"

他在这些方面进行的研究中最抽象的部分是颜色理论。他的颜色理论意欲反对牛顿学说,他对此尤为关注。他高兴地在法国学者中找到一些参与者。1807 年,当歌德使他的光学理论出现在整体学说中时,他的朋友莱因哈德以他的名义请维莱将歌德的手稿翻译成法文。莱因哈德于 6 月 30 日写道:"我们投身于完全符合传教教义的观点。"随后,在激情洋溢地陈述了这一反牛顿的结论后,莱因哈德仍然坚持翻译的必要性:"毋庸置疑,歌德先生的观点出于德意志民族的视野,然而如何传递给无论如何都不会接受被说服的法国人?歌德先生的作品被译成了法文,翻译了其中的三、四段,确切地说是应该翻译这些段落……"维莱答应利用他的空闲时间负责本次翻译,特别是通过插入《保守派》杂志的一篇文章来探测舆论。一些其他的担心使他没再继续进行下去。1810 年,当歌德再三要求之时,维莱对其充耳不闻,表达着其他一些与歌德异说几乎不可调和的理论。

三年前的 1807 年,由于歌德的忠实者莱因哈德的积极努力,《论色彩学》得以在居维叶的手中进行验证。莱因哈德多次以言语试探德朗布尔:"观察!经验!我们也不能从攻击牛顿开始。"尽管德朗布尔忠于他的外交使命并且积极奔走,但法兰西科学院还是拒绝为歌德的论文提供报告。居维叶曾声称,这样的一项研究不属于科学院负责的范畴……

然而，1811 年，在《论色彩学》出版一年之后，《化学年鉴》利用几页篇幅对《论色彩学》进行分析。歌德坚持重提一些已被熟知的现象，他对数学的轻视使他将难题的解决"托付给几何学家"。书评的匿名作者阿桑弗兰茨抨击了这些现象，尤其严厉地斥责了第二部分中反牛顿的讨论。对牛顿《光学》的评论"呈现出在精确方法与简易方法之间的强烈对比，借此，牛顿陈述着他的经验与结论，歌德用强调的、含混的、讽刺的语气否认这些最被熟知的事实和最为显而易见的结果"。在此篇论文进行的假设中，不存在任何正面的价值。"值得注意的是，在《论色彩学》中没有对任何经验进行测定和分析，作者始终以一堆空泛的观点来掩护自己，并在其中回避一些正面结果，因此或许不得不排除对于现象的测定。"相反，存在一些针对牛顿学说的嘲讽和谩骂："我们惊奇地看到歌德先生在一部物理著作中运用一些相似的论据，我们经常察觉到这不符合一心寻找真理之人的精神……"

至少《化学年鉴》的编纂者使《论色彩学》的作者——这位科学爱好者——免受非常敏感的指责，并没有明确地将其移交到文学领域。斯塔尔夫人几乎没有忽略这一点，不太肯定的是她所指的"歌德作品中的'宇宙精神'包括歌德的科学活动，但德国在这一点上却默不做声"。斯塔尔夫人在魏玛逗留期间对歌德的光学理论加以了解。克内贝尔试图使她理解他的朋友歌德对色彩的观点，斯塔尔夫人潇洒从容地回应他："啊！我已是迟暮之年！"——如此，克内贝尔指出，年轻是黄色的，年迈是蓝色的……

单说歌德的光学研究并不合适，应该逐渐给予他在自然历史中一席之地，而不是给予他如此普遍的偏见，不能因为他本身的文学荣誉来反对一个诗人加入新的领域。在植物学方面，器官组织同一性理论——植物皆由一片叶子形变而来，1790 年在关于《植物形变论》的论文中有所陈述。起初，这些并没有得到重视。1813年，德康多在《植物对称和形变原理》中借助更加精确的科学仪器，以另一种形式陈述一个从本质上来说相同的理论。1827年，在德康多的《植物合成学》序言中，将"杰出诗人歌德"列入植物学学说鼻祖的行列。然而，在德康多的思想中，更确切地说是方法的结果使歌德进入他的探索中。1829年，日内瓦植物学家然然·拉萨拉翻译了《植物形变论》，并在《世界图书》上做了评注，他说，一位伟大的诗人从他所熟悉的道路上另辟蹊径，将目光投放于植物世界，并"成为轰动一时的植物学家"，在一段时期以来做出重要探索。歌德的日内瓦朋友索雷想以歌德科学生涯的名义来对此进行反对。然而，似乎绕过了所有和德康多的论战。

然而，形变论观点继续在学者们的研究中开辟出一片天地，对于一些有能力的专家来说，朱西厄、米尔贝尔、蒂尔潘已经成为经典，一些权威证据向更广大的民众愈加明确地指出歌德的科学价值。"歌德先生，大公国矿物学协会会长"成为与法国科学团体保持关系的成员。居维叶给他寄去一系列他的学术讨论，传达1831年法兰西科学院对《植物形变论》索雷新译版的谢意。若夫华·圣-伊莱尔将出版的译本拿给法兰西科学院进行阅读，并在《自然科学年鉴》上发表一篇题为《论歌德作品之赋予歌德作为自然学家的权利》的文章，他阐释了在这方面长期缺乏认识的原因："……在突然单纯地靠近他职业生涯中心的时候，如何思考这位在另外一个领域也具有超高才华的诗人？如何思考这位深邃的伦理家？是否恰恰在接近他的职业生涯中心之时得到了一些证据？我们从中只看到一位试图以另外一种形式歌颂伟大宇宙的诗人。对歌德这位诗人固有的赞赏使我们没有发现他也是一位探究自然现象的学者，没有发现他在另一层面的才华，这些才华为扩展自然哲学中最重要话题的学科界限做出了贡献。我们从这些评判中回来……"在陈述完歌德的理论之后，接着，若夫华·圣-伊莱尔用如下字句进行了总结："我认为，通过之前所做的观察能够总结出，之所以歌德获得了本世纪肯定他超凡才华的诸多头衔，那应该是因为他在植物相似性论题方面所提出的庄重见解和在哲学方面所做出的努力，在伟大诗人和深邃寓意家的冠冕上再加上自然主义学家的荣誉，这是歌德应该被赋予的。"

若夫华·圣-伊莱尔把对歌德科学的研究划入他的植物学科研，但并没将其继续延展到动物学哲学。实际上，他本身赞同《比较解剖学导论》的作者对法兰西科学院所做出的贡献，因此我们对此更为吃惊。我们知道一个有趣的误会，那是1830年8月2日在歌德和埃克曼之间引发的一次出乎意料的误会。这些"巨大的新闻"传到巴黎，但是对于歌德来说，真正的法国七月革命正是在本月的19日期间，若夫华·圣-伊莱尔竭力反对居维叶，捍卫对他来说最为珍贵的想法：动物种类的原始同一性。"此刻，综合概括方法不再退却，这就是比一切都好的东西。问题变成了公开问题，我们再也不会对此进行压制……对我来说，这次事件具有非同寻常的重要性，这就是为什么我很高兴经历了此事，而看到一个理论的大致胜利，这是我贡献一生的理论，并且尤其是我的理论。"同样，他的最后几页也向德国解释了这次争论：《医学杂志》《自然科学年鉴》、卡尔诺和皮埃尔·勒鲁的《百科全书》立马提供了这位伟大老人科学著作的翻译。《一百零一位作家作品集》以《法国自然主义学家》为题发表了对此次成功的评论，这是一次在幸福一生的诸多片段中最走进歌德内心的成功。

然而，这些翻译只给出诗人歌德的科学生涯的结语：除了《植物形变论》之外，一些论战的篇幅还只是在原文中才能看得懂。但是1830年5月31日的《时代》刊登了一篇热情洋溢的文章，关于

"本世纪自然哲学领域中两种最伟大的思想",同功器官理论和自然关系理论。同功器官理论是歌德的第一个理论,带有一丝孤傲的热情。在1836年6月6日至13日的会议期间,若夫华·圣-伊莱尔拿给法兰西科学院一篇讲述得淋漓尽致的论文,题为《分析歌德的自然历史研究,思考其研究对科学的影响特征》。在他看来,广泛的赞同似乎一致确认了同功器官的假设,并且为歌德带来更多的荣誉。他积极促使刊登于《时代》上的本文作者"接受他的个人地位和精神赋予他的使命",并且接受出版歌德科学作品的译本:"就是通过这项研究,使我们最终在法国认识到,为了调整研究,日耳曼文学的可敬之人在自然历史方面所做出的努力",他"为了打造哲学更绚丽的未来制定了一些新的规则"。

由查理-弗雷德里克·马丁翻译、蒂尔潘配图的译本于1837年问世。1838年,法兰西科学院委托两名委员进行书评,奥古斯特·若夫华·圣-伊莱尔负责植物学部分,伊西多尔·若夫华·圣-伊莱尔负责动物学和解剖学部分。奥古斯特·若夫华·圣-伊莱尔写道:"十年以来,可能没有翻译任何一本器官学的书籍或是任何一本描述植物的书籍,而这些书籍却带有这位伟大作家的思想特征。"伊西多尔·若夫华·圣-伊莱尔评论道,相似性的所有相似与汇合都存在于提出者和支持者对"单一性和同一性"的观点之中,以他的方式察觉到若夫华·圣-伊莱尔所说的器官平衡法则,隐约地看到人类颅骨构成的事实并发现人类颌间骨;凭借其个人的方法以及对目的哲学的敌意,他在当时的学说中开辟出一条路。

才华横溢的学者认为,这并不是一次纯粹的偶然或一位诗人在不相干的领域里的一次"剑走偏锋",歌德应该在自然哲学领域得到关注。的确,这种看法越来越得到公认。利特雷在《俩世界》中对马丁的译本进行了评论,他写道:"歌德是首批提出物种相似性的学者之一,他设想了这些相似性证实生物组织结构共同性的法则,因此荣誉回到了歌德身上。歌德应该被看作贡献于建立现代灿烂的解剖学哲学的作家之一……"这并不是从诗人的角度出发,而是以自然主义学家的角度出发,歌德设想了动物学中的伟大观点,并且努力使这些观点在学者中得到承认。

1836 年,维尼在日记中的记录可能就是对这些启发的回应:"在仔细观察大脑的两个小时之后",我似乎更是感到所有的事物都从来只有一个组成形式,人类的头是一个类似地球的圆球。我们的骨头是岩石;我们的皮肤是肥沃湿润的土地;我们的血管是河流海水;我们的头发是森林……诗人的想象力,我们只知道为了迎合在利多收集绵羊头骨的歌德凭直觉做出的思考,而进行对比!在巴尔扎克的序言中存在更多的确凿性。1842 年 7 月,巴尔扎克证实《人间喜剧》中的剧情和场景安排将人物的划分和组织结构的同一性相结合。这种思想"以其他形式吸引了前两个世纪以来最伟大的才俊……对这套体系的声明与支持与我们神圣力量的观点相协调,这将是对若夫华·圣-伊莱尔的永恒崇敬。伟大的歌德写下的最后一篇文章向居维叶的胜利致以敬意……从崇高的科学角度出发的胜利者居维叶"。

学者们承认歌德在科学领域所从事的活动的重要性和"有条不紊"的价值。克洛德·贝尔纳在《生命现象课程》和《经验医学研究导论》中举例,再次使用这种说法:"经验是主体和客体之间的统一体,也就是在学者和围绕学者的现象之间。"1842 年 12 月 19 日的公开会议期间,弗卢朗在《德康多颂词》中向法兰西科学院陈述了对伟大植物学家歌德的崇敬:"此人才华横溢,学识渊博,研究领域没有疆界,他首次在一个部分形变成另一个部分的过程中看到植物发展的秘密机制。" 1845 年,《自然科学词典》的《最著名的自然主义学家之生平》这一卷并没有忘记将这位作家放入合适的位置，对于歌德来说，对自然历史的研究并不是简单的心血来潮或是在诸多研究中的一次消遣。记者很难被说服，艾美-马丁只会讽刺，在1839年4月3日的《争鸣》中透露这位具有多重才华的诗人和小说家如今也被看作是解剖学家、植物学家和地质学家，在其他方面也大有成就。

同样对歌德的科学活动进行评论的埃内斯特·费弗尔于1858年感叹这位伟人在公众中的名誉如此之少，尽管最终他的科学思想在学术界得到了一席之地。"埃内斯特·费弗尔于8月31日的《当代杂志》写道，关于歌德，很多人一致对他抱有偏见，这一偏见为时已久并且不断扩大。当我们对歌德的自然历史研究没有丝毫关注之时，歌德是一位诗人，他的文学声誉使我们低估了他作为科学家所做出的努力。将近三十年前，《维特》的作者去世了。我们每天都在发表着关于歌德每一部作品的评论，我们对他的伟大设想、对他在解剖学和植物学中的美好发现保持沉默。或许，学者们已经认识到，并且也对此欣赏，然而见多识广的公众却还一无所知……对此进行写作并不仅仅为了弥补这一不公正的遭遇，而是为了打破歌德所遭受的残酷偏见。"《当代杂志》中费弗尔的文章被补充和深入展开之后于1862年成册问世，并且加入了波尔夏自1858年出版的歌德译本。这项对《科学作品》分析性和评论性的研究并不局限于陈述歌德的生平及作品，不局限于确定歌德努力的价值，对其价值肯定的障碍在于"热情的想象和虚度的自爱"，也不满足于评论形变思想和组织结构同一性原则的这一学说。费弗尔的第三部分是《歌德在文学和美学写作中的科学》。由于他将注意力放在研究诗人和小说家的歌德向自然主义的歌德注入了什么，因此我们是否可以说，他最终在我们熟悉的相伴相随和相似平行之间建立起一座桥梁，但这座桥梁只能使人们揣测其中高深莫测、不可分割的联系。

这一次，魅力被打破。尽管报刊上的一些文章也有所保留，但还是向歌德致敬，因为我们从这位乐此不疲的研究者的研究活动中看到对于演变的力量和大自然的创造那令人钦佩的洞察力。达尼埃尔·斯特恩将《但丁与歌德》的对话片段用于"这一从今以后主宰一切进步的伟大准则"。比起布拉兹·德·比利在过去仅仅记录"对自然界诸多秘密的即时深思，唤醒自身基本和谐的预感"，比起缪塞认为"伟大的歌德辍笔转向研究一颗石子并全情投入地观察，去了解存在于神明中的那么一丁点儿秘密"，1862年至1870年间，我们的作家向两位伟人对歌德看法的惊人一致致以敬意。"爱德华·罗特在1862年4月1日的《艺术家》中写道，歌德的才华是一个真正的智慧小宇宙，从他的角度思考着人类思想能够设想到的更伟大、更美丽的一切。他总结着所有自然形成的或是约定俗成的和谐。"拉马丁在他的《文学通俗课程》中看到自身与"伏尔泰和德国的居维叶的存在共性"。著名的拉普拉德"在创作的宇宙意义上诗歌和科学的古老结合"。圣伯夫承认"歌德从自然研究中得到的收获与其说是直接的，不如说是间接的，与其说是公开的，不如说是个人的，与其说是服务于他的荣誉，不如说是服务于他的自我改进"。针对歌德泛神论的评论，卡罗承认"艺术和科学，歌德将二者和谐地放进他自由和强大的精神中……"1865年，阿尔萨斯植物学家基尔什勒盖再次研究《植物形变论》的时候，情不自禁地发出狂喜的尖叫："我们越是研究我们的自然主义诗人，越是不得不对克内贝尔大喊：你取之不尽用之不竭的创造力！"

今后，我们接受赫尔姆霍茨的看法，承认歌德拥有"猜想所有基本思想的优点，如今这些思想主宰着自然科学的进步"，同意于勒·苏利的观点"尽管他的方法时有缺陷，但是拉马克、歌德和若夫华·圣-伊莱尔如 19 世纪初的先知一般屹立"。相反，针对这位德国诗人的科学研究，我们同爱德华·罗德和勒努维埃做了一些事情：应该承认，在歌德身上完美地实现了艺术与学术的共存，作品与生活的共存，就犹如谢勒所指："向我们展示了参与独特兴趣斗争的两种力量。"在法国的生物哲学作品中始终引用着歌德——并不是没有过度地将歌德的理论同后人的学说进行对比。埃德蒙·佩里耶在他的书中以一章的篇幅来评述《达尔文之前的动物学哲学》。

在这一特殊的领域之外，是应用还是结果？我们将看到关于歌德哲学的基本要点，是针对与一些科学理论有关的形而上学的反响，确切地说是对这些理论本身的一种即时行动。如果"发展"的观点、"进化的形变"的观点在现代思想中占有必不可少的一席之地，那在很大程度上是因为我们对这位伟大先驱的感激之情。

另一方面是相当间接的影响。在费弗尔出版不久之后，正是在 1862 年 7 月 21 的一篇文章中，圣伯夫陈述了关于夏多布里昂——伟大天才家族的潜在构成理论，一切的划分都基于一种功能的协调与连贯。很久以来，《周一》的评论就开始显示出这样的观点，但是在此，圣伯夫采用歌德的科学主张去证实这一观点："在特征中存在的某一种必然性和某些关系使怎样的主要特征产生出怎样的次要特征。"正如我们所知，更加大胆的是，将自然科学的方法扩展进伦理科学的探究中。泰纳在《艺术中的准则》里详细阐述了"最丰富的自然科学理论的准则"，那就是特征从属关系准则。他大胆地继续写道："我们从自然科学中借用的准则在此被充分使用，并且在后续的篇幅中得到验证。"

然而泰纳在将物质科学应用于精神事物的过程中时，借鉴了比《形变论》的作者更加现代、更加专业的思想。特别是通过哲学，自然主义学家歌德应该可以对能够理解他的一代人产生影响。因为这种哲学与他的科研活动息息相关：在斯宾诺莎学说中肯定了他的科学活动，而强烈反感目的因。的确，如果几何学将思想就放在它所处的层面上，那就再正常不过了。相反，一个人将自然科学看作"自然的内在生命"，那么在此人身上，我们看到一种哲学从庄重的自然科学中走出——这正是洪堡给予他的证词。从此，这种哲学将不再是一个简单的精神构建，而是在具体的范围内，预见产生出来的力量和被发现的力量，以及相互组成一个严密体系的力量。"谁会说自然历史、解剖学和比较生理学、天文学、历史，特别是人类思想史没有给思考者一些结论？既没有哲学的结论，也没有对记忆、对想象、对观念联想的分析？"谁敢断言若夫华·圣-伊莱尔、居维叶、洪堡兄弟、歌德、赫尔德无权被冠以哲学家的头衔？至少是和杜加尔德·斯图亚特和孔狄亚克齐名的哲学家？"哲学家，是对一切都充满圣洁好奇心的才华横溢之人；是真知者（gnostique），这是'哲学'这个词最原始的意义和最崇高的意义；哲学家是思想家，不管他思考的目标是什么……"因此，勒南在《科学的未来》中表示："1848年的思想"胜过前15年的时间，歌德形而上学的思辨将真正引起法国知识分子界的兴趣。歌德这位德国诗人提供了学说的补充性说明，我们从中寻求一种新的理解方式，去理解人类过去的历史和宇宙中的永恒生命。

第三章　哲学的革新

"如果没有歌德，可能莱茵河彼岸的思想在我们国家不会产生如此显著的影响。"

瓦勒里-哈多：《媒体》，1866

文艺复兴、德国的 18 世纪末和法国的 19 世纪中叶，在这三个时期里，现代思想努力地"扩大上帝"，并重建上帝的概念——神学世界的概念。在神学世界中，这一概念不包括无生命物体——是在有形世界里，在永恒的力量活动中和人类生生不息的进程中。在我们看来，这些重要的时代具有某些如此不同的面貌，但它们也都具有共同的特征：去掉传统信仰中的宗教情感，使整体视线过渡到自然和人类；物质科学和对历史的担忧从这些事物和事件中得到收获；很快地，"世界"的神化伴随着一些较为现实主义的文学、异教主义的古老思乡情绪占领诗学；最后，随着唤起革新的激动和热情而歪曲和迷失，严守古风的感觉主义和离经叛道的唯物主义入侵圣地，导致人们都在寻求感觉的现象和表露：那么，用理论来回应几乎是迫在眉睫。

通过这些间接影响，或许不是不可能将哈曼和赫尔德的德意志哲学危机与文艺复兴时期的重要普遍观点相联系，这些观点并不算系统化。哲学危机与 1860 年的法国知识分子运动的关联是无可争辩的。由于危机本身和形而上学的结果，谢林和黑格尔的学说、被赋予斯宾诺莎哲学神秘主义的日耳曼尼亚对法国的思想产生了深刻影响。哲学危机激起了我们在研究领域的实证主义,在事物本身,哲学危机禁止在宇宙中继续追求本体论和神谱。然而歌德的哲学并非充满专业术语和辩证法,而是符合泛神论的形而上学的自然主义学家的热情。他的哲学通常接近一些具有自由精神的天才。歌德是具有诗意的阐释者,是摆脱宗教精神学说的代言人,以他自己的方式回到最为本真的理想;"神祇在此"。

我们知道维克多·库赞的想法是多么的畏手畏脚,他曾经试图协调18世纪的感觉主义和德国思想的唯心主义构建。很快,尽管他与谢林和黑格尔有过最初接触,他的"折中主义"又重新成为人类精神的哲学,从德国哲学又回到苏格兰哲学,总之,他很快就放弃了果敢开辟形而上学的思想。很早以来,法国就不缺乏相对权威的声音来再次主张法德两国建立"哲学联盟"。这正是1836年巴尔舒·庞奥昂的《德国哲学历史》序言的标题,它反对18世纪思想中的不信教、分析性、实验性的特征。18世纪以德国哲学的宗教性、概括性、诗意性为特征。作者发现继德·迈斯特、波纳德和拉梅耐之后,一次唯心主义的革新即将来临,他总结道:"希望看到法国试图亲手用多种多样的元素创造出一个属于自己的全新体系。然而,德国的哲学体系应该作为一个基本元素,否则就会以主导因素进入这一新的哲学体系中。"同时,在1834年的《南方杂志》上刊登的一篇文章中,里昂人埃内斯特·法尔科内指出,在谢林的体系中,"现代的柏拉图","一个伟大的理论……在纯想象的循环里,紧紧围绕着神秘、自然的研究,并给出解决的方法,是艺术和美学的理论",非常渴望看到在这些如此高瞻远瞩的观点和法国的天主教之间建立起更为亲密的接触,为了共同消灭"理性主义的虚妄幻想"。

恰恰相反的是,坚决的唯灵论者希望缔结的联盟是应该同理性主义在一起的。坚决的唯灵论者中的某些人——比如拉普拉德——

将以他们的方式去协调他们对基督教的虔诚与对歌德和谢林的自然主义之情。但是，大部分人却将这些泛神论者抛进对立的阵营里，在那里存在他们真正的联盟。瓦勒里-哈多于1866年写道："如果没有歌德，可能莱茵河彼岸的思想在我们国家不会产生如此显著的影响。我们最引以为自豪的作家接受并且宣传它。由此，一个隐约的泛神论逐渐地蔓延到公众的文学领域。隐约看到，只有更多的吸引力，并且迅速瓦解、摧毁他占据的思想，不仅仅是博须埃的基督教追随者，甚至还有让·雅克·卢梭的自然神论，一直到贝朗瑞服从的上帝。"

然而，的确，拉梅耐、皮埃尔·勒鲁、让·莱诺想把基督教的传统和法国时下的科学与理性相协调，然而他们做出的尝试却没给出令人满意的解决方案，又回到对断然排除超自然现象、禁止因果性研究的倾心。另外，奥古斯特·孔德的实证主义在担心一种"内在目的"、建立"存在条件"准则、划分现象的同时，也以他的方式走在德国形而上学的前面。此时，正如我们所说，这是德国的形而上学正要准备"进驻科学"之时。一些最为杰出的思想家由于受到实证主义的启发，摒弃了唯灵论的学说，在他们各自的体系中接受了一些观点。这些观点借鉴了鉴别"真理"和"现实"、上帝和世界的德国"同一性"哲学，在所谓的个体生命中只看到一个真正永恒生命的不断变化的表现。"或许，上帝只赋予外部的动力？是宇宙围绕他的手指运行？从内部推动世界，怀揣自然，进驻自然，这些是合理的，以至于所有存在的、运动的并对其产生作用的一切都不曾失去他的力量和精神……"

应该说在法国，我们很早就承认了歌德在哲学方面的某些重要作用。维克多·谷赞赞同歌德是"德国的伏尔泰"，这句迂回的说法和误解证明了维克多·谷赞对其毫不理解。埃克斯坦男爵于

1823年在《文学与艺术年鉴》中以自己的角度肯定了歌德尽管不幸地成为某种程度上的斯宾诺莎学说信奉者，但他对天主教只有尊重和赞颂。本杰明·贡斯当在《论宗教》中没有提到歌德，但是却赞同歌德的思想，指出"就是在这种新观点中，博学的德国思考着宗教"，使宗教成为"通过各种符号、教义、宗教仪式来表达的自然界中的世界语言"。

此处，问题不在于一种歌德的哲学。的确，关于德国形而上学学说的法国古老书籍，比如巴赫舒·德·庞奥昂1836年的作品、森特1841年的作品、缪萨1845年的报告都没有特意给这位伟大诗人的思想留一席之地。直至1849年，维尔姆的《德国哲学史》，这部真知灼见并且比较厚重的作品才以第四卷的一整卷篇幅来告诉法国读者歌德思想的重要性：不被任何教条所征服的自由思想者在哲学家生涯中的优势，给出了初步的评述。"物体、事物对于他来说是基本；很难从中脱离，置之不理，但又不被控制：不停地对它进行思考并且用精神去设想它。他无休止地往来于物体与思想之间……"随后，歌德的思想本质显露出来，但是却不够严谨，并没有从歌德的科学作品中得到收获。也毫不强调他思想中固有的泛神论：歌德对于某些高级单子残存的可能性的声明，这几乎遮掩了他关于上帝和自然同一性的学说。

1840年以来，亨利·马雷神父在作品中提到歌德的学说。他对《论现代社会中的泛神论》义愤填膺。"法国忘记他的才华与使命的同时，也将从德国借用反基督教和反现代的智慧。身陷各种起起伏伏，泛神论一直表现得与其一致；他的主要观点没有改变，他的学说没有改变。这似乎一直是一个界限，所有非同一般的错误都指向那里，这些错误概括和吸取了他者。"同样，序言控诉了歌德和拜伦"首先将泛神论引入诗歌。所有最灿烂的丰富想象、所有强大的创造才能、美丽的风格都没有成功地化解主导他思想的杂乱无章,贫乏的内心只有傲慢和仇恨、怀疑和绝望"。另一个针对歌德的类似控诉来自1847年德·洛梅尼《杰出的当代人荟萃》的序言:"破坏人类个性的这一学说,其自然效应使自满的思想低估能够让人类变得真正伟大的事物。由此,大部分的歌德作品都具有某种相似性。在我们看来,这种相似性似乎不太像人类的特征,而更像是一些拟人化,这或多或少是由一个哲学理论的多面性产生的;不像是一些有意识的自由生命在与他们各自或他人的情欲进行斗争,而更像是巨大整体中不可缺少的部分,只保留了人性中的弱点……"

的确,为新的好奇心而再次奋斗——如同往昔,浪漫主义之初——倾听莱茵河彼岸的声音。但是为了呼应日耳曼诗人热爱思考的多愁善感和激情洋溢,或是为了考虑中世纪和民族过往,传统的唯灵论和已确立的宗教并不认为受到了威胁。甚至一度看来,由于宗教的原因,只能让法国越接纳德国的思想越好。到了世纪中叶,不仅现在的德国已经不再赞同他的邻国,莱茵河也显得不那么统一,更像是产生了鸿沟,似乎企图引入法国的新的形而上学,令人感到有些异教的意味。爱弥尔·赛塞在1844年5月《神职人员的哲学》中的一篇文章写道:"法国的神职人员最近非常担心德国的思辨入侵我国。在谢林和黑格尔的泛神论之后,他看到施特劳斯的评注,出现如此的对手,确实,我们真的不能建议他保持冷静……"

然而,《俩世界》在这场论战中依然保持几乎不偏不倚的态度,《德国期刊》《国民教育期刊》《现代杂志》《时代》《国民舆论》都为那些丰富的思想而斗争着,已经确立的正统观念以它们的方式进行着抵抗,反对这些危险的新事物。经过歌德修改的斯宾诺莎学说继续参加这场斗争,很难看到古老信条的忠实者给予歌德的道歉与欣赏:拉普拉德在他身上看到"在我们这个世纪,对外部世界以及对自然哲学的最高超的诗意表达",拉普拉德似乎也只是不情愿地去指责对于这种"高超智慧"的抵抗情绪。托纳莱发现在黑格尔和斯宾诺莎的学说中有一种对宇宙的热爱和构想,与基督教高度协调,使自己感到对歌德的虔诚膜拜发生了动摇。歌德几乎从来都是被如此冷酷无情地对待:双重罪,或许因为诗人把他的才华用到了令人不安的哲学中。

我们有时还是犹豫是否将歌德列入哲学家的行列,并且有时表现得咄咄逼人。1866年,努里松在《斯宾诺莎和当代自然主义》中承认:"正是滥用这些字眼使歌德成为一位哲学家。尽管如此,宣称目的因的反对者,也是莎士比亚、利内和斯宾诺莎的信徒,他们难道不肯定在物理世界和这位魏玛诗人试图描绘的精神世界之间存在着亲密的和谐吗?"同年,卡罗在《俩世界》上发表关于歌德哲学的系列作品,增加节选并做出必要的补充,认为必须做出如下论证:如果这位德国作家没有组织严密的体系,"我们认为在歌德的作品中表现出相当高深、有力的思想,由此他值得被专门研究,值得在德国六十年以来建立的伟大体系中占有一席之地"。

维尔曼对卡罗的这部作品赞赏有加,在1867年,法兰西科学院的奖项报告中提到"不以贬低原有的才华来消除系统上的错误"。不过,这份清晰的报告是关于一个从未被教条阐释的体系,这份报告主要是针对所有反唯灵论学说的高涨敌意,对《浮士德》作者的捍卫勉强弱化了这种敌意。或许,更是对巴尔贝·德·奥尔维利的绝对谴责,对一个令人憎恶的哲学进行攻击,对"一位试图通过艺术和科学与学院并驾齐驱的天才带有同情和尊重的色彩,如果他失败了,至少是把他留在努力的废墟里,留在他伟大思想的片段里"。

另外,卡罗充分验证了正统性,从而使我们原谅了他在唯灵论的阵营里没有严惩歌德。圣-勒内·塔伊迪耶在1867年4月1日的

《俩世界》里高度赞扬他的想法和结论:"如果我们没有将歌德视为哲学家,那么应该如卡罗先生一样总结如下——'歌德很好地代表了多重混杂式的向往,代表了将一个时代和我们的时代混淆的折中主义,在那里我们企图将现行精神和进步学说相协调,泛神论使这种精神变为不可能,事实上,泛神论理所当然地将其推倒。'黑格尔的故乡逐渐脱离这种泛神论,其最后的信奉者似乎都逃亡到我们的国家,此时,加上对这位天才学者和诗人最有智慧的欣赏,这个结论只能在德国得到一些赞同。"瓦莱里·哈多在1866年8月1日的《媒体》上引用卡罗的文字来惋惜泛神论者歌德所产生的影响,来否认其个人和学说的所有思想观念。"泛神论删除了上帝的特性和造物者的话语,是歌德这种人应该信奉主张的宗教。一个具有人性化的上帝令人局促,一个创造性的上帝使他产生怀疑。"

代勒洛在1866年11月15日的《国民教育》上指出,恰恰相反,在歌德的作品中如此谨小慎微又无穷无尽,"承认对于首要原则的一无所知,这是在我们的本性中肯定避免不了的",以及很多唯灵论信仰的见证。"我本想卡罗先生……作为一种理性的分享来展示歌德的哲学,一篇充满和平智慧的论文,在我们这个时代中泛神论者的合理追求以及唯灵论最优秀的传统之间的正确方向,并指出每一种学说的各自特点……对于我们的唯灵论来说,这或许有利于自身注入新鲜血液。"职业哲学家受到卡罗的启发,承认在谈论歌德哲学的时候不是没有任何诡辩之处。"使歌德的哲学变得有趣并且重要的是:在一种通俗、雄辩、诗意的形式下尽量地概括出我们所处时代的德国哲学……就是以这样的形式,德国的哲学才能在其他国家人民心中广为流传,在这些人民之中也存在极为反对泛神论的精神;正是这类哲学,正是这种自然主义,半诗意的、半科学的,吸引和征服了我们之中的年轻一代。正因如此,歌德才令人生畏,才值得被研究。"弗朗克在《争鸣》中也表现得较为肯定,卡罗发觉"在歌德的作品中恰恰有一个被叫停的完美体系,在他的意识和写作中有一种定义清晰的学说",用莱布尼茨的表述是被稍加修改的斯宾诺思学说。在哲学家查理·莱韦克去世后,费尔南·帕皮永出版了他的作品。在查理·莱韦克的《现代哲学史》中强调歌德带有莱布尼茨式特征的方法。

卡罗在承认歌德诗人才华的同时也严厉谴责了歌德的泛神论。1875年3月11日,卡米尔·鲁塞在科学院接待卡罗的时候,对这种谴责大加赞赏,这难道不值得肯定吗?1869年,神学院教授布莱教士认为卡罗对待歌德太过温和、恭敬,在与时下反唯灵论的斗争中过于软弱无力。在一部关于歌德和他的自然科学艺术的著作中,他抛出更为言辞激烈的谴责来对抗这位德国诗人和以他为伟大榜样的异教徒。"我们的读者忘记了这项研究并不是针对逝者,而是针对生者。这不是一次追根溯源的抗议,抗议歌德利用招摇撞骗得来的荣誉,用这样的表达来表示我们看到授予他的荣誉之时感到的惊奇。"陈述完歌德科学著作中的"蒙骗"和他的哲学学说中的"荒唐"之后,还控诉了共济会要对他的荣誉负责,作者相当愚蠢地强调联结实证主义和歌德体系的关系。"实证主义者认为歌德很有天分,由此,无以言表的热情促使发掘这位诗人的科学作品。在形式上,歌德和奥古斯特·孔德迥然不同,然而在内容上却有异曲同工之妙。他们同样亢奋地反对他们所说的目的因理论……被两位敌人捍卫的这一论题是相同的,只是方法大相径庭……"

不接受歌德的唯心主义,攻击斯宾诺莎学说的高超功效,对此,呼声此起彼伏。阿姆斯特丹哲学家的思想、德国作家的诗歌经常被一同列举。1857年11月4日,福楼拜给勒鲁瓦耶·德·尚特皮小姐写信道:"是的,应该阅读斯宾诺莎。控诉无神论的人们是驴。歌德

第三部分 科学与小说

说:'当我感到混乱的时候,我就重读《伦理学》。'你们有时会因为崇高伟大的阅读而变得平静,就犹如歌德一样……"在1866年7月的《通报》上,蒙泰居的一系列文章深入地讨论了同一个观点——歌德的哲学对能够理解他的头脑产生了有益的作用和有教益的印象:"歌德只对具有极高道德修养的人们起到宗教作用,但是阅读歌德作品所产生的现象极具真诚和强烈的宗教色彩。对于我们来说,我们不受理带来沉思的阅读,我们获得宗教赋予的更加被感化的灵魂和更加充满神圣平静的灵魂,使我们得到更加向往智慧的和更加被上帝之爱感动的心灵……如果人类真正的态度是抬头仰望天空,那么我不受理一位将这种态度强加于读者的诗人……你们可能会迎合我给予歌德的这一宗教特征,在几个世纪的时间里,这些对歌德的错误评判污蔑这些伟人的思想。相反,时至今日,在这些诽谤者中,歌德被认为有着杰出的宗教特征……歌德具有多少宗教色彩,这只能在两三代人之后才能体察到,但是我们将会惊讶于长久的错误将一位绝世智者转化为一位出类拔萃的业余爱好者、一位粗俗无德的诽谤者。"

最自由的思想者之一提供了令人满意的证词,使我们掌握了歌德哲学对于这个时代中一些最高尚灵魂的意义。这有着相当广博的内涵,像是一位现代人面对永恒的问题、面对无限的自然以及面对生生不息的生命所持有的态度,这也为蒙泰居提供了在《通报》发表文章的时机。达尼埃尔·斯特恩的《但丁与歌德》,以一种对话形式大胆表达《神曲》的诗人和《浮士德》的诗人的冲突。在作者看来,内在的相似性使得在同样的研究和共同的欣赏中联合但丁的实证主义信仰和歌德崇拜的"高级能力"。一种神秘主义的阐释突出了《浮士德》第二部的半明半昧,突出了一些潜在观点,这些观点在与《神曲》的简明教义相对照时,没有任何反论。相反,对一些基本差别的关注却少之又少。例如两位诗人的宇宙起源论，或是对于罪过和赎罪的观念。但是在德·阿古勒特伯爵夫人的著作中，对话中的迪奥蒂姆在法兰克福赞美年近七十的歌德，在歌德的深邃观点面前，更是一种感化，而非一篇哲学陈述，其中残存的碎片被卡罗收集起来，放进同一个时间。

在成册出版之前，《日耳曼和法兰西杂志》《现代杂志》先后刊登了达尼埃尔·斯特恩的著作。两个杂志继承了《德国期刊》。60年代，《日耳曼和法兰西杂志》是"生成哲学"的主要代言人，也是莱茵河彼岸体系的代言人。这些体系能够更好地推动历史学、语言学和宗教学的革新。自期刊创立系列新刊以来，社长查理·多尔菲斯和那菲特泽指出应该适时地注意同一哲学和歌德作品的相关性。"这位全能天才、德国诗歌界的最高代表在他的内心深处是位泛神论者。他的所有作品都见证了他对现代泛神论开创者斯宾诺莎的崇拜。另外，应该注意的是，这种崇拜好比日耳曼精神中的普遍符号和特色符号。"1860年4月，多尔菲斯的一篇文章又回到了歌德的"基本泛神论"上。

少部分才华出众之人吸收了学说中的珍贵部分，并加以补充，如浪漫主义前辈圣伯夫、乔治·桑和利特雷。歌德被卷入一场思想运动中，有思想的法国在这场运动中受到了一次深刻的影响，从瓦什罗的唯灵论到维亚尔多的无神论。其中有两个名字赫然出现在这场思想的碰撞中，他们投身于一种文学和政治社会生活之间距离的运动中，他们是勒南和泰纳。

正是在伊西①神学院，在特雷吉纳②丰富的假期中，埃内斯特·勒南因这样的一种德国哲学而激动不已，在他看来，"应该给予其优秀的评价"。他在波兰的姐姐将其引入这个如圣地般的庄严宏伟的世界里，并出资筹创刊，以她自己的方式诠释着从这些巨匠身上得到的启发。1842年10月30日，她在给勒南的信中写道："德国甚至在最为崇高的问题上都保留着它的纯朴和天真，尽情去体会、去思考、去将一切都赋予诗意。如果你继续研究康德、黑格尔、歌德和席勒的语言，你将会在这个如此丰富和多样的文学中找到惬意的愉快……"1845年2月13日，决定着手研究德国的哥哥把他委托给圣-叙尔比斯，"他一度惊讶地看到他的思想与德国哲学家和作家的观点高度一致。另外，还有两个细节如下，在这决定性一年的9月22日的一封信中，'我特意将假期中的研究扩展到我对德国文学的认识。解释字面意义的困难对我来说已经不复存在，现在我能够欣赏其中的精神了，这种启蒙会令我铭记一生。当我能够思索这种如此纯净、如此高雅、如此具有寓意、如此具有宗教色彩的文学时，我曾想走进一座庙宇，体会字里行间的最高尚之意。对人类和生命的构想如此之高！……'这就是引人入胜之所在，这就是懂得将诗歌、学识和哲学进行完美的结合，这种结合在我看来是真正的思想者。在赫尔德和歌德那里，我发现了实现这种结合的最高境界。同样也使我感到赞同，然而第二个却没有太多的寓意……"限制将逐渐消失（不是没有使他因为一种真正的感情而爱上赫德尔《圣经》牧歌的一些神秘亲和力）——自1848年以来，《科学的未来》没有

---

① 伊西莱穆利诺（Issy-les-Moulineaux），也称伊西莱穆利欧，是位于法国巴黎西南郊区的城市。——译者注

② 法国阿摩尔滨海省（les Côtes-d'Armor）的一个市镇，属于拉尼翁区（Lannion）特雷吉耶县（Tréguier）。——译者注

忘记捍卫歌德广博的道德含义，对"经院派的看法持怀疑态度，但是醉心于途中的花朵之人将这些花看作真善美之花，实在不能与对这些花漠不关心的傲慢之人混在一起。歌德在广博的爱中拥抱宇宙，怀疑论者对所有事情都是狭隘的否定"。30 年后，1877 年 6 月 15 日《俩世界》上的一篇文章中写道："歌德和他的同代人在为我们灿烂的首创精神致敬之时，也表示尽管伏尔泰享有盛誉，但这什么也不是，而只有内心深处和精神是必须被倾听的主体。宗教不再是缺乏独立精神的依附，不再依附于过去，也不再依附于神学正统观念的狭隘形式，是在所有生命中无边无际的理解、包容、认识。哲学不再掺杂生硬和消极的色彩；而是在所有范畴内追求真理、坚信有待发现的真理将比真理所替代的错误美丽成千上万倍。如此的智慧使拥有智慧的人变得热情和坚定。"

对于一个神的热爱，是通过人类臻于完美的智慧努力造就出来的永恒形式，是这种如此深刻的宗教灵魂的避难所。对神明的崇拜使他能够在宗教历史中进行最为大胆的评论，却不失泰然自若与理想主义的热情，特别是在脱离教义信仰之后，这种执着的热情依附于对历史和自然现象论的凝思，是勒南所需要的鼓励，带给古老信仰的不再是一只亵渎神灵之手。由此，《耶稣一生》的作者在德国更是感恩戴德。1870 年的巨大失望没有令他在这一点上发生改变。1882 年 5 月 25 日，他回答科学院说："我们不否定任何语言和行为。我们的赞美之词毫无悔意。我们所爱即为真正之可爱；我们所赞即为真正之可赞。我们没有改变对歌德和赫德尔的评判。"

的确，这就是勒南对德国的理想主义欠下的最初债务。关于"神明的迁移"问题，我们在歌德与勒南思想之间总结的某些相似细节少之又少。我们指责勒南时说过："我不明白为何巴布亚人可能是不死的。"同样歌德不接受死后的继续存在，而只承认"更高级的隐

第三部分 科学与小说

德来希"。近些年来,我们将勒南的巨大包容与埃克曼的对话者歌德广阔和接受性的理解相对比。但是,除了应该在勒南最终的麻木不仁和歌德持之以恒的好奇心之间予以区分之外,这种对照非常容易在所有和西里斯思想共存的老年人中间建立起来。相反,就是在勒南的生涯之初,从歌德那里得到了醍醐灌顶的感触。

他的不安于现状大概波及德国哲学的所有方面,对一种宗教感情的坚持,对神明膜拜的领悟,神的继续存在是为了指明人类渐进理想化的更高级的生活。几年之后,泰纳精确严谨地理解并接受了一些感悟神灵的学说。其中一个尤其被赫德尔变幻不定的宗教感情所吸引,另一个则快乐地进入黑格尔体系的生硬和谐中。对于这两个学说而言,歌德已经像是一种富有魅力的形而上学的投射,投射在诗歌和想象的多彩天空上,在一种更加热烈和芳香的气氛中丰满他的学说。

1852年3月,在讷韦尔①代理期间,泰纳引用如下语句:"我试着通过品读德国人的作品来摆脱时下的痛苦。对于我们来说,他们是在伏尔泰时期相对于法国的英国。"我在其中发现一些一个世纪的中心思想。所以,应该重读德国人的这些作品,至少是部分重读。在此之前,泰纳为了阅读黑格尔和歌德的作品,在高等师范学院学习了德语。但是他的热情并不满足于一种刻板和抽象的斯宾诺莎学说,而是需要一种充满活力、具体的斯宾诺莎学说,在这种学说中机械的连贯性代替了生命中的永恒韵律。如M.保罗在《法国哲学家》中再现了他的老师瓦什罗,他赞同由理性和因果必然性的严密连贯性产生的不可磨灭的宇宙。"我们将发现宇宙的同一性,我们懂得宇宙由何产生。宇宙不是来自世上的一个古怪的外部事物,它是

---

① 法国中部城市,涅夫勒省首府。在卢瓦尔河和涅夫勒河的汇合处。——译者注

来自一个与其他事物相似的普遍事实。其他事物与生成法则相辅相成……通过对必然性的等级划分，世界形成一个统一的、不可见的存在，所有生命都是这个存在的一部分。在事物的顶峰，在天空明亮的、不可触及的最高点凸显出永恒的公理。对于这种创造性公理的反响组成了浩瀚的宇宙……"

逐渐地，随着更为深刻的生成哲学带来的启发，若夫华·圣-伊莱尔和生物学家的研究引起一种热情，是对"绝对的、连贯的、严格的科学"的热情。他使枯燥无味的斯宾诺莎学说焕发新的生机。广博的事物、抽象的单位变成合成的单位。与自然的热切融合和对"自然之物"的独特赞赏使这种生命的搏动更加强劲有力，生命的脉搏已经开始敲打 1854 年的信仰体系。与《歌德的世界观》平等，与他在神圣的生命中和在宇宙创造性的力量中的信仰平等。正是在这个时期它主导了他的创作活动，若隐若现地出现在《比利牛斯之旅》，在《英国文学》中以大量篇幅来着重表达。他攻击法兰西哲学家的这些学说看起来如此小肚鸡肠、心胸狭窄，在关于《圣·奥迪尔》的散文中激情洋溢。让我们听一听在他的《卡莱尔》里是如何陈述的："被剥去表皮的这一基本思想只肯定了连接一个整体的各个因素之间的相互依赖的关系，并将它们与某种抽象的特性相连，包括在它们的内部。"如果我们将这一理论运用到自然界，我们可以将世界看成一种形式的阶梯，看成一系列的状态。其自身具有接续和存在的道理，在它们的本质中包含着它们失效和局限的必然性，它们共同组成一个不可见的整体。这个整体满足于自身，从时空到生命与思想，挖掘着所有可能性，连接着所有事物。这个整体因为它的和谐与包容，宛如某个万能永生的神。我们将这一理论运用到人类，可以将感情和思想看成合乎情理的必然产物，它们之间相互连接，宛如一个动物或者一个植物的形变。这能使我们设想宗教、一切哲学、一切文学、所有人类的构想和情感，就犹如一种精神状态的必然结果，如果再次出现，就将它们带走。反过来，如果我们能够复制它，我们就将给出一种随意复制的方法。这就是通过世纪最伟大的思想家黑格尔和歌德的作品而流传的两种学说。这是一种可以加以利用的方法，黑格尔为了抓住所有事物的程式，歌德为了给自己看清所有事物的视野……我们可以将这些学说和方法看作现代德国留给人类的两笔哲学遗产。"

随后，泰纳建议通过当今实证主义的耐心和渐进的方法去修改弊害，这些弊害可能导致对于世界的解释令人头晕目眩。体系和方法的价值正存在于这种结合当中。尽管如此，先验论和扩大化的谨慎有损方法和体系，但是方法和体系仍然是有价值的，表现为身体和精神现象的和谐统一、演变、连贯和影响。诗人依然气愤的是，泰纳过于严苛地把思想精神科学与物质科学同等看待。这种力量常常增强自身的能量，发展并变得激昂，以至忘记对具体决定的简单解释。歌德不接受这一点，即人类的个性特征。

浪漫主义之后，法国思想在《浮士德》第二部的边界徘徊，以惊恐和讽刺进行冒险。不仅是第二部，整部作品的主题不确定性都是很大的。1840年出版了一些译本——杰拉德增加了一些《浮士德》第二部的片段，巴莱兹·德·布里的两部译本，A.德·雷斯潘的译本——似乎标志着浪漫主义时期的最后一次努力，努力跨越掩盖歌德思想的障碍。在古诺的歌剧之前，1859年，为情感的桥段赋予了决定性的形式，我们只感受到一些夭折或者平庸的行动。1848年，奥德翁的管理人亚历山大·莫赞向大仲马要一本《安东尼》的作者提供的《浮士德》。1850年8月，体育馆剧院上演卡勒的《浮士德和玛格丽特》，罗斯·谢丽是女主角。1858年10月，圣马丁宫廷剧院排练德内里的五幕十六场剧，融合芭蕾和引人入胜的舞台装饰和布景。如我们所想，最接近巴莱兹所呼吁的：

独特书籍，丰富宝箱

在这里，可敬的老人掩藏高尚，

六十年里，思想宝藏

精心地，掩藏于内心的宁静……

纯粹的文学没有表现出一种深刻的启发。这种启发是作品的中心思想对戏剧作家的启发。1858年，维克多·弗勒里集合了多部爱情奇遇记，名为《浮士德和玛格丽特》。1859年，波利尼亚克王子为剧院提供了缩译本。1861年，在法国，P.里斯泰吕贝为法国戏剧提供了改编版。1863年，维尔德出版了比波利尼亚克王子更为忠实原作的译本，但是欠缺活力和热情。对此，小戈蒂埃在1864年1月27日的《通报》中写道："维尔德的《浮士德》只缺了一个东西，那就是《浮士德》第二部，这是歌德成熟时期的作品。在法国，从传统来讲，我们说，要求好的译者是为了吸收进我们的文学中。"

我们经常提及"吸收"。随着译者和改编者对《浮士德》第一部的传播，随着13次印刷出来的10万册书籍所带来的大力推广，《国家图书》认为这本书值得进行大众化的出版。戏剧版和雕刻版的《浮士德》第一部获得广泛好评，这是理所当然的。但是《浮士德》第二部却不尽然。我们知道，《浮士德》为作者的祖国留下了怎样令人赞叹的推测和阐释素材。在法国和在其他地方一样，只有通过不断地接近，我们才能进入这片思想的高地。

我们驻足的时代很好地对神秘的诗歌做出了新的尝试和探索。在知识分子的运动中没有提及歌德哲学中的诸多因素。巴莱兹的译本被多次再版,波尔夏的译本对于法国人来说并不巧妙,并不直白,也不易读懂。唯一一个调查研究的因素是:因为在 L. 德·龙绍的《最初的歌》中的伊莲娜,普帕尔·维尔德在 1865 年的《现代杂志》上刊登的场景只是《浮士德》第二部的一些微不足道的片段。1845 年,勒南在焦虑的假期中,读到了这些诗歌片段,特别是对这种怀疑的描写,对戏剧开头的情景比对随后象征主义的进展更加敏感。

这在哲学家的作品中,而不是在文学家的作品中找到了解释。1835 年,雷尔米尔指出"犹如德国本体论的抒情合唱"。1849 年,维尔姆在最初见证歌德哲学所唤起的一切中,提到了《浮士德》。1850 年,巴齐的《关于马洛和歌德的历史、文学和哲学研究》研究了在第二部戏剧中给予主人公的救赎:"……人类活动重新振作起来……幻想的净化来自苦难的折磨,宿命论和绝望深入马洛的浮士德……被另一个比阿特丽斯指引,被开始净化的诗歌指引,歌德的主人公在丰满的生活中重新找到宗教的信仰。面对神灵,科学显示出在心灵和智慧中最崇高的功效,诗歌给予浮士德一种但丁所修饰的'超人类'。"

特别是在 1860 年至 1870 年期间,法国思想试图从高深莫测的书籍中破解谜题。前人难以理解书中的奥秘。或许,莱茵河彼岸的阐释在这里得到了某些共鸣。或许,来自外界的某些信息因素促使法国得到某种启发,犹如 1863 年爱默生《人性的代表》的译本。或是 1864 年至 1865 年期间,德国女性艾达·布吕宁在巴黎的贝多芬厅所做的关于《浮士德》的多种主题的讲座。但确定的是,现阶段的法国思想有利于看待最难懂的奇怪作品,法国人处在道路的转口,这对发现模糊领域颇为有利。

1861 年,阿尔贝·卡斯泰尔诺将歌德写进《宗教问题》的第九章。《浮士德》在神圣的古典形式中包含了博学的构造和世界的哲学，"犹如一首对自然的颂歌。在高度的概括中，与传统结合——哥特式教堂和希腊庙宇，双重神殿展现给过去的众神，展现给对未来的神圣希望。《浮士德》恰恰象征着我们这个时代的思想"。波尔夏第三卷的译本几乎与一个实用纲要一致，《德国主要评论家解读歌德的浮士德》1860 年由 F. 布朗谢出版。作者强调两部《浮士德》的有机联系：有思想的芦苇——许科在 8 月 2 日的《国民教育》中指出——始终是站立的，被内心的活力所支撑，经历接连不断的风雨磨难。1862 年 12 月 11 日，勒格雷尔同样在《国民教育》中写道："对于了解《浮士德》的人来说，这并不是歌德的思想，不是一个世纪的思想，比如 18 世纪的思想，而是人类和人性的思想，正如我们所希望的那样。在戏剧的诗歌中创作真正的戏剧，这是我们所有人的思想命运。对于人类思想的不停担忧，我们的内心一直萌生对于理想的向往与折磨，在贪得无厌的活动中无休止的折磨，实际上这就是生命、利益、悲怆……"

"善良人在追求中纵然迷惘。"这是歌德戏剧中至高无上的想法，一位杰出的法国女性将它看清，理解了不应该重视诗歌的戏剧外表，应该看得更远，也应该看到情感的桥段和魔鬼般的换景机制。或许，在那些阅读和思考的人中，很多人坚持先前时代的偏见和评判。1863 年，皮埃尔·勒鲁的《萨马莱的罢工》将《浮士德》与《曼弗雷德》进行了简单对比；我们想起《新百科全书》中佛图尔的一篇文章：浮士德只是漫无目的、才智平庸的英才代表。另外，于勒·雅南对这种杂乱无章进行了习惯性的讽刺。谢勒对这部"零碎却还生动的戏剧"中形式与内容的不符而感到生气。阿米埃尔因为在这种"痛苦……永生、作恶和可恶中"重新找到折磨自己的影子而感动。这还没提到福楼拜或许也能够向许多同时代人，向一些更有修养的人讲述这些。福楼拜在 1860 年 10 月 2 日的信件中气愤地说到"父亲"阿尼塞·布诺瓦:"是的,他在《浮士德》中没有找到任何卓越之处,这既不是一部戏剧,也不是一首诗,压根什么都不是。""噢!……我对此再次重申!"

尽管存在这些非议,然而在那时,智慧的法国还是更加亲近《浮士德》第二部。在浪漫主义最为狂热的时刻,法国对歌德主人公的痛苦抱以同情,渴望跨越限制人类的疆界。在那时,法国至少以它最清醒的头脑去领悟所有信仰相互交织的世界,赞赏人性永恒力量的不同幻化形式——通过实际思想,通过诸多经验,歌德将他的主人公引入无私的剧情中。然而浪漫主义倾向以自己的喜好来解读《浮士德》,试图夸大泛神主义的意义或是损害社会和思想的诗歌本体论的意义。他感兴趣于绝妙思想的摇摆不定,展示出和谐的奇妙世界,更确切地说是平和、宽容的讯息,由此来结束主人公的痛苦命运:

> 谁若不断努力进取,
> 我们就把他救助。

泰纳在《英国文学》中写道:"最终,这些就是我们的神明;我们没有将他们歪曲,犹如我们的祖先对他们的崇拜;但我们并不会因此而放弃诗歌,也不会与过去决裂。我们始终在神庙前跪拜,犹如三千年以来人们所做的那样……领悟神话,也领悟生命,这就是歌德作品的目的。每一个事物,粗糙的或是笨重的,卑微的或是高尚的,奇幻的或是可触的,都是我们思想力量的集合。通过研究学习和感同身受,可以指出所有元素和排列。在我们的思想中复制它,并且给予它新的生命。"1867 年,他在《艺术中的准则》中写道:"歌德的诗作是人类的图景,在科学和生命中来去穿梭,濒临消失,飘忽不定,摸索前行。最终在实际行动中妥协,在众多痛苦的经验和寻求满足的好奇心中,他揭开神秘的面纱,清晰地看到理想的形式和无形的力量所带来的更高级的王国,只有神圣的心才能够冲破对思想的桎梏。"

无论如何,这两种相互融合的评判都指向两种不同的角度,在D.斯特恩的《但丁和歌德》中有所体现:《浮士德》通常与《神曲》相提并论。阿古勒特夫人的语调中略带浮夸,并以教徒的神秘主义很好地解释了歌德的诗作,并很好地将德国的推测传递到法国。"泛神主义的帕尔卡给予无限存在的身份一种存在、形式、美丽、完美和现象",激发解开许多谜题的兴趣。同样,在这四个章节中,卡罗认为《歌德的哲学》和《浮士德》第二部相互关联,"这并非是情感和诗歌的作品,而是权力意志和科学的作品","人类意志的戏剧因为它追求的伟大目标和它所展现的力量而被赞美"。"诗人将在主人公的生命中去实现他的思想理想,完全转向于行动,如果我们将这个词放进更高更广的意义中。行动与冲动的自私相反,与孤独思想的自私相反,与在空洞的抽象中消失的投机相反,或是与对无果的希望的躁动相反。最终,行动或是作用于实际生活中的积极责任,或是作用于精神中的美学和科学修养。"

随后,维克多·德·拉普拉德也强调了歌德的作品:忠实一种自然主义,这种自然主义是以他的方式与十分正统的天主教相互协调的,他撰写了《现代人心中的自然情感》:"这并不是浮士德医生的灵魂,这不仅仅是呈现在诗人面前的人性,这是事物的共性。在戏剧中,人或许占据了中心位置,犹如占据了我们所能触及的世界的中心部分。然而在人类灵魂必需的位置之外,所有都在外部世界。思想的历史发展和宇宙生命中的历史发展,这就是歌德所涉及的巨大主题。"

　　无论评论者从中看到怎样的不为人知的意图，对于法国人来说，全本《浮士德》依然处在人们认识歌德的顶峰时期。黑格尔或是谢林的热情触动了法国人，不能说歌德对此没有贡献。我们靠近《威廉·迈斯特》的戏剧精神，比如卡罗，我们看到克勒泽的一种象征主义或是物性论，如泰纳和拉普拉德所希望的那样。我们广泛承认这种构建力量的象征意义和概括意义，"在戏剧中心的诗人，犹如在他不断构建的世界中泛神论者的上帝"。

　　《浮士德》的重要性没有被所有关注这部作品的人承认。1869年，艾蒂安·阿拉戈完成了一项研究，对此进行了思考："我承认，差点出现亵渎神明的话，我很看好《浮士德》第二部和《浮士德》第一部的某些场景，犹如莫里哀的喜剧或是《老实人》，如果说这是无知的一步，那么我今后还会这样做。每一个喜爱这部作品的人都会如此认为，我承认，我的快乐很明显就是和伟大的作家一道。"在每日的报刊中，这些观点会有很多赞赏。《浮士德》第一部正逢戏仿猛烈抨击他的时刻，认为通俗喜剧是用来娱乐的——像是客栈老板或杂货老板夏绿蒂——浮士德被转化成一位乡村教师，洗衣工人的玛格丽特，图勒的国王赞颂菲亚尔代斯面貌的叙事诗？古诺的《浮士德》大获成功，由此改编成歌剧，1869年4月24日上演了克雷米约和然姆的《小浮士德》，埃尔韦配乐。但是尽管如此，通俗喜剧收获的回报和表现在一些人物和思想上的法兰西第二帝国的轻快精神，这些人物思想被赋予一缕歌德的光辉。或许我们能够跟随"谦逊的埃尔韦"，用歌德的名字代替古诺的名字，古诺这个名字出现在一位狂想者的回行诗中，该诗刊登于《费加罗》：

　　　　古诺只是不信神的抄袭者……

歌德在法国
——《少年维特之烦恼》在法国的传播与接受研究

> 如果他免遭遗忘,
> 那是因为他的《浮士德》,一部味如嚼蜡的模仿,
> 模仿了埃尔韦的《浮士德》!

全本《浮士德》几乎脱离了模仿。如同都德《杰克》中的阿尔让通,他只是一个自命不凡的失败者,渴望与歌德《浮士德》里的年轻女孩一较高下。在1850年6月的"政治喜剧"中有一篇1848年对"狂舞"的戏仿——《沃普尔吉斯之夜》——回想所有互相冲撞的观点。1851年,热拉尔·德·内瓦尔的《哈莱姆区的雕刻家》在第二幕回忆——在德国大公的庭院——浮士德拜访皇帝。戈蒂埃在1864年9月19日的《通报》专栏中打趣道:童话《七个魔鬼城堡》或许能够被看作人类生命的总结,能够引起一些深邃的、混乱的评论,犹如我们对第一、二部《浮士德》的评论。相反,受这首诗作启发的一些作品,例如福楼拜的《圣徒安东尼的意图》、奥古斯特·瓦克里的《未来》都明显属于象征主义。古希腊神谱错综复杂且灿烂辉煌,人类向更为高尚和高贵的目标不断攀升,没有任何令人不安的难解谜题,没有任何令人失望的昙花一现来吸引目光,我们或许不能说出圣伯夫对以马内利·阿拉尔所写的内容:"对于我来说,您最近的一部《浮士德》具有优势,我理解它,它开启的前景是比较明朗的"。

至于泛神论的启发激活了这个时代的一部分法国思想,应该说它在诗歌中的形式唤起了回忆并揭示了歌德的影响。通常,我们的诗人禁止这种主观的感情,然而在事物面前,《植物形变论》的作者并非如此。他的《普罗米修斯》和《世纪传说》狂热到心跳,无视阿克曼或者勒贡特·利尔。这是追忆发生和发展的宇宙,更确切地说是对虚无的冥思,虚无是折磨人的转瞬即逝的存在,或者是无情的迈亚的冥思。安德烈·勒菲弗尔在他的《潘的排箫》中抱有一种类似的从容不迫的乐观主义，歌德的泛神论就是如此，在路易·梅纳尔的名为《万神》的片段中存在一丝宗教色彩的折中主义：

    神庙汇集我们的祈祷
    神庙供奉熟知的天神
    在所有的古今神庙中
    人们想到诸神之到访……

  尽管如此，这位"神秘的异教徒"想起第一行，犹如教级制度的领头羊：

    ……秩序与和谐诸神，
    是的，在多重世界之深，
    生命的波涛汹涌奔腾，
    金色的球体掌控谐和……

  难道不是在那里给赫拉德的诸神预留了位置？其实，希腊的思想如此巧妙地用神来表达事物，如此关注用赋予事物意义的生命之物来指定，"自然主义的"精神以宗教的方式热爱着这些多重并多样的力量，享受着对第二帝国文学的双重厚爱——源自半哲学、半美学的新古希腊文化等同于歌德的古典主义，在这里，拥有它的影响范围和活动范围。有些人曾试图从古希腊的深处呼唤美丽的伊莲娜，并试图让她住进浮士德的哥特式小城堡中。

第四章 在诗歌圣地"巴那斯山"之周

"在歌德的作品中,我发现一直延伸到陶里斯海岸的希腊神殿。"

圣伯夫:《论文学中的传统》,1858

歌德是个典范,他创作着带有高贵外表和古代风格的诗句,以此来表达一些新思想和一些现代主题。前期诗作具有希腊和拉丁式的形式,比如《在陶里斯的伊菲格尼》《赫尔曼和窦绿苔》。这表明,在1860年左右,我们的诗人倾向于一个无神的世界。对于很多人来说,这只是一次平淡无奇的伪古典主义的回归,一次被抛弃的传统回归,就像在诗歌中,蓬萨尔的《吕克莱斯》引起的一系列反响。相反,其他人用一种宽广和细腻的智慧去热爱这个古典的世界,在那里歌德回忆起美丽的泰达利德在浮士德博士的住所接待他。对神话中最古老的象征进行十分自由和惬意的阐释,对造型之美的爱,对浪漫主义抒情的蔑视,对缺乏现实主义风格的鄙视,如此条件之下,新的复古应运而生,比18世纪的那次复古更加清晰、更加深刻——只是促使敏感的灵魂在对古希腊之美的崇拜之中,寻找躲避岁月平庸和丑陋的避风港。

不仅是在这样的评论中指出歌德作品中能够助推这次复古趋势的所有部分,圣伯夫在高等师范学校的第一堂课上也评论过歌德的语句,根据他的说法"古典即是好的",对于《伊菲格尼》的作者歌德来说,古希腊一直以来都是重要的。"我能引用的评论是这些伟大评论中的范例,我们可以说歌德不仅仅是传统的,而且是所有传

第三部分 科学与小说

统的集合。从文学的角度看,在歌德身上占据主导地位的传统是什么?是古典元素。在歌德的作品中,我发现一直延伸到陶里斯海岸的希腊神殿。他创作了《维特》,将《荷马》带到广阔的空间,当《荷马》的主人公将它丢失之时,歌德又重新找到了它。"随后,在1858年8月15日的《艺术家》上,小戈蒂埃——明确地解释了其父亲的思想——用一篇文章来评述歌德的艺术,并强调使美学高尚化的协调和忧虑,使美学高尚化的本身也是德国诗人歌德的准则。从更哲学的角度看,托纳莱在《艺术与哲学摘录》中写道:"独创性是歌德最大的功绩,特别是在他的诗作中,是现代思想与古典形式的融合;是将纯粹的、朴素的、清晰的古老形式与表达截然不同的观点相结合。因此,自然界中神秘的恐惧和诱惑,灵魂中的无限需求、欲望、梦想等,通过表达一些含混不清的事物,歌德给它们披上了与希腊相匹配的令人赞美的形式……艺术是完美的,然而自然界中的生命生生不息。事实上,当形式恰如其分地表达了内容、理想和要点的时候,一个不明确的事物要用明确的方式来表达。事物还是被云雾缭绕,但表达已经拨云见日。形式的外在轮廓已经确定,物体的轮廓却没有失去一丝飘摇不定的特性。"

诗人们也向魏玛的奥林匹斯山致敬。戈蒂埃偏爱的比较之一影射了被歌德安排嫁给浮士德医生的"纯洁的泰达利德",他有一个儿子。安德烈·勒菲弗尔在《潘的排箫》的序中学习了歌德的一种思想,从而表明利用持续不断的交流建起一种联系,将人们和艺术家与外部世界连接起来。希腊诸神根本没有从我们的世纪中被移走,因为他们是"朋友和先知的化身,使我们在天空中、在波涛上前行,犹如准备我们的征战"。在邦维尔的作品《女像石柱集》中存在一个巨大的折中主义,将歌德说成可以与其相提并论的巨匠:

格鲁克感兴趣于伊甸园，

莫扎特、歌德、拜伦、斐德斯和莎士比亚……

然而，在这个时期的巴那斯派和新希腊派也受到一丝拘束，拘束于歌德在其大部分职业生涯中所坚持的艺术观念。神话始终是一种令人爱慕或是灿烂辉煌的形象化表现，并非指定和体现主宰人类命运和思想轨迹的世间基本力量和深邃的概念。邦维尔的诸神具有某些佛罗伦萨和威尼斯的色彩，这影响了勒贡特·德·利尔笔下诸神，犹如沉重的印度梦想。在戈蒂埃的作品中，通常打破内在世界和敏感现实之间的平衡，这样似乎更有利于他。同样，在勒菲弗尔笔下，人类和自然之间的平衡是无利于他的。歌德的回忆强加给试图通过现代思想重建从前被雅典城邦的细腻风貌所包裹的廊柱和三角楣。巴尔贝·德·奥尔维利想起戈蒂埃的"儿子"，或者说是"歌德古代风格"的"信徒"——《珐琅与雕玉》的作者。诗人戈蒂埃为了证明对于美的思考，没有忽略不断地引用"魏玛的朱庇特，冷酷的诗人，伟大的雕塑品"。或者，勒贡特·德·利尔写道："歌德，魏玛的奥林匹斯山，在他的余生，没有表现出年轻时代创作之初的冷漠。"歌德面对生命和人类的态度，表现出过度沉稳；歌德秉持为艺术而艺术的学说，相信可以借鉴杰出的前辈。对于这所有的一切，却存在一些误解。通常，1860年的新古典主义建立了一些空荡的神庙，它们的雕刻艺术只是让人用象牙来点缀塔楼，在塔楼中梦想被隔绝。相反，歌德曾试图重新建立神庙内的一丝平静，有利于人类的神灵永驻于此。

在歌德古典形式的作品之中，有两部特别引人注意，那就是《赫尔曼和窦绿苔》和《在陶里斯的伊菲格尼》。在这两部作品中，歌德竭尽全力地披上希腊式的节律形式，要么是微不足道的现代主题,要么是让前辈目瞪口呆的道德观念。在这两部成熟的作品之外,还应该加上《科林斯的未婚妻》,这是一部具有古代风格的叙事诗。由此来抓住 1860 年我们的文学从他的"无神"影响中汲取的要点。在这部作品中,有着与魏玛的"奥林匹斯山"相同的态度,这引起了当下诗人的兴趣。或许,也发现了一些其他回忆。阿克埃夫人的《普罗米修斯》想起在"狂飙突击"时期对歌德半神论的抨击,攻击窃取者朱庇特:

> 你看,朱庇特,正在发怒,正在暴怒,
> 面对这个在你枷锁之中的逃亡者!
> 他看到你的神圣之手而犯下罪恶,
> 他拒绝沉溺于如此的罪恶,
> 他自称被致命的力量剥夺了理智……
> 他保持沉默!极度的沉默将是对你的严惩。

雨果粗犷的《世纪传说》、勒贡特·德·利尔倨傲的《该隐》进一步阐释了向天主——奥林匹斯山的天神抑或《圣经》的上帝——发起的挑战。《罗马哀歌》产生了深刻的印象:克莱尔·蒂泽尔——也翻译了歌德的《阿冈塔斯》——致敬在罗马高尚的二行诗中透露出来的对效仿精神的满足感:

> 重读歌德这段哀歌,我若有所思,
> 因那诡魅的神秘游戏,
> 你双眸闪烁,凸显它的肖像,
> 那是罗马高尚之美的肖像,
> 或许我欣赏你的生活,犹如掺杂了古典之美,

依节律之规，控制你的炽热，

以至在你的诗句中，激动颤抖，

无人知晓谁夺取了它，艺术家抑或是情人。

值得注意的是，在勒贡特·德·利尔夸大这次创新之前，歌德的《阿喀琉斯》已经重新建立希腊诸神的名字，除了含混不清的拉丁文对等。然而尽管详细地接触了歌德的几部缺乏名气的作品，但还是在我们保留的三首诗中——一首叙事诗，一部家族诗史，一部悲剧——总结出对于法国思想来说不过是巨匠歌德的诗歌异教。

纯粹的诗歌异教？按照圣伯夫的话说，它的折衷派是"所有传统的集合"，丝毫没有看轻天主教在人类文明史和思想史中的重要性。但是他对和谐的担忧、对禁欲主义的厌恶、对目的因哲学的蔑视使他将古老的世界变得格外珍贵。我们的巴那斯诗人曾经常哀叹"神的流亡"和"潘的死亡"，在《科林斯的未婚妻》中找到结束中的泛神论动人心弦的图景。通过从中得到的启发，他们在其中加入一个细微的差别，这种差别在原文中没有被如此强调。教徒们对拿撒勒派带有敌意，教徒们丑化、黑化我们的生命。从前，斯塔尔夫人拒绝捍卫"这种作品的目的"。1824年，埃克斯坦避免将"这种作品的伤风败俗"与诗歌的不拘一格相联系："诗人以最为引人注目的颜色描绘异教，使天主教的诞生变成最阴郁的图景。"《19世纪法国水星》曾被"神话的空想"所震惊。喜欢这一创作的浪漫主义者，比如爱弥尔·德尚察觉到令人毛骨悚然的吸血鬼主题。如今，不能忽视的是，着重点主要放在这两个宗教的冲突上，因为这一主题不禁使另一位诗人担忧。勒贡特·德·利尔在《希帕提娅和西里尔》中进一步强调敌对信仰之间的冲突，在科林斯的圣母的嘴里，这只是一个令人失望的诺言：

第三部分 科学与小说

我们将转向我们古老的神明
在这里变成持久信仰的声明：
这就是我们的神明！一个令人不悦的世纪摆脱着他们，
既然他们是不幸的，那么我就不能将其背叛。

安德烈·勒菲弗尔的诗《朱丽和特雷伯尔》再次提到同一个悲剧和决定性的冲突。《科林斯的未婚妻》借鉴了1852年沙龙展出的一幅若贝-杜瓦尔画作：一位年轻女子由于母亲的决定，宿命地成为新宗教的苦行主义者，她抱怨母亲和她不幸的虔诚。歌德用他的智慧在诗歌中阐释了他所探究的一切，但在歌德"如此动人、如此神秘、如此深邃的诗歌"之后，阿纳托尔·法郎士的《科林斯的婚礼》用美和尊敬再次深入这一古老的论题。作者说："因为我完全没有找到是谁更好地描绘了在希腊的某个角落里古老神明的衰落和基督教的开始。"敌对的两种观念对世界中至高无上的思想有所分歧，在此，宽容的慈爱在敌对的两种观念中再次出现，但是对将死之人并非如此：

我，我在你泛白紫色的胸膛上，
希腊，我将你描绘，而一个多疑的上帝
从你的额头上，取下神圣的绑带，
在破碎的广场上，敲碎你无辜的膝盖。
你的微笑消失在阴郁的世界里，
优雅与美丽随你而去，
你的诗作没有写下一块荒芜的岩石峭壁，
大地在黑暗的恐惧中隆隆轰鸣。

第三部分的最后一个场景给异教徒希庇亚,这个不幸之人的未婚夫留下最后一个字,从他母亲的嘴里说出基督教信仰的誓言。但正是对结尾的回忆、对歌德叙事诗结尾的回忆启发着奄奄一息的异教徒至高无上的声明:

> 大地被死神控制,
> 我将在别处寻找阳光与生命。
> 我将在林中砍伐参天的松树与橡树,
> 为了那仅有的被我们消耗殆尽的木柴;
> 松木与橡木通通被扔进熊熊的火焰中,
> 在同一个不变的石棉网中,
> 我们飞上天空,远离那可憎的世界,
> 在那庄严的火花之上,在那诸神之中。

《金色诗篇》的作者否认他反对人类所必需的幻想,幻想在基督教中再生。然而,类似论题的一些作品,比如在勒贡特·德·利尔或者安德烈·勒菲弗尔的作品中,明显地拥护反对苦行主义濒于灭亡的信仰,反对对本性的严厉谴责。1867年10月上演的《科林斯的未婚妻》的歌剧剧本坚决排除宗教观念和基督教与异教之间的斗争。由迪普拉多作曲,由卡米尔·迪·洛克勒创作剧本——歌剧《科林斯的未婚妻》并不是唯一一个在法国想用音乐形式来对这一惊心动魄的论题产生影响的作品,它似乎不太符合戏剧的要求。埃马纽埃尔·夏布里埃仅仅写了《布里塞伊斯》的一幕之后便去世了,关于埃弗拉伊姆·米卡埃尔和卡蒂尔·孟代斯的一首诗——一位柯林斯式的年轻女子使她未婚夫的归期重现,因为她发誓在坟墓的彼岸将会依然爱他。

此处应该想到两处翻译，它们与歌德作品中的造型艺术、与泛神论趋势相称。戈蒂埃于1851年仿写了威尼斯讽刺短诗中的一首：

> 从雅典带回的两头雄狮，
> 安静地看守阿森纳的城墙，
> 在古老的绳索旁，
> 门、塔、池，所有都是如此渺小。

布拉奇·德·布里于1853年翻译了一些歌德的诗句，这些诗句被题写在魏玛公园的一颗岩石上：

> 噢，在这些岩石和森林的深处，
> 噢，是您在此养满解脱的虫蛹，
> 我们中的每一人都感受到这种神秘的需求，
> 虫蛹，用您庇护的双手将其赐予他！

或许，这是一种微不足道的影响，这种影响在别处以更大的强度和更高的高度发挥着作用，然而无关紧要的是记录这个意义的表征。如今，艺术唯灵论已经可以对这位诗人加以利用，并且可以向他学习了。

在歌德的诗中，歌德将艺术的准则提高至悖论，这种艺术准则使他在古典中寻找一种形式，特别是《赫尔曼和窦绿苔》。这种形式在我们所处的时代没有碰到太多的固执和厌恶，法国人的偏好和习惯一直都在悄然地感受着这些。在这部作品中，歌德成功地使最平庸的现实跨越理想的廊柱，在1860年前后超越了其他时代，作品遇到了一些赞赏有加的评论和一些被说服的教徒。

"小诗"《赫尔曼和窦绿苔》于1798年出版，一些杂志如《北方观众》和《百科全书》自出版以来便提出对这个"家园生活叙事诗"的注意。这种文字组合形式使这一时代的大众读者感到困惑，大众读者只习惯于想象神话故事或者英雄史诗，并不习惯于叙事诗，他们只接受感情的抒发和传奇般的情景，并不接受"日常的"生活。《百科全书》节选了一段洪堡的著名评论，评论没能说服众多读者。应该对半日耳曼式具有一种感受，犹如未来的德杰兰多夫人建议阅读这部诗作（1798年6月8日信）。1800年，比托贝出版《赫尔曼和窦绿苔》译本的同时，并没有忘记谨慎地使法国大众接受一部与他们的日常审美截然不同的作品。他说，我们是否会惊奇？因为在一部外国作品中没有再次找到此民族的观点或者习惯。歌德不是那位"被所有人赞赏"的《维特》的作者吗？

歌德希望译者的想法能够成功。1800年，《赫尔曼和窦绿苔》在法国获得成功，一个特别的优势是："在所有的国家中，特别是在一个共和国里，中产阶级被尊重并且自以为荣是非常重要的。"不确定的是，最抱好意的法国评论者和读者发觉歌德将他的艺术赋予共和主义意义。然而无论如何，在洪堡看来，比托贝的翻译都是一个很好的版本，并且有一定的"大众群体"。我们通常不够真实地、以一种过度的溢美之词来夸赞歌德的这部新作，向读者保证译本会为读者带来乐趣。"对于荷马的译者来说，奥德赛的模仿者歌德值得拥有荷马的译者，由此发现了一些不可逾越的困难。"然而评论者没有过多地明确指出荷马风格的特征，而是指出与热斯内的作品、德利尔的《田间的人》相比之下牧歌的纯真。科兰·阿尔勒维尔在《文学美术学院课程研究概述》中说道："一幅纯朴的家园生活画作，家庭感情的流露，邻居关系的信任。最后是最简单的，并不动人的事件，特别是初恋，初恋时，我们相信看到黄金年龄的风尚，雅格和

第三部分 科学与小说

拉结的长情，最后是本性……"只有德杰兰多在《哲学十日》的一篇文章中指出，现实的"高贵化"，"没有矫揉造作地使出浑身解数来突出最平常回忆的艺术"，"足够使我们将所谈论的这部作品列入杰作之列"。1810 年，弗里奥翻译巴格森的《帕尔泰奈依德》的同时，在《初步的思考》中快速略过这个值得纪念的"与古典杰作的相似性"。

法国大众似乎没有紧紧跟随某些评论家那些有利或是热情的观点。总之，没有从最初的引入中得到深刻的认识和明显的收获，也没有太长久的记忆。1804 年，比托贝的《作品全集》第九卷翻印了单调缓慢也并不优美的《赫尔曼和窦绿苔》译本。书评并不重视这部作品。1804 年 6 月 9 日，《记者报》中写道："比托贝先生尊重歌德先生的才华，给他一些时间用我们的语言来传播这部诗作。"比托贝去世后，他在学院的朋友对此变得越来越漠不关心或是抱有敌意。在《比托贝书》中，迪西没有列举《赫尔曼和窦绿苔》译本。文字与文学学院常任秘书达西埃在 1809 年 7 月 7 日的公开会议上阅读了通告，其中反对比托贝将这部诗作看成叙事史诗。"或许令人惊奇的是，充满诗意的一个人（《伊力亚特》和《奥德赛》）不愿意注意纯朴的风俗和某种程度上的家庭细节，他们表现着如此真实和有趣的画作，如果荷马只将通俗人物写成故事，那么或许很可能将不曾歌颂希腊人，如果只将我们喜爱的牧歌中的纯朴画作写成故事，那么就只能通过伟大和朴实的对比在诗史中获得成功，因为诗人对人物的升华起到了作用……我们是否愿意提升叙事诗的尊严，是否愿意将一部从元素到整体都如此平民化的作品与《伊力亚特》和《埃涅阿斯纪》相提并论？而并不去混淆文体，也不去伤害审美的初始准则？"

因此，以诗歌性优先的名义，史诗般的文体不考虑客栈老板儿子赫尔曼的家人和朋友,尽管有洪堡和施莱格尔,斯塔尔夫人还是继续在她的《德意志论》中宣称同样的结论:"应该承认那些不足为重的人物和事件",这种缺失没有被"绵绵不绝的感情"所弥补,没有被"自然的尊严"所弥补,译本没有带来丝毫魅力。这里有一种无人察觉的被译本所掩盖的现实主义元素:我们不在卡斯戴尔的时代,在他《植物》的诗作中不敢描绘我们在田间堆放肥料:

在那里,土地之下,我们聚集着火苗
火苗燃烧了草杆,水渠滔滔。

相反,摆脱古典正统观念的思想过于渴望幻想的感受和忧伤的热情,进而去体验歌德诗歌显示出来的平静与顺从。对此,更具特点的是在巴朗士的第八选段中,1809年10月里昂的神秘主义提及的一幕:赫尔曼在溪水的波光中发现窦绿苔的"魅力身影"。"但是我刚刚稍加描绘的迷人一幕只是一个空想,因为令人愉快的预测并没有实现,似乎本该是幸福源泉的一次相遇却只有眼泪。这些不切实际的身影,这些在波光中幻想的形象精准地描绘出人们隐约而短暂的希望……"

因此我们不要惊奇《赫尔曼和窦绿苔》对法国思想的最初启发在我们的文学中没有留下任何痕迹。在那时,我们的文学依然属于贵族阶级,依然是多愁善感,并没有从这种艺术形式中得到收获。继《赫尔曼和窦绿苔》之后,沃斯《路易丝》和巴格森《帕尔泰奈依德》的译本或许是我们看到的1800年这一启发带来的唯一结果。

1830年也并不乐观。在如此之多的热情奔放的抒情诗中,在对中世纪或者对异国的好奇中,在非凡的憧憬中,家园主题诗作只能如此。赫尔曼成为很多小说主人公的名字,巴尔扎克在《红房旅馆》

中写道:"他叫赫尔曼,几乎像所有被作者搬上舞台的德国人一样。"然而1836年,圣伯夫青睐"家园生活"和"私人生活"的诗歌,一直尊拉马丁为"家园主题诗歌的荷马,是中产阶级和家园时代的荷马,在这个时代中,沃斯通过《路易丝》将观点传递给德国人,伟大的歌德在《赫尔曼和窦绿苔》中完美地运用了这一观点"。虽然我们不能说歌德的诗歌产生了影响,但还是必须和《约瑟兰》进行对比,尽管已经存在表达手法之间的某些对比,比如荷马的惯用手法是反复出现同样的细节、同样的画面和几乎同样的诗句。拉马丁的诗歌来源于抒情诗和基督教,歌德的诗歌源于完全不同的艺术与思想意图。随后,拉马丁在晚年深思"在《赫尔曼和窦绿苔》的文体中创作诗歌或者小说",1867年①,他与一位圣-普恩特的到访者讨论过这一计划。

为了引起注意,《赫尔曼和窦绿苔》被与布里泽的《玛丽》《布勒东人》或者与圣伯夫的家园主题诗作进行对比。反对感情流派和奇幻流派的声音出现,在并不吸引现实主义的作家作品中也渴望用美和诗去美化日常生活,随之歌德的诗作也完全体现出它的价值。夏维尔·马尔米尔十分关注所有家园主题诗作悄悄带来的家园光辉以及对家园光辉的肯定,他于1837年出版《赫尔曼和窦绿苔》的新译本,此译本通常与《维特》的 P. 勒鲁译本一同再版。他指出这种牧歌中凸显出来的真谛与简单纯朴的伟大是基于历史与史诗背景之上的。

之所以可以与《赫尔曼和窦绿苔》进行比较,是因为这些作品之间相似的思想和对家园生活同样的颂扬,比如奥日埃的《加布里埃》和陶普福尔的一些小说,在其他的作品中应该找到这种真正的

---

① 爱德华·格雷尼耶:《文学回忆录》,巴黎,1894年,第30页。——原注

影响留下的最为显而易见的痕迹。乔治·桑的《安德烈》中用诗意的故事讲述了一个相当平常的奇遇,赞颂着"在平庸的条件下,在简陋房屋的最阴暗的角落"中的某些生存之美,甚至是一些农村乡土小说。泰纳将这些小说与《赫尔曼和窦绿苔》同等看待,"除了从散文到诗歌的距离",确切地说这与歌德尝试的艺术多样化不同。泰纳还写道:"歌德的诗句像是在模仿荷马,乔治·桑的叙事似乎启发于色诺芬。"一些作品中的诗学试图将古希腊局限在某些朴实风格中,这些作品始终是现代的,然而恰恰存在一种彻底的不同能将小说、叙事和故事从中剥离开,其中的真理被美的光环装点,却没有放弃散文。我们将列举1856年瓦莱里·维尼埃发表在《俩世界》上的《阿林》,或是莫德雷德的《诗歌故事》,或是N.马丁的《神甫的家》,或是路易丝·科莱的《女佣》(在《女性诗集》中),一位阿尔萨斯的乡村姑娘前往巴黎做女佣的故事,其中高雅化的情景没有令人想起《赫尔曼和窦绿苔》,而是想到远方。玛丽离开她的未婚夫于连:

悲伤地,他反复说道,你们将永不复还。
在那里的人们不曾回来!
啊!我深切地感到,你们已离我而去。
永别了,玛丽。
默默地,他在帮她收拾行囊,
用力地,他在替她扛起行囊。

居维利耶-弗勒里指责作者(1854年12月24日《争鸣》)"精神的过度兴奋使我们看到最伟大的事物抹掉了一切细微差别……"这是持久不变的指责,指责通过诗歌来表现朴实无华的事物,指责强加给粗俗人物的美感,如果我可以这么说的话。相反,J.J.维斯在两年后写道:"该是需要资产阶级主人公的时候了。"1856 年 1 月 23 日,在维斯的博士论文答辩会上,他向索邦学院陈述了博士论文《论赫尔曼和窦绿苔》——这不仅是在法国讨论歌德诗歌的第一项较为详细的研究,还强调了歌德诗歌的思想影响和文学价值。维斯指出这部作品所显示的永久意义,"面对牧师,面对法官,面对赫尔曼,维特和浮士德不仅仅是不幸的,而且是渺小的","残酷文学的未来对手促使诗人们在劳作者的英雄主义中和在具有伟大意义的家庭中追求美的元素,诗人错误地向'歌德式的复兴'和'虚假的唯心论'寻求这些美的元素"。"不要害怕寻找过于低下的人物,要把伟大的劳作者处理成国王,如果可以的话,19 世纪不矫揉造作的法国人就像高乃依的罗马人一样:这将不是贬低艺术,而是使生活重获尊重!"

法兰西第二帝国的文学并没有对此做出回应,而是担心由维斯发起的思想有所回升。那时的小说家倾向现实主义,而诗人却专心于梦幻,或是潜心于不动声色的雕琢,再或是爱幻想的追忆,他们并不关心现代生活。直至 1860 年,《赫尔曼和窦绿苔》享有了前所未有的盛誉,其具有特定风格的平庸也在法国得到了前所未有的欣赏。圣·热内·塔扬迪耶翻译了其中一些片段;菲拉雷特·夏斯勒指出其中"真正的德国叙事诗";维克多·德·拉普拉德在《现代人心中的自然情感》中将"《赫尔曼和窦绿苔》这首卓越的诗作列于《维特》之上,其中所有的人物和所有的情景都完全处在生活之外,处在诗人熟悉的范畴之外……我们在思索是否能够给予一些现代主题,特别是给予一些家常的场景一种简朴的高尚、高雅和纯粹,这是对希腊艺术特有风格的提升。歌德在《赫尔曼和窦绿苔》中解决了这一问题。然而至今都是仅此一例"。

继拉普拉德的诗作《配奈特》之后，这样的例子便多了起来，比起《赫尔曼和窦绿苔》，圣-马克·吉拉尔丹和蓬马丁出于"为了创新和情节"的原因，则更喜爱拉普拉德的这部诗作。在《赫尔曼和窦绿苔》中，歌德使普遍胜过特性，但并非抹掉个体，并非将私人生活抽象化。相反，大多数评论认为作品将诗作中的情感激动处理得太过文学性，太过高雅和讲究。其中我们只看到粗俗的不正经，这种处理有损皮埃尔和配奈特这对恋人之间的故事、特立独行者的英雄主义、配奈特漫长的孤寡生活。前后关系也含混不清。拉普拉德否认进行了模仿，"通过借鉴这种无可比拟的艺术，通过接受一种类似于这位伟大艺术家所使用的手法"：一种合理的保留意见并不否认产生的影响和关联性，鼓励研究先前作品中的艺术原则的方式与应用。《配奈特》和《赫尔曼和窦绿苔》从本质上来讲都是叙事诗，静静地产生了一种久远的反响。尽管拉普拉德勉强地使用了荷马式的形容词，但某些用语依然通常用来形容"深受爱戴的牧师"或者"直率形象的医生"，却没有为一些活跃的次要人物取名（某些评论对作者进行了指责）。歌德引起了一种普遍存在的担心。对《赫尔曼和窦绿苔》最直接的回忆或许可能就是那泉水的图画：

> 宾客常常俯身望向那里；
> 在那里，纯净的云端，天空反射出湛蓝，
> 蔚蓝明快的天空裹住那两张面庞，
> 唇齿与眉目之间的无数迷人讯息，
> 在恋人之间，在纯净的泉水之上传递……

从意义的角度来看，拉普拉德的《配奈特》很快就重新变成一种牧歌和纯粹的乡土诗歌，然而《赫尔曼和窦绿苔》中最令人欣赏

的一个特质是保留了它的资产阶级特色、小城市的布景和艺术表现。总之，在法国，比较难于看到对小城市的诗意升华，比看到对日常生活和日常遭遇的美化还要困难。同样的评语也适用于奥特朗的诗作。奥特朗颂扬《农夫与士兵》：正是《笛子和鼓》伴随着他们的乡村奇遇叙事，而不是微弱的或者是有音栓的符号。

尽管展现出一个时代的法国思想，在某些人心中，对现实主义的反应伴随着一种古希腊的担忧，但《赫尔曼和窦绿苔》的意义将不会被后世所遗忘。尽管 J.J.维斯和埃德蒙·阿布之间的存在友谊，尽管研究颂扬家园的第一篇博士论文具有重要意义，但还是看到了《一个正直人的小说》是诗人歌德所带来的深远影响。关于将古典迁移到现代的话题，我们举例了这部作品，比如朱丽叶·朗贝夫人的小说。富尔尼耶、科勒、莱昂·博雷、L.贝尔内的多部译作，加之再版，比如比托贝在《国家图书》的再版。P.施塔普费尔于 1881 年评论了《歌德和他的两部经典杰作》，也加入对《伊菲格尼》和《赫尔曼和窦绿苔》的评论。这两部作品或许都是我们初中教学大纲和会考大纲最经常用到的。然而我们看不到在未来三十年之后，这种艺术形式对我们的诗歌创作所产生的影响。回忆科佩和马纽埃尔的类似作品，就是在回忆那些有时令人感动，却也相当平淡无奇的诗作。在这些诗作中，"朴实无华者"告诉我们，他们的生活也可以囊括戏剧和英雄主义。但是这也同样唤起一种念头——在什么都可以讲述的艺术和赋予所有事物古典美的诗学之间予以区分，为此，诗歌成为"步行者"，由此失去了它的翅膀。

因此，杜当这样说道："荷马式的华美语言应用于最简陋的条件、最简单的关系中，这样的确是可笑的，但是这种庄重的诗歌就不会存在于客栈老板、药剂师、女佣的心中吗？就像存在于克莱弗的心中那样？当感情是最初的朴实感情时，当这些感情是对父亲的尊重、对未婚妻的爱意、对儿子的温柔、对朋友的忠贞，我不明白为什么这些情感就不会发生在一位药剂师的身上？就如发生在一位伟大的王子身上一样，除了细腻的微小差别以外，是同样庄重和富有诗意的感情。在中等地区，在社会的细微差别中，不同的是，如果一位客栈老板讲话如利涅王子一样，这就是歪曲事实。但如果是奔赴边境抗敌、解救朋友于危难，这种冲劲是一样的，言语可以进行升华，可以没有太大差距……请从民主的角度重新阅读《赫尔曼和窦绿苔》，你们将会明白这一点。"但是，我们很难接受歌德于1800年提出的"民主的角度"，除此以外，对"卑微"和"私密"进行诗歌处理的文体也有可能具有日常琐事和行为道德的活力，在单纯的人类层面中，高尚的文体将不会不自在。

　　出现在法国思想中的《赫尔曼和窦绿苔》出色地描绘了德国的资产阶级图景，对我们来说，它的主人公锁定在典型的莱茵河彼岸的青年男女。我们夸大被人指责的善良天真的形象，从某种程度来讲，是1870年的一次可怕的幻灭。E.勒南在《科学的未来》中提到对待朋友和家人纯朴真诚的赫尔曼，却在社会中显得呆头呆脑。"真正真诚的人认真地对待他的本性，热爱上帝的神灵感应。"窦绿苔专注家务时和多愁善感时的柔美身影代替了或者完善了玛格丽特或是夏绿蒂过于浪漫和过于哀怨的形象。1861年，瓦莱里·维尔尼耶的小说《格丽塔》表现了出于对歌德诗歌的信仰，两位法国人正在寻找巴登的水域，一位年轻的金发女孩真诚、简单、直率。战争过后，我们的作家表现出合理的愤怒，指责这些诗歌中的人物被严肃端正地诠释成典型的德国男人和德国女人。1872年，《俩世界》出版了《赫尔曼和窦绿苔信札》，想象了一位入侵军队中的沉重的士兵与其未婚妻的通信往来：作者为化名，P. 阿尔巴纳实际就是卡罗夫人。转年又创作了《赫尔曼和窦绿苔爱情新编》。保罗·德·圣-维克多在《野蛮人和强盗》中指责这对恋人。拉普拉德在《国民诗歌》中创作了一首名为《优秀的德国人》的诗作，归于窦绿苔的韵律：

> 优秀的德国人，我不敢重述，
>
> 甚至在拉丁文中，全是你们的丰功伟绩；
>
> 终有一天，历史会将它们记录，
>
> 然而有位诗人或许将它们损毁。
>
> 随之你们的格雷琴，纯洁的窦绿苔或许将不再令人信服，
>
> 但却认识到你们的热情；
>
> 或许是令人伤心的塞克拉，迷娘……

歌德的第二部"经典著作"《伊菲格尼》是在歌德作品中对法国的文学影响最间接的一部作品。这部戏剧并没有引起明显的反应，但是却渗透到无限的韵律中，吸引并且感动了一些人的内心，特别是在文学运动方面起到了作用。1799年以来，维利耶在《北方观众》中写道："在指出这部作品的所有戏剧缺陷的同时，也要赞颂'安排布局的高雅与严肃'。"一位背井离乡的法国人渴望给出流亡者的独白模仿：

> 啊！孤独地度过年年岁岁是不幸的，
>
> 远离父母兄弟，在流亡中辗转反侧……

斯塔尔夫人否认《伊菲格尼》哀婉动人的功效，却并不拒绝欣赏高雅的诗作、高尚和纯净。她惋惜巴克路的涓涓细流，没有忘记感同身受远离祖国的女主人公的幽怨。"的确，流放，远离希腊的流放，我们就不会在她的身上发现任何快乐吗？……"1808年，科佩

观看了歌德的这部陶里斯戏剧，W. 施格莱尔、沃纳和奥伦施拉格是主角。

和 W. 施格莱尔在《戏剧文学课程》中强调的一样，斯塔尔夫人也强调略带冷酷的尊严，强调这部作品中简单的安静，并赋予一种危险的古希腊文化的证明：为其制造了一些过于恭敬的赞赏。浪漫主义也站在这部悲剧的一边，吉扎尔——他的首位译者评价这部作品：为了确定阿尔贝·施塔普费尔更加公正的欣赏，或许不应该是他的朋友 J.-J. 安贝儿更加深思熟虑的智慧，而是在《世纪报》上郑重地谈论一部在施塔普费尔看来对于"浪漫主义悲剧之父的欣赏者"来说只是"当头一棒"的戏剧。

垂死的古典主义却适时地列举"悲剧"诗人，比如看似对《伊菲格尼》一无所知的格里帕泽，以此来反驳反对者的偏好。这种令人烦恼的声誉错误地存在了很久，并且也是一种错误的诠释，这种诠释只看到一种模仿古典差强人意的努力。J. 雅南最终断言女主人公出自莱茵彼岸的一所大学，在那里她学习了形而上学的诡辩，圣-马克·吉拉尔丹毫不费力地在他的课程中演示戏剧中的人物全是"思想者，而不是英雄"。"哲学性的，而非戏剧性的对话"在这些人物中展开，歌德将适应戏剧需要的生活变为有思想的生活。

难道这些缺陷不是所有戏剧感情的破坏者吗？他们依照某些人的喜好，将真正的光彩写进作品。在作品中，可敬的纯贞显示出女性至高无上的温柔美德。1838 年 8 月 17 日，杜当写道："我又回到我年轻时的观点，我在世间没有发现任何比歌德的《陶里斯的伊菲格尼》更美的东西，确切地说因为那里既没有说理，也没有对激情的细致评说，这些恰恰是诗歌抽象艺术的多种形式。请重新阅读这部作品。如果你感到致命的烦恼，那么你将会狂喜，但需要一个获得愉悦的特殊节点……" 1847 年 8 月 4 日，在柏林信件中，阿米埃尔写道:"我的上帝,这部《伊菲格尼》真是个美丽的东西!古典的安静,完美的形式,一直融化进我的骨髓里……"

浪漫主义之后,我们常常提到《伊菲格尼》的先例,以辩护悲剧的形式和戏剧诗人对回归索福克勒斯和欧里皮德斯的向往。尽管存在这些比较专业的评论,但这部作品在法国仍然只是得到零星赞赏。E.博雷尔的译本于 1855 年问世,出版于斯图加特。1864 年,于索邦大学,《伊菲格尼》的原文成为 A.勒格雷尔博士论文的研究对象——却是一篇拉丁语论文:《论德国人关于陶里斯的伊菲格尼的知名故事作品》。泰纳因为作品中无与伦比的格调以及宁静的卓越而高度赞赏这部作品。在《艺术的哲学》和《哲学的理想》中,他进行了热烈讨论,特别是在《论批评与历史》中。首先在 1868 年 3 月 3 日的《争鸣》中,他进行了详细思考,题为《在圣-奥迪尔的伊菲格尼》。1865 年,泰纳游览了孚日山脉的森林和阿尔萨斯的古典神庙,他以某种感动将"现代艺术中绝对的杰作"融入宗教感情。处在茂密的森林中,"在自然的伟大庙宇中"去感受。"这样的诗人是世间最杰出、最崇高的缩影。"歌德的伊菲格尼,这位经历了不和谐的神秘主义的圣人,是崇尚人类灵魂的女祭司。"如果我们愿意了解什么是真正的宗教情感,那么应该来到这里;并不是神魂颠倒,而是远见卓识;是建立起看待事物的远见;是通过事件的纷乱和物体的可见形式,敏感地预知掌握产生出来的能量和不可名状的规律;是有能力理解存在于事物中的神旨。一种相似的情感没有将神与自然对立起来,而是因为他可以在两种对立 15 个世纪之久的倾向之间重建和谐。"赞赏歌德并不是因为他创作了古典风格的《伊菲格尼》,而是因为他可以在两种对立 15 个世纪之久的倾向之间重建和谐。"人类将自然、超自然、人类意识的净化与人类兽性相对立。他不再认为美德是自由天性的结果,不再将灵魂的敏感与身体的健康相联系。对立继续存在，或许再也不会重回和谐。继文艺复兴时期的艺术家之后，歌德是唯一一位在现代重新建起这种和谐的诗人，然而仅此一例。"

然而泛神论的热诚思索渗透到泰纳的美丽篇章中，《伊菲格尼》尤其被诗歌的心理意义所吸引。平静来自于女性的痛苦，"这位高尚且令人同情的德国女性"代表了这种痛苦。虽然被包装成古典的故事，但并没有试图使她成为一个合理存在的希腊女孩，因此，勒格雷尔写道，他并不满足于为《伊菲格尼》贡献一篇拉丁论文，1870年出版了译本，而在译本之前就已经有了很详尽的研究。G.玛尔塔的一则题词希望为这部"被我们有意无意中伤的"作品平反昭雪。导言部分评论了作品中的深刻意味并讲述了作品的来龙去脉。译本将原文中的诗句转换成恰当且庄重的亚历山大诗体，对于抒情诗的独白来说，打破了其他格律：

> 我向你们致敬，祖先的孩子们被诅咒，
> 我，最后一个不幸的俄瑞斯忒斯，
> 我捡起你们在土地上播种的果实，
> 我跌落在天神的怒火之下。

尽管1874年出版了第二版，勒格雷尔的译本看似并没有消除阻挡这部杰作名声大噪的障碍，而我们本可以从这部杰作中获得启发和愉悦。P.德·圣-维克多在《歌德的女性》中给予高尚的女祭司在所有诗人笔下的女孩中进行选择的位置："她掌控着她们，犹如美女中的狄安娜。"1882年这部戏剧被重译，1901年被欧仁·戴什塔尔重译，译成诗的形式，展示出原文独具匠心的魅力。但是法国的所有舞台都不允许《伊菲格尼》心理和思想的剧情上演。我们可以说，只有格鲁克的歌剧算是一种音乐形式上的对等。相反，1902年1月至2月间，布鲁塞尔公园皇家剧院利用12晚的时间上演这部归功于德维尔少文的韵律诗式译作。

对于歌德的这部庄重悲剧来说，我们不应否认它的知名度，尽管晦涩难懂，我们也不应该否认它确实与当时的法国文学格格不入。甚至在这些限制中，《伊菲格尼》的优点是，至少给一些挑剔之人提供了机会与题材，还有与他内心和谐相称的梦想。我们毫不惊奇地发现在法德战争爆发前夕，对这次受益匪浅的接触有着如此与众不同的说法。在一个时代里，在一些法国人看来，歌德的个性似乎是平静的代名词，代表着在宇宙生命和现代人类的担忧之间令人快慰的调解。

第四部分　歌德的个性

第一章　冷静与宽厚

"歌德，现代智者中的翘楚。"

泰纳：《论英国唯心主义：卡莱尔》，1864

从歌德的回忆录、书信、谈话录以及朋友的描述中可以略知歌德的个性，法国人逐渐意识到这一点。其实，仅从歌德的作品，只能部分了解他的个性，还得通过其他的材料才能去了解更多。可以确定，随着歌德的作品越来越丰富、越来越复杂，《维特》和《浮士德》立竿见影般的影响慢慢消退，作家个性的价值逐渐凸显出来，与他的作品是独立分明的。后世评价一位名人，比如阿喀琉斯，或是瑟赛蒂兹，总之是某位他们愿意铭记的人物，几乎都是言简意赅地用一句话来总结他存在的意义、发挥的作用及其人生观。后世本能地接纳、铭记"代表性人物"，有时甚至会夸大昔日传奇人物的影响，只为拥有一个近似的、清晰的形象。法国人不止一次修改、纠正他们对歌德个性的认知。这很正常，因为未发表的材料、民众的喜好、论战或者辩解的需要，这一切都改变着这位声名跨越国界的异国人的形象。尤其在 1860 到 1870 年期间，法国大众确定了比较接近歌德精神形象的认知："宽厚的"歌德与"冷静的"歌德。之前，已经有人对此有所意识；之后，除了某几点被夸大了，这种认知几乎没有改变。在翻译歌德作品的法国译者中，有些最了解歌德的人，试图补充或者修正这十年间逐渐确定的歌德的这两种典型形象：这并不容易，因为除了任意某一部作品，歌德的态度也影响了当时法国某几位最著名人士。

人们对名人，尤其是名人的丑闻，都十分好奇，这也正是杂志、游记对歌德关注的首要原因。1801年，《哲学十日》刊载的译自《月刊》中的歌德轶事；1810年，卡托的传记概览《德国、瑞典游记》；1820年，斯塔尔夫人在《德意志论》一书中对歌德印象的描述；1820年，施珀尔林的信件；1822年，《当代人的新传记》中的文章《法国高中》。以上文章都曾谈到歌德。由于法国记者发现生活在悠裕宁静的魏玛的歌德沉着冷静，所以歌德庄严宁静、冷酷的性格便被确定下来。

奇怪的是，歌德的自传并未引起批评界的特别关注。1821年，自传第一卷出版时，法国好几家报纸都提到了，但是不管是6月27日的《通报》，还是同月的《法国水星》，抑或是3月19日的《法国公报》，都没有察觉到这部作品的重要性。斯塔尔夫人和卡米尔·儒尔当也同样认为这是一部很普通的作品。1817年，自传第四卷问世之后，司汤达讽刺地写道："我们将读到歌德的一生，一个非常可笑又自以为是的人用四卷的篇幅，告诉我们他20岁的时候如何梳理头发，告诉我们他有一个姑姑叫阿妮尚。但这表明在德国没有人觉得这一切很可笑……"

1823年，奥贝尔·德·维特里翻译的《回忆录》第一部分，好像因为一些无关紧要的原因，相对比较受欢迎。人们丝毫没有意识到，这位伟大作家的自我剖析、自我解读的尝试，具有特殊的意义，不同于歌德对当代重要事件所进行的阐释。1823年11月24日，《通报》写道："歌德对生活、游历的叙述，其实是一个浪漫主义流派建立与发展的故事。"1836年6月30日，《争鸣》认为歌德在自传中提及自己的篇幅过少。莫里斯·德·盖兰在1833年2月6日的日记中写道："这本书让我思绪复杂。玛格丽特，吕桑德，弗雷德丽卡，我惊讶于他们的想象力。18世纪中叶的德国诗歌优美,富有民族特色。克洛卜施托克,赫尔德,维尔兰,吉勒特,格莱姆,比格尔,这些德国大师们的思想具有重要的影响力,尤其在当今德国多产、辉煌的时代。"

能够从《维特》和《浮士德》的作者身上了解几个非常受欢迎角色的起源,是尤其让人高兴的。而以前,只能够在几个不谨慎的译者那里稍微满足一下好奇心。《百科杂志》为读者解读了相关场景,分析了《维特》里男女主角的性格。《维特》是一部著名的浪漫主义风格的作品,作者在书中生动地讲述了自己的真实情感经历。1824年,帕坦在《百科杂志》中写道:"歌德在《回忆录》中找到了他的维特、夏绿蒂、克莱尔、玛格丽特以及其他人物,并运用写作艺术赋予这些人物二次生命,一种永恒生命,我们无法知道歌德是如何地煞费苦心!"因而这些让歌德小说栩栩如生的人物会伤害到作者本人、作品的真正男主角。就像《19世纪水星》中写的那样:"这是一位作家一生的故事,作品比作家为人更值得后世的关注,尽管作家为人也非常让人敬佩。"

歌德并未真正离开,人们还没有打算去总结其漫长的一生,尽管某些人已经按捺不住。我们经常听到这样一些指责,比如,1820年《百科杂志》写道:"他的才华从没有用来为同胞争取社会权利,从这方面看,他丝毫没有为祖国尽过义务。"1827年,德·雷慕莎在《世纪报》中表示:"歌德既没有参与过重大事件,也没有涉及过任何激情。"对歌德的异议现阶段还只是停留在文献资料层面,以后会越来越严重、越来越夸张。人们经常把《浮士德》的作者等同于其笔下最可怕的人物,认为他既爱否定又爱讽刺,觉得他是墨菲斯托菲利斯。浅薄的专栏编辑认同这种解读,于勒·雅南更是将这种解读发挥到淋漓尽致。甚至在这位"德国文学巨匠"离世之后,也几乎没有人对这位伟人的人生价值、他坚韧和多样化的个性魅力所具有的指导性作用进行过整体评价。似乎只有 J.-J.安贝儿对这些指责恼怒不已,他歌颂歌德的付出与努力:"歌德竭尽全力保持各种才能的平衡:他想接受一切,但是控制一切……有人却认为这是自私自利的表现,就仿佛炽热的情感才是大公无私的。"对此,我认为:"歌德融合了他那个时代以及世世代代的所有美好事物,所有接近他的人都崇拜他。"

热纳瓦·索雷恰好接触过歌德,1832年,他在《世界图书》上发表了歌德的简介,但是最初在法国几乎没有引起反响,之后才慢慢引起一些回应,并在埃克曼的《歌德谈话录》中被提及。当时,浪漫主义运动已不再如火如荼,指责歌德"冷漠"的情况愈加严重。亨利·海涅在1833年3月13日的《文学欧洲》中重申德国年轻一代对歌德的攻击,在他的《浪漫派》里也提及了;1834年2月,圣伯夫遗憾地表示:"由于拿破仑、拜伦和歌德的存在,一种解读'伟大'的新方式深入人心;歌德与拜伦都具有讽刺的风格,但歌德也许更加自私自利。"1836年,埃德加·基内在关于德国的"研究"中写道:"缺乏爱德与深度,这是歌德一贯的风格。他的中立方式随着年龄的增长愈加明显。除了阿蒙神之子亚历山大以外,我不知道还有人能够在离去的时候那般自我感觉良好。……Faciamus experimentum in corpore vili①,这一直是他的座右铭。爱情、绝望、故土、人间与天堂,这才是他格律严谨的十四行诗的永恒旋律。"

歌德的性格经常受到类似的指责。歌德成功地将炽热的情感进行理智的表达,拒绝放弃自己的人生准则,不让自己的内心影响思考,所以这位睿智的天才经常被指责"自私冷漠"。另一方面,诗人

---

① 这句话是拉丁语,意思是:我们用无价值的身体去感受生活。——译者注

总是希望参与社会活动，承担神圣使命，进行政治预言，所以他们怎么会不去怨恨歌德，这个蔑视文学社会功能、拒绝接受挑战、不愿将自己的诗才用于立法请愿或者国家独立的人呢？政治赞歌，一首丑陋的歌。因此已经出现一些不一样的评论，比如乔治·桑在1839年的《幻想戏剧随笔》中认为："歌德不仅是一位伟大的作家，还是一位性格温和、本性高尚、内心正直无私的人……他是暗夜中从容平静的伟大存在。"

在法国和德国，人们对歌德的从容与宽容，对他通过诗歌摆脱精神痛苦的方式，都有种种评判。直到更多新材料出现之前，比较常见这种双重观点：对歌德的作家身份，是崇拜的；对歌德本人，是反感的。1835年，圣伯夫写道：歌德是"艺术界的达雷朗"；1841年，拉莫奈称歌德具有"冷酷的灵魂"；1842年，米什莱认为歌德是"巨大的墨菲斯托菲利斯"；1844年，夏多布里昂承认："我对歌德敬之但不爱之。"

法国很多人对歌德的印象都不太正面，在承认歌德作品智慧影响的同时，却不承认歌德本人所带来的影响，尤其维克多·雨果，更是如此。因为很多事情的原因，他看不见歌德的才华，他坚持认为歌德的"沉着"是"冷漠"，歌德的"谨慎"是"怯懦"。在他看来，这位伟大的德国人随心所欲，他不是歌德，是贝多芬。

细心些的人慢慢从之后的新材料中对歌德有一个更加详细、更加公正的判断。广大法国读者尽管欣赏歌德广博的知识、优美的作品，但是由于之前的观念太过根深蒂固，所以他们不敢希冀从歌德那里，就像从其他伟人那里一样，得到鼓励和启发。大卫·德·安瑞为歌德制作了大理石巨型雕像。歌德广博的智慧每天都会让法国发现一个新领域：自然历史、艺术批评、哲学，但他已不再是普通人，他的伟大与人类的平凡已无一丝联系。1841年，邦维尔对歌德

赞叹不已:

> 歌德的思想,囊括天地万物。

1842 年,又有一番别有意义的赞美:

> 莎士比亚,思想家!暗影!海洋!闪电!
> 歌德的渊博!席勒的灵魂!

类似的致敬之词,甚至在浪漫主义运动之后,仍旧常见。但是面对这位伟人,我们仍旧惶惑不安,因为找不到这位半神半人与普通人之间存在一点点的共性,我们失望至极。

歌德与贝蒂纳的通信,菲拉雷特·沙勒在 1842 年 7 月 31 日的《争鸣》中提到过,转年被科尔尼夫人译成法语,这些书信丝毫没有改变上文中的观点。在这段独特的经历里,面对一位年轻崇拜者的热情,这位日渐衰老、辉煌的诗人暗自抚慰心灵。杂志上刊登了多篇关于这段经历的评论。1844 年巴尔扎克由此得到灵感写出了《莫黛斯特·米尼翁》。1850 年,圣伯夫也进行了相关评论。大家的感想都是一样的:偶像若能坦然从容地对待崇拜,必须有钢铁之身,而非血肉之躯。以不可推诿的使命为名,为故事中的微笑主角辩护,似乎有些夸张。同样有点夸张的,是像莫德斯特·米尼翁写给"她"的偶像卡纳利那般书写:"您难道没有说过拜伦和歌德是'自私自利'和'诗歌'的两位巨人吗?唉,我的朋友,您也犯了那些浅薄的人会犯的错误。拜伦勋爵,歌德,沃尔特·司各特,古维尔,发明家,他们都身不由己,他们是思想的奴隶。这种神秘的力量甚至比女人的嫉妒还强烈,能够控制住他们,让他们生,让他们死,以满足自己的需求。"在 1846 年苏维斯特和布若瓦合作完成的戏剧《夏绿蒂》的序幕中,在 1852 年小仲马的《米斯泰尔摄政时代》中,对歌德进行了全方位的介绍:歌德把诠释人生作为自己的使命,并且毕生为此而努力。还有,1853 年,在 J. –N. 方丹的戏剧《席勒》中,一位年轻的法国移民这样描述歌德的性格:"他的威严、冷静与傲慢无关,是生活与才华的产物。"从某种情感上说,这种性格是可以理解的。

然而,圣伯夫目前发现了一个更加有人情味、不那么刻板的歌德。"读贝蒂纳的信件时,和她一样,我们突然发现,从歌德的起源去研究他,会发现歌德更加伟大,更加纯朴,更加自然,他是具有高尚道德品质的作家代表,并不像人们之前对歌德的印象。"这位伟大的批评家有了一种预感,之后这种预感得到了证实和发展;几乎只有他一人认为歌德"无论如何都具有人情味"。1844 年,里什洛首次尝试通过种种个人证词展示给大家一个不一样的歌德,让歌德在法国的形象更加生动鲜明,但是由于之前大家对歌德的印象太过根深蒂固,他的尝试受到冷遇。夏多布里昂发表过对歌德的评论,上文提到过,约翰·勒穆瓦纳在 1845 年 8 月 10 日的《争鸣》上发表了类似的看法:"我们越是观察歌德整个人生和所有作品,越是会坚定这个观点:这位伟大的诗人、思想家和作家的身上缺少某样东西,那就是善良。善良和美貌一样,是上天赐予的,就如同圣宠,只能从上帝那里获取。"

这种反对歌德的观点根深蒂固,固执地将他与人情味划清界限,否认他的心曾经跳动过,怀疑他从未有一刻放弃过纯知识层面的追求。最善意的人承认歌德的一生可能有另外的解读方式,这位崇高、温和的人物年轻和年老的时候不一样。希梅内斯·杜当于 1840 年 4 月 1 日承认"他从来没能很好地把维特、格茨·冯·贝利欣根与歌德联系起来"。但是,需要提供法国大众和已有评论所没有的证据才能够改变大家的认知。就像达尼埃尔·斯特恩在1849年呼吁的那样:"竟然谴责如此一位天才从来没有爱过!既可憎又荒诞的指责!"

　　1855年后,新一轮评论开始了。跟韦茨拉尔经历相关的书信的发表,阿尔芒·巴谢有关"维特起源"的书,卡尔洛夫奇女男爵的《回忆录》法译本,这些材料经过修改和精简,都是这次调查的资料。这次调查对于歌德来说,也不能说是有利的。爱德华·蒂埃里在1856年1月8日的《通报》中表示:"如果歌德一生中曾经爱过的话,那么他直到生命的最后一刻都不会忘记这段感情。他本应该忘记那份骄傲与自我崇拜。他本不应该成为一尊大理石神像,以威严的平静作为掩护。自从席勒离世之后,再也没有什么能够打破他的这种平静……"塔克希勒·德洛儿在《书店》中写道:"在所有作家的一生中,都有这样一个时刻、一声呐喊、一个词语去表达自己的激情,但是别奢望从歌德那里找到这些,因为他就是一个长着大脑的木偶……"很少有人能够像圣伯夫那样理解歌德,在1857年5月11日关于"缪塞"的一篇文章里表示:歌德感情生活的本质不是"无动于衷",而是"能够脱离作品的本领,哪怕是最初最深刻的那些创作",是通过诗歌达到解脱的能力。更少有人能够像让-雅克·维斯那样,他在1855年10月的《国民教育期刊》中写道:"在冷漠的背后,掩藏着多么真切的痛苦!在无动于衷的面具下,隐藏着多么热烈从容的理性!他是那么的同情、理解人类!然而我们都搞错了;他的那种可以将一切都转换为诗歌的能力,让我们如此钦佩,可是我们却因此对他横加指责,给他贴上自私自利、情感淡漠的标签。"

　　人们坚持否认歌德拥有热烈的情感,哪怕这样,我们都能够明白多么高的文化修养和怎样充沛的精力才造就歌德这一生!但他渊

第四部分　歌德的个性

博的知识和强烈的好奇心似乎只是他头脑异常清楚的证明，无所不能的本事掌控着这位心系人生、世界的人。寥寥几人感受到了歌德的智慧与克己。1862 年 4 月 26 日，阿米耶尔写道："歌德说：在限制中才能显出来身手。勇敢的屈从，这也是人生大师们的格言。顺从的力量，这是人类的智慧。" 1854 年 11 月 15 日，A. 达德利在《俩世界》月刊中发表了一篇关于朗费罗的文章，在文章开头，他提到了歌德崇高的人生准则："天天为自由与生命而努力的人，才值得拥有自由与生命。"

但是纠正错误与恢复名誉的时刻来临了，至少某些法国人已经开始这么做了。1857 年，巴莱兹·德·布里在关于《歌德的年轻时代》的几篇文章里写道：歌德并非一直冷漠，他也有热情洋溢、充满活力的时候。1858 年，玛丽·德·索尔姆斯发表了歌德的一些信件，这些信件之前从未发表过，是一些秘密材料；同年，《德国期刊》刊登了歌德与席勒的部分通信内容，查理·多尔菲斯为此做了一个热情的前言介绍。1860 年，在这份期刊中，查理·多尔菲斯又发表了一篇杰出的论文，完整地勾勒出歌德肖像的主要线条，强调了所受教育对歌德发展的重要影响："一种力量在增强"，还强调了这位伟大智者与道德典范的真诚与稳重。但是主要在 1862—1866 年间，才出现一些刊物、文章来纠正之前的错误认知，还有对于这一无可争议的事实的坦承：法国必须努力纠正甚至去重新形成对歌德"真我"的认知。

好几部作品，其中一些在别处已经提过了，让我们这一代人中最专心、最诚挚的人了解歌德存在的意义与价值。卡尔洛夫奇女男爵 1863 年翻译的歌德与席勒的书信只是其中很小的一部分。然而，圣-勒内·塔扬迪耶在序言中又重复了他之前经常表达的观点，歌德在信中为我们提供了很多证据，我们由此能感受到他内心的热情、情感的冲动，所以想否认这一切根本是不可能的。

在1844年首次尝试的基础上，亨利·里什洛在时隔19年后的1863年发表了更加有说服力、更加关键的作品。在序言中可以清楚地读到："我很荣幸能够忠实地勾勒出歌德的肖像，打破因无知而造成的偏见，成功地让大家认识一个这样的歌德：他因内心的慷慨与善良而值得喜爱，因性格的高贵与高尚而值得尊敬，因知识的精深与广博而值得仰慕！"这四卷关于"歌德、回忆录与人生"的书籍让人们欣赏歌德，这也表示人们希望恢复歌德的名誉。"歌德的自制能够平衡他的极致敏感。如果任由这种敏感发展下去，那么将会造成巨大的不幸。自制与敏感的平衡形成了歌德完美的情感系统，而且歌德也是费了很大力才让自己具备了冷静这一特质。虽然他有时会藏匿在孤独里，面带冷淡的表情，但是不要因此而认为他是一个性格阴郁孤僻、自私自利的人。"

同一时间，A.埃杜安在《德国期刊》上发表对刘易斯所著歌德传记的改编版：1866年，他通过几册书将改编版呈现给大众，书中引用了容-施蒂林那句意义深刻的题词："歌德的知识，是广博的，人人欣赏；歌德的内心世界，也是广博的，但几乎没人理解。"Ed.安贝儿在《世界图书》上发表了一篇文章，反对新近出版的《雷加米埃夫人的回忆》，这本书指责歌德"自私自利"。在文章中，我们可以看到这样的文字："市里、郊区有火灾，歌德必定亲临，他自私！组织自卫队，无暇顾及创作，他自私！一丝不苟地履行自己作为议员的义务，撰写报告，顾全一切，监督一切，定期参加枢密委员会的会议，他自私！但这真的是自私吗？根本不是！"

埃克曼《歌德谈话录》的法译本，向大众介绍了一个跟传说中不一样的歌德，这部作品比《回忆录》、书信或者传记都更加能够让公正的智者对歌德有不一样的认知。埃克曼作为歌德的崇拜者记录

第四部分 歌德的个性

了他与歌德的自由交谈,让人们能够如实、公正地了解这位魏玛国务参议①。歌德对各种思想形态都很好奇,崇尚真实,生活方式简单朴实,哪怕是对埃克曼愚蠢的问题,都能认真诚恳地予以解答,毫不骄傲自大、装腔作势。他不再是人们想象中的骄傲的朱庇特,对别人的敬意与奉承都嗤之以鼻。这是一位真诚、谦逊的研究者,摒弃狭隘与傲慢的英勇的智者,最伟大的人物之一,就像蒙田说的,这些伟人"博学、坦率、准备什么都做、希冀了解一切"。

在歌德的玄奥思想对法国新哲学影响正盛的时候,波尔夏翻译的全部作品的出版,展示给大家一个不一样的歌德。对于某些人来说,这着实让人激动。1862 年,出版商埃策尔出版了查理翻译的《歌德谈话录》,这个版本剖析了原始版本,声称只给读者呈现谈话要点部分。转年,查理庞捷出版了爱弥尔·代勒洛翻译的更加完整的谈话录版本。② 在此期间,很多文章,尤其是圣伯夫的三篇《漫谈》,都提到了对话录出版的重要意义,而且辨认出作品中哪些新的素材对研究歌德"真我"有帮助:"伟人的灵魂在这部作品里表露无遗。"

圣伯夫坦承:"依据早期证人和访客的证明,我们都或多或少认为歌德是冷漠的,而事实并非如此……"在好几篇分析查理和爱弥尔·代勒洛翻译的《歌德访谈录》的文章里,也有类似的坦承之言。发现歌德只是凡人而并非人们想象中的超人,确实让人欣喜。而那些一直崇拜歌德的人,从此以后再也不用怀着无能为力的心情去解释歌德晚年的从容,这更是让人欣喜若狂。丹尼埃尔·斯特恩在

---

① 国务参议:1776 年 4 月歌德取得魏玛公民权后,被聘为国务参议,整顿矿山,管理交通,参加军事委员会,掌握财政。——译者注

② 关于这两个译本的情况,请参考 J.特鲁巴:《圣伯夫最后一位秘书的回忆》,巴黎,1890 年,第 300 页。——原注

《但丁与歌德》一文中，通过一个对话，有理有据地表达了这个观点。法国人犯了一个错误，他们认为"年轻时期的歌德便具有他中年时期的力量与晚年时期的冷静"。而经过诚心诚意的评论后所取得的发现，都无法完全动摇这个很难改正的错误。妄想用一句简单的话就能描述一个人的性格，甚至是一个活了83岁的人的性格，是非常不严肃的事情。

在很多法国人看来，歌德保持着魏玛年老智者的冷淡面孔，他的从容在他们看来就是心肠冷漠，也没必要提醒他们这样理解是错误的。丹尼埃尔·斯特恩的书，某些地方比较晦涩难懂，和新近出版的作品一样，表达了对歌德的崇拜与敬仰。在热情赞扬这本书的多篇文章中，爱弥尔·蒙泰居在《通报》上发表的那篇是最精辟的。他于1866年7月30日写道："'歌德的内心世界'！以此为题能写出多么精彩的评论文章啊！关于这位诗人，人们已经写过很多，但是这个题目还几乎是全新的……如果歌德更加了解怎样去爱，他就是一个完美的人，这是所有人给予他的最温柔的指责，哪怕是那些最崇拜他的人：让我们来看看具体情况是怎样的。由于太不懂得如何去爱，所以他会太容易受到危险感情的影响……他生来拥有一颗丰富、热烈、容易被吸引的内心，还有一个坚定、审慎、认真的头脑。他在这份聪明才智中得到救赎。他的头脑任由他的内心去冒险，但是拒绝一切他本可以用来掩饰自己错误的诡辩与借口。歌德认为，人生的艺术就是不断地实践这个格言：用经历去完善自己，把一切考验看作一种新的教育方式，一番更接近真理的启蒙……而不是一种侮辱或者惩罚。然而没有任何一个人对此能够理解得像他那样透彻。"这是一种让人钦佩的见解，由此，歌德的精神意义是完善内心，达到个人发展的和谐与稳固；而不是丰富头脑，这对于他来说反而是轻而易举的事情。在他那个时代，这也是一种独特的见解，因此歌德已经用他的"宽厚"与"超然冷静"影响了法国的几位知识精英。他的"宽厚"在一些评论片断、《回忆录》与《歌德访谈录》中都有相关证明，他的"超然冷静"掩盖了晚年内心的最后激情。

19世纪60年代，法国发现了这样一位歌德：他对种种思维形式都感兴趣，并试图将它们联系起来；他尝试摆脱一切习惯与传统，发现"内心法则"，并根据它去赞美或者指责一切思想活动。歌德的这种魅力在其传记中并没有得到很好的体现。圣伯夫折服于歌德的这种魅力，他的最后一位秘书于勒·特鲁巴向我们指出，《歌德谈话录》的发表给予他的"老板"及其至交怎样的启示。1866年6月14日，圣伯夫感谢丹尼埃尔·斯特恩的书让他对歌德更加了解："最近几年，尽管我试图更加深入了解歌德，但是在这方面，我仍旧是一个新手，资历尚浅。"在圣伯夫看来，至少"最近几年"，对歌德的评论已经出现了一些改变。1835年，在一篇关于培尔的文章里，圣伯夫这样评论伏尔泰："伟大的批评家，最伟大的，当然，自培尔以来最伟大的。"而现在，伏尔泰式的怀疑论、灵活、高明、无情的讽刺，对于圣伯夫来说再也不是批评精神的最好形式，他更倾向歌德式的批评方式：发掘事物本质，站在读者的立场去评价一部作品。培尔的批判缺乏创造力，圣伯夫以前对此是称赞的；培尔的性情比较迟钝、不稳定，这让他的批判主义浅显易懂。相比较，歌德的批评是非常灵活的，所以更加可取。1860年2月20日，圣伯夫在《通报》上写道："伟大的歌德，批评大师，他制定了这个至高无上的准则，在批评艺术家的作品时必须践行这一准则，以此来检查他是否做了、怎么做的以及他想要什么……"他在关于《歌德谈话录》的文章里，毫不迟疑地写道："歌德，古今最伟大的批评家……"他赞扬这种思维的韧性和这种对知识的不断追求，由此，歌德不管面对怎样的作品，都能保持直接性，不受任何偏见的影响。"他的座右铭是：不断完善自己，前进；这也是对嫉妒、狭隘的评论的最好驳斥。"可惜的是，所有那些被呼吁必须培养自己行动能力、革新能力和同感能力的人们，没有发现歌德的存在，因为他才是这些能力的集大成者，歌德的伟大之处便在于此。圣伯夫也不能像他非常崇拜的歌德那样将个人偏见与厌恶置之一旁。他最先意识到这一点。当人们将他与歌德做比较的时候，他总是持保留态度。这也是他人生最后几年比较常见的事情。而在 E.谢雷的笔下，对圣伯夫不是完全称赞。在 1862 年 5 月 6 日的《时代》日报上，在赞扬了圣伯夫的敏锐、灵活之后，他补充道："圣伯夫只缺少一种能力，歌德也缺少，那就是情绪表达能力……他原谅一切，因为他包容一切。他有些冷漠，我觉得是生性缺乏道德观念。"奥古斯特·维蒂对圣伯夫则是完全赞美，他将二者做了相同的对比。1865 年 5 月 5 日，圣伯夫在给爱弥尔·代勒洛的信中是这样回应的："您谈论的是伟大的歌德：他冷静，他位列巅峰，而我，却身在山谷……"

　　歌德的包容，形式多样；歌德的从容，在他接受、设法欣赏各种真诚的、符合人类理智与灵魂的想法时，表现得淋漓尽致。在帝国的沉寂中，这让几位杰出人士欣喜若狂，他们没有对进步绝望，但之前或多或少放弃了人道主义的梦想。在平庸的体制之下，肯定需要几个伟大的智者韬光养晦，才能为歌德吸引来热情的支持者。1863 年 6 月 16 口，乔治·桑写道："伟大歌德的《谈话录》非常有趣，非常感人！"拉马丁在《文学通俗课》一书中对《歌德谈话录》进行了大篇幅的评论。1870 年 7 月 2 日，福楼拜重读《歌德谈话录》后，大喊道："这个歌德，就是一个普通人！但是他什么都有！"保罗·德·圣-维克多认为歌德是完美、至高智者的典范。另外，拉布莱或者沙勒梅尔-拉库尔的文章，以及诸如 J.勒瓦鲁瓦的

第四部分 歌德的个性

《隐修者年度》的书,都很好地谈论了歌德,并感谢这位伟人的存在。

魏玛这位可敬的老人不愿被卷入政治纷争中,希望通过完善个人来达到集体进步。1865年,人们肯定是按照自己的理解,带着那份伤感的态度,去解读、领会歌德。他们更多考虑的是现在的具体情况,而不是歌德的具体情况。在魏玛大公国,歌德担任多项职务,为国家做贡献,他为公共事务付出的努力比帝国知识分子所了解的还要多。可能,当人们像泰纳那样说"保持缄默,服从;让我们生活在知识里"时,他们敬佩持续不懈、自由的英雄主义思想,赞同歌德式的期望:进步应该首先指望社会机构最高层。但是人们却低估了这位伟大作家的品格所具有的教育意义。

因为歌德"真我"的真正伟大之处是在"文化"层面,而不仅仅是在高智商层面。所以,歌德的一生中,较之那份宽厚从容、那种坚持探索的孜孜不倦,"逐步发展让自己更加高尚"更能让我们感受到他高尚的道德品行。而之前人们似乎更喜欢从他身上学习知识。在1865年1月26日的《争鸣》上,关于卡米尔·塞尔登的一本书,泰纳谈论道:"提高自己,达到自我全面发展,伟大的歌德认为这是真正的人的唯一、最高目标"。但是这位朋友坚持探索、解释各种现象,似乎将这种"发展"局限为对人类、事物的科学认识。《英国文学》的精彩篇章介绍完拜伦饱经沧桑的写作生涯后,将歌德所指出的平和学说与浪漫主义模糊的憧憬对立起来。"试图理解自己,理解事物",在泰纳看来,这意味着把自己当作一种结果,就像世界上其他万物一样,有因有果;用科学解释自己的存在,解释宇宙,因此,反抗和"世纪病"将会被制止。然而,歌德不仅竭尽全力去理解宇宙,同时也努力彰显自己的个性,科学根本无法掩盖他的人生。

尤其是通过当代人所理解的歌德主义最重要的一个表现，人们才意识到为什么没能理解歌德"真我"的全部意义。泰奥菲勒·戈蒂埃的晚年态度让好友觉得他像法国的歌德，他也曾这样跟爱弥尔·贝热拉解释："是的，我想华丽地老去。就像魏玛的歌德，我也想给这个国家留下一个老年诗人的榜样，从容、作品颇多，体现一种卓越的人生，名垂千古。"而谈话录，比如埃克曼撰写的那部，可以提供给法国的歌德（戈蒂埃开玩笑说他跟歌德相比只差一个魏玛公爵）阐明自己想法、表达自己渊博知识的机会。埃内斯特·费多认为，戈蒂埃的泛神论，他的造型艺术天分，他对古代的崇拜，都让他与德国的歌德有着"千丝万缕的联系"：只需稍微参考一下歌德，将歌德的某一方面和戈蒂埃最有意义的事情混淆起来，由此便能建立二者之间的联系。总之就是稍微模糊二人之间的界限，而不需言明，就像莱昂·迪耶克斯写的那首致戈蒂埃的《葬礼致辞》：

再见了，你结束了短暂的一生，
再见了，你活在永生里，
你旁边是歌德，他坐在那儿，而你凝视着荷马！

其实，在某些爱好、举动方面，在歌德一部分作品的"可塑性"方面，二者有几个相似特征。如果不考虑这几个特征，那么两位作家只有一点是相似的：歌德表面冷漠，戈蒂埃刻意漠然，也就是"崇高的冷淡主义"。《珐琅与玉雕》的前言便是对此的最好说明，任何评论都比不上：

在帝国战争中，
在大炮轰鸣中，

第四部分 歌德的个性

歌德，建立西欧奥斯曼，

艺术呼吸的绿洲。

为了尼萨米，离开莎士比亚，

他为自己喷洒檀香，

以一种东方的格律

记下哈德哈德圣歌①。

就像歌德在魏玛的奥斯曼，

与万事隔绝，

摘取哈菲兹玫瑰花的花瓣，

不理会暴风雨

吹打紧闭的窗，

我，我写下《珐琅与玉雕》。

其实，并不是非得通过1870年的那些事件我们才能突然发现歌德并非"与万事隔绝"。早在《科学的未来》一书中，勒南便认为歌德以自己的方式为德意志帝国的建立贡献力量。1870年12月8日，加斯东·帕里斯在巴黎的一次"《罗兰之歌》与法国民族性"的研讨会上，表达了相同的观点："歌德是世界主义的，他为德意志民族的建立贡献了很大的力量。"梅济耶尔于1871年1月1日、1月5日在《俩世界》月报上发表文章，面对同胞的忧虑，他研究了歌德的态度：这位"德国思想最自由、最没有民族偏见、最人性以及

---

① 哈德哈德圣歌：据传，菲律宾的伊富高人的哈德哈德圣歌吟诵这种形式早在公元前7世纪就有了。圣歌通常很长，由40个篇章组成，如果要把这样一部完整的圣歌全部吟诵一遍的话，需要3到4天的时间。吟诵圣歌是一种很古老的传统。伊富高人在播种、收获稻谷、守丧日或其他仪式上，都会举行隆重的仪式，吟诵哈德哈德圣歌。——译者注

最有教养"的伟人，完全没有认为歌德对国家是冷漠的：他以自己的方式为国家服务，看似不着边际，但是比那些职业"爱国者"更加可靠，更加崇高。

但是在人们对歌德的印象改观之前，雨果对他拒绝任何传道、拒绝卷入斗争的态度巧妙地进行了斥责。这位根西岛的流放者认为，诗人承担着社会责任。他于1864年在《威廉·莎士比亚》一书中写道："当一位自由、富有、幸福、健壮到不可侵犯的诗人说话时，我们料想会得到纯粹、坦率、有益健康的教育；我们无法相信，任何某一个没有觉悟的人可以做到这样。"雨果引用了歌德的这样几句名言，歌德在这几句名言里嘲笑那些改革者，认为他们没想到从自己做起开始改革事业，他们很过分。雨果说："这些名言，只是很少一部分，很明显是歌德写的。歌德当时60岁。对好坏的漠视使人头晕，也能让人陶醉，然后结果就这样了。教训是可悲的。黯淡的一幕。此时，最无知的人反而是智者。"

"一句引语可以是一根示众刑柱。我们把这些可悲的句子公之于众，这是我们的责任。歌德写下的这些句子。希望我们记得，以后不再有诗人犯同样的错误……最近几年，曾有过这样的时候，诗人们把无动于衷当作神圣的创作条件，把冷漠称之为威严……"

巴尔贝·多尔维利与维克多·雨果的宗教、政治观点相悖，但是也准备拿上"缪拉的马鞭"攻击"歌德无处不在，占据了19世纪，阻碍现代思想的前景"。尽管《歌德与狄德罗》1880年才问世，但是这本书的根源却在这个时期。在巴贝尔以此为题所做研究的引言里，已经能看到《歌德与狄德罗》的痕迹；这本书谴责歌德对好多作家产生了影响。"所有希望艺术没有灵魂的想法都源于'歌德主义'。泰奥菲勒·戈蒂埃曾经就是这样，波德莱尔也是这样。老年的圣伯夫也变成了这样，他年轻时有所不同，因为他曾写下《约瑟

夫·德洛儿姆》，那时的他生气勃勃，尽管身体不好，经常进医院，但是是有生命力的！勒贡特·德·利尔、福楼拜，以及所有这些文学小巨匠，他们骄傲地自称为'冷漠派'，其实他们都是'歌德派'，不管他们是知道还是毫不在乎。"

可以肯定的是，比起歌德，巴贝尔更抱怨那些躲在歌德身后相互崇拜的小帮派；这位法国文学统帅责怪这位"冷漠的江湖骗子"心胸狭窄、自私自利、具有资产阶级的特点：批评歌德缺乏激情和自发性的陈词滥调卷土重来。虽然也有很多更加公正的意见，但是1862年巴贝尔在《国家》报上开始这种批评，之后又时不时重复的时候，还是引起了独特的反响。1866年，德巴赫勒的《生理学解释德意志性格》一书指出，虽然歌德在诗歌方面声望颇高，但是他显然顺从了"艺术'积极'引导生活的思想"。该书认为这位菲迪亚斯像阿波罗半身像一般永恒，是一位真正的"德国"诗人。

在手相术方面，小仲马在德巴赫勒那儿学到很多东西。1873年，他为巴哈拉赫翻译的《浮士德》写下最冒失的序言，不知道他对歌德会有怎样的评论？以往，小仲马曾在《米斯泰尔摄政时代》中认为歌德发表过言辞不似现在那般激烈的政治主张声明；而他对于歌德是否冷漠的论断也在合理范围之内。但是在《浮士德》序言里，失败的惨痛回忆，俾斯麦的傲慢，让小仲马失去判断力："我代表拉丁语族评判另外一个民族的文学代表，他天性冷漠、片面、难懂、善于演绎法，通过顽强的努力缓慢神秘地侵占了一种才华，但这种才华缺乏个人灵感、没有个人理想、不够正直坦荡。一本传记这样

歌德在法国
——《少年维特之烦恼》在法国的传播与接受研究

描述歌德：他'一本正经、过分讲究'，他是'感情用事的弥诺陶洛斯①，需要为之进贡童女'，总之，他自私自利。该传记显示出这样一个人根本没有能力处理'浮士德'这个古代传奇人物。所以，歌德是伟大的作家、诗人、艺术家……但伟人，不是。"

《俩世界》月刊、《时代》《文学课杂志》认为这段批评文字非常过分。福楼拜感到愤慨，伏尔泰也高呼："用再多的侮辱、驴耳纸帽②来对付这些蠢家伙都不过分！"其实，让歌德名誉受影响的作序者达到了目的。1873年，歌德的作品几乎没有更新。这一年，只有"半浪漫主义"的执着追求者巴莱兹·德·布里大量收集资料，写下《歌德的情人》一书。这个文学故事追溯既往，探讨伟大德国作家的作品，但是现在再去评判那么久远之前的事情，有些不合时宜。巴哈拉赫翻译的《浮士德》忠实、厚重，马齐埃和拉亚分别于1872、1873年试图诗译《浮士德》的部分内容。《浮士德》的最新译本、卡米尔·塞尔登翻译的《亲和力》，更确切地说，都是个人偏好的产物或者先前运动的成果，而不是再次努力探索的结果。到处都有新手翻译歌德的叙事诗，但也只是一些格律练习。歌德依旧享有盛誉，性格依旧如此。他的那种古典主义风格，人们不怎么读得懂，但是在他的知识遗产中发现这种风格却倍感骄傲。1870年的普法战争摧毁了德国的魅力，否则大众和媒体，至少几位思想大家和杰出争论者又该自诩能够客观地评价作品和作者，尤其是作者，他们以为通过他的作品和无数的材料便能够了解。虽然1860到1870年间，几位法国人对歌德转变了态度，因为他的从容、包容、自制力而喜欢他，但是现在，对于大部分人来说，歌德的影响力下降了。我们还

---

① 弥诺陶洛斯（Miontaure）：人身牛头怪兽，希腊神话中克里特岛迷宫内的食人怪兽。——译者注

② 驴耳纸帽：过去法国学校罚笨小学生用的。——译者注

第四部分 歌德的个性

可以像福楼拜一样，羡慕他的平静，但也只是无能为力的表现。几年前某些思想开明的人认为歌德能让人受到教育，而现在，几乎已经没人这样认为了。目前出现许多笔战评论，虽不似小仲马带着俾斯麦般的傲慢写下的序言，或者巴贝尔的评论那般言辞激烈，但仍旧能表明人们对歌德的态度出现了一百八十度大转变。1872年5月，埃德蒙·谢雷在《时代》日报上发表了一系列文章，语气温和，吝于赞美，塑造了歌德贫乏、"平庸"的形象；此处不是小仲马或者巴贝尔的圣象破坏论，而是无情的披露。从细节上推敲，一切都是恰当的，甚至是公正的；但是整体看来，却是错误的。关于赞扬和批评，使用双重标准，缺乏同感，而一旦没有同感，那么"我们说的就不值得被引证"，歌德本人也这样认为。"当我们结束类似的研究，试图得出最终结论的时候，会感觉比较为难。我们面前有一大堆各种各样的作品，这也许是能力的证明，但是所有这些作品，不是没有价值的尝试，就是出色巧妙的模仿：只有一部真正出类拔萃、独一无二的著作（《浮士德》），而这部著作还是断简残篇。歌德的写作范围很广，但是首创精神却不足……他缺乏纯朴，没有激情，没有创造力；他缺乏戏剧情感，根本算不上创作者：对于他来说，思考扼杀了感情，博学破坏了诗歌，艺术哲学毁坏了艺术家。"

批评有失公正，确切地说，批评并没有指出歌德的"首创精神"很大一部分体现在他的"广泛写作范围"上。另外，批评研究过于局限在细节上，而不是后退一大段距离来审视整个提纲。当谢雷为《文学批评研究》收集关于研究歌德的文章的时候，英国伟大评论家马修·阿诺德注意到：这位德国作家之所以伟大，并不是因为他曾经是最完美的诗人，而是因为将非常开阔、深奥、丰富的人生哲学与高超的诗歌才华结合起来。"对于我们来说，正是因为这个原因，他的价值与影响要大于那些更高一级的诗人。同样，他作为思路敏捷、思想深刻的智者，作为人生的评论大师，他的价值和影响必然会感染他的诗歌，甚至提高自身功绩、达到自我完美……"

歌德的品格，在谢雷的文章里总是被忽略、被贬低，仿佛一直很受挫。热纳瓦多次在《时代》日报上发表相关评论文章，对于当代内行的资产阶级来说，《时代》日报算得上是权威性刊物。1873年9月15日，在《俩世界》月刊上，L.艾蒂安发表的文章也阐述了类似的结论，进一步抨击歌德。1872年7月27日，路易·梅纳尔在《文学艺术复兴》① 期刊发表了一封信，"抓牢"德国人的偶像，"伟大的歌德，德国最令人厌恶的伪伟人之一，德国最空洞、最膨胀的没有主见的人之一"。1874年12月17日，在回复法兰西学院梅济耶尔时，卡米埃尔·鲁塞因为歌德的个性，更加蔑视地看待歌德，然而十年前评论界却对歌德的个性赞扬之极。"这个人自私、可怕，与他接触很危险。但更让我们惊讶和悲伤的是，在他最有名的作品中，除了庸俗的素材，竟然还有自己友谊和爱情的痕迹。"

这种"令人悲伤"的指责影射了诗人习惯从现实、个人经验以及身边事获取作品素材的老一套。"生活所诠释的作品"，这恰是梅济耶尔著作的副标题，而这些作品也让梅济耶尔步入法兰西学院。好像离开了老一辈知识分子，人们只愿意对德国作家歌德进行科学客观的研究。事实上，1872到1880年间，法国主要研究歌德展示才华的历史环境，好像人们无法再从歌德身上得到什么榜样力量和行为准则启示。

---

① 《文学艺术复兴》(*La Renaissance Littéraire et Artistique*)：法国期刊，1872年4月由爱弥尔·布勒蒙创刊。——译者注

第二章　生活所诠释的作品

> "我的作品只是坦白的一部分。"这些话，很少有人注意到，它们让我们明白需要去诗人传记中寻找，直到找到私生活的小细节，这些就是歌德作品的最好评论。
>
> 梅济耶尔：《沃尔夫冈·歌德》序言，1872

为了向法国思想界解释歌德作品的多样性，清楚地了解诗歌变化与他生活的时代、诗歌主旋律之间的紧密联系，不仅需要掌握更多传记原始资料和证据，还需要更多评论材料，圣伯夫在评论这方面是出类拔萃的。1800到1825年间，这方面的研究还很不完善，但是杂七杂八的材料很多，在这种情况下，法国人没办法像总结高乃依或者卢梭写作活动那样，概括歌德的写作生涯。斯塔尔夫人惊讶于没在歌德身上发现《维特》一书中所流露的动人的活力，古典派和浪漫派也几乎没能从歌德的这种"摇摆不定"中有所收获。这种"摇摆不定"指的是歌德从《葛兹·冯·伯利欣根》时期的狂野变成《伊菲格尼》时期的冷静。争论之后，我们才发现，这种兼收并蓄就是新时代的艺术契约，这位作家的写作生涯让我们体会到什么是热情好客，什么是宽容大度，这值得日后整个文学界效仿。

接着要解释的是，歌德灵感的多样性与其生活及其关注点的变化有关。阿尔贝·施塔普费尔在1825年的《概述》中说过，对作品

的研究能够与传记的口述区分开来,他还从《回忆录》里摘抄了大段的引文。1826年4月29日到5月20日期间,J.-J.安贝儿在《世纪报》上以一种令歌德十分慰藉的方式,更加清楚地分析了施塔普费尔翻译的《戏剧作品》,并将歌德兼收并蓄的写作风格与其人生的荣辱兴衰联系起来。歌德带着那份天赋与随性,掌握了各种写作体裁,不拘泥于其中任何一种,因此只能用歌德自己的人生来解释这一切。"歌德一直在变,与任何人都不同,我们几乎不知道如何理解他,经常猜不到他要去哪儿……若想完全领会他的作品,必须摒弃一切文学偏见":只有将作品与其产生的时期进行对比联系,而不是采用通用的美学标准,才能够找到发现歌德多样性的方式。歌德对这位法国年轻人的"标准"非常满意,他曾多次表示这是最"务实"、最"人性"的观点。1827年5月3日,歌德对埃克曼说:"安贝儿做得非常好,他知道展示作者与作品之间的紧密关系,把不同的诗歌作品当作诗人一生不同时期的成果,然后再进行评价。他透彻地研究了我多变的写作态度与灵魂状态。他甚至能够察觉那些我根本没有写、只能从字里行间里才能揣度到的东西……"

珍贵、罕见的洞察力!那些试图着手研究歌德所有作品的人们,其中有些是没有这种洞察力的。而这种"对比"的研究方式,在今天看来是研究歌德传记不可或缺的手段。但在当时,继安贝儿的精彩评论之后,再也没人使用了。1830年,圣-马克·吉拉尔丹在巴黎文学院发表演说:"歌德的作品中随处都可以发现他作为诗人的身影,但是歌德本人,他在哪儿?再次想说,他想要什么?观察歌德后续的作品,他似乎一直让崇拜者们摸不着头脑……"马尔米尔在1835年的《歌德研究》一书中,丝毫没有通过歌德的人生去阐释其作品,而仅仅在前言中对歌德的生平做了一个粗略的介绍。作者对此的解释是:"歌德的每部作品我都一一研究了;我试图抓住作品的

精神实质，理解其意义，而且遵从自己的感受，诚实地去分析……我尤其想要把握的，是歌德写一部悲剧或者喜剧的最初想法；我想知道这个想法从何而来，歌德如何凭借自己的才华将这个想法落到纸上，继而全面铺开，运用写作技巧去润饰，从而形成一部伟大的著作。"《歌德研究》共有五个章节，每个章节都井井有条；科学著作仅在注释里提及；戏剧这一章，以《浮士德》开始，以《克拉维戈》和《施黛拉》结束，这不太符合我们所认为的逻辑。因为当今，我们觉得在这方面必不可少的研究方法是：铺垫基础知识。然而，这一环节在这本书中是没有体现的。

大辞典里有对歌德的简介，但是不论《世界名人百科全书》中路易·斯帕什的版本，还是米肖《世界名人传记》中帕里佐的版本，抑或是洛梅尼《当代杰出人物一览》中的版本，虽然对"从歌德人生角度阐释其作品"有一定启示，但还是远远不够的。

1837年9月26日，菲拉雷特·沙勒在《辩论多样性》中将歌德写作风格的大转变仅仅归因于歌德对矛盾的喜爱，他的这一观点有点奇特。"针对那些已经被维尔兰、伏尔泰以及腓特烈大帝哲学法国化了的德国人，歌德写下神秘、激情饱满的巅峰之作：《少年维特之烦恼》；针对格林及法国戏剧的崇拜者，他写下了莎士比亚式的悲剧：《葛兹·冯·伯利欣根》。整个国家紧跟他的脚步；歌德意识到了，与他的流派决裂。他开始极度崇拜伏尔泰，写下了《伊菲格尼》、罗马颂歌和希腊诗篇。《维特》让人印象深刻，少年维特式的性格变成一种信仰，人们过度迷恋甚至到了滑稽可笑的地步。歌德开始创作《威廉·迈斯特的学习年代》这样一部写实小说，非常贴近日常生活，满篇的家庭琐事。他好像厌倦了对他千依百顺的大众，似乎他的幸福就是千方百计地推开他们，让他们苦恼。"

随着时间的推移，法国思想界能够越来越快速地了解歌德的一生和写作活动，基本上可以将他的作品对应到漫长的写作生涯的某个阶段。大家最先了解的是《维特》。1853年5月28日，G.德平在《画刊》发表的文章中指出，这部歌德年轻时代的小说包含一些真实的内容：以前只是怀疑，一知半解，而现在基本能够确定。1854年，《俩世界》月刊的一个专栏分析了克斯特纳的书，这本书标志着确定《维特》起源最关键的一天。转年，L.波莱翻译了这些材料：歌德与维特，歌德未发表的信件，歌德大部分青年时代，还有一些证明材料。没有疑问了：维特，几乎就是1772年的歌德，那时的歌德在幻想中解决现实中的痛苦经历，通过小说去摆脱内心的困扰。1855年，阿尔芒·巴谢发表了《维特起源》，评论了相关文件。L.埃诺翻译的《维特》，更简单、更通俗，在前言中，译者以新的视角研究了小说的影响和寓意。"歌德曾有过偏见，甚至是该受斥责的，他要称颂反对一切、反对精神世界神圣秩序、反对社会关系秩序的罪行，我们现在是无法接受这种行为的……是耶路撒冷和克斯特纳将'自我毁灭'引入《维特》，而不是歌德。《维特》已经不再是一位诗人的幻想作品，而是诗人悲惨人生很有说服力的记录……"在法国的期刊上，发表了很多篇文章，讨论韦茨拉尔那个章节以及文学表达。1856年2月4日，F.戈尔德施密特在《通报》上写道："歌德的才华，仿佛是一面神奇的镜子，能够反射出他内心的动荡与痛苦……"而针对这本被解读为歌德主观、隐私的表达的小说，1855年6月圣伯夫在《现代杂志》①所做的评价是最清晰、最公正的了。他让人们了解到兴奋与快乐，强烈、傲慢的憧憬遍及这本所谓绝望情绪的经典书籍。同时，他指出，现实照亮幻想："这是《维特》真正

---

① 《现代杂志》（*La Revue Contemporaine*）：是一个文学、政治、哲学期刊，创刊于1852年，停刊于1886年，最初是半月刊，后来变成月刊。——译者注

的瑕疵。而这本书对于艺术家来说真正的结论（因为维特是艺术家，或者想成为艺术家），是歌德本人选择的结论，努力描写自己，找事情做，创作，继而痊愈……《维特》的这种结局损害了正文部分……如果我们考虑作者截然不同的性格和某种意义上相反的命运……"

继"韦茨拉尔的歌德"之后，就到了"意大利的歌德"，或者"与席勒联系的歌德"。这些时期的歌德，形象渐渐明朗起来，不似一本不太有名的传记中描述的那般模糊。这就能够帮助大家明白诗人之前不可理解的大转变。1856年6月20日，欧仁·冈达尔跟内弟讲述他在卡昂关于歌德的授课，他说整节课都在讲歌德的意大利之旅。他写道："我跟随歌德在意大利的脚步，向大家说明了歌德在南方的阳光和古典艺术影响下的转变。"1858年，《德国期刊》刊载了歌德与席勒之间部分通信内容，查理·多尔菲斯为此所写的前言赞扬了这些材料的重要价值；1863年，卡尔洛夫奇女男爵将这些材料翻译成两册书，圣-勒内·塔扬迪耶为此书做评注。1862年12月，在《国民教育期刊》上，勒格雷勒针对波尔夏翻译的忠实、厚重的《作品全集》发表了一系列重要文章，对比了魏玛时期歌德的人生与作品。

最终，直接或者间接地利用德国人的研究，辅之以歌德本人的证明材料，价值不等、初衷不同的好几部作品通过传记、心理研究去了解伟大的诗人。为此，除了《回忆录》之外，还需要其他材料，而这些材料通常是不准确的，或者不完整的，另外语气也是不肯定的：当法国批评界开始做这方面研究的时候，在德国，人们通过参考书信材料、歌德的回忆以及当代期刊，已经撰写了几本歌德传记，英国人刘易斯已经写下了《歌德的生平》。

确切地说，1855年在英国问世、1856年翻译成德语的《歌德的生平》让法国批评界开始了总体的研究。从1861年10月15日到1862年6月1日，A.埃杜安在《德国期刊》上就"歌德，人生和作品"发表了一系列文章，对《歌德的生平》做了"内容丰富翔实的研究"。1866年汇集成书，书名为：《歌德，人生与作品，当代与现代》。书名雄心勃勃，我们注意到，此书极力赞扬了歌德的高智商与值得尊敬的非凡努力，而对于歌德的品性却没有给出如此高的评价。刘易斯作品的法语改编本完全仿照了原作的传记提纲。埃杜安的这部作品与波尔夏的译著、丹尼埃尔·斯特恩以及卡罗的作品是同时期的。这部著作应该有自己的用处：它不应该仅仅是一次临时的传记评论尝试。1844年，亨利·里什洛发表了《诗与真》的法语版。1863到1864年，他汇集了歌德笔下的所有证据成书：内容丰富，整整四册，书名为《歌德，回忆与人生》。里面汇集了许多自传体作品，并辅之注释和补充材料，使用了里耶梅、埃克曼、舍尔、丁策尔最近的作品。这本书从前言开始，就提醒读者注意这些传记材料对理解歌德诗歌具有重要意义。"我们从'回忆'里了解哪些影响和感情让最优秀的作家创作出他们的杰作，这些'回忆'是艺术历史和人类思想中让人好奇的一部分；而这些杰作，我们也不再把它们当作独立的个体，而是将它们和作者的人生以及时代联系起来，这样才能够更加理解这些作品，而它们也会变得更加珍贵。作者和作品之间的亲密联系在歌德身上比在其他任何一位作家那里都要更加明显……了解他的人生对于理解他的作品是必不可少的。"

这种紧密联系就能够解释，为什么里什洛在书中对歌德的写作活动进行了大篇幅的年代评论。他用整整四册书来描写歌德几乎没什么特殊事件的一生，表面看来比拜伦或者夏多布里昂的人生更加贫乏：可以这样说，歌德的作品待在后台，他的人生占据着前台。

第四部分 歌德的个性

相反地，1870 到 1880 年间出版的好几部著作，都把歌德作品放在前台，把写作环境当作后台、布景和背景。在这个时期，歌德因为国籍的问题受到不公正的待遇，人们更倾向于研究他的作品，而不是像现在这样去崇拜他、去领悟他的教诲。

然而，"我们崇拜的是歌德，跟德国没关系，跟普鲁士更加没关系"。1872 年，在战前所写的一部著作的前言里，阿尔弗雷德·梅济耶尔这样表示，梅济耶尔的这部著作在法国败北不久后出版。很多人因为战败而迁怒于德国之前的伟人，认为他们对此也负有责任。该著作的书名是《沃尔夫冈·歌德：生活所诠释的作品》。从书名就能够了解作者的意图，在序言中他还再次强调："我的作品只是坦白的一部分。"这些话，很少有人注意到，它们让我们明白需要去诗人传记中寻找，直到找到私生活的小细节，这些就是歌德作品的最好评论。通过他自己的描述可以看出，他人生的各种事件之间，他体验的情感和所呈现给世人的作品之间存在隐形的联系。

"……我们只有把对作品的研究和对生活、尤其是感情的研究联系起来，才能够明白歌德作品的真正含义……有些作家是完全躲在作品后面的；相反，歌德不是，每部作品都留有他的个人印记，都体现他性格的某个特征，同时，他内心的感受都是通过某一部作品表达出来……"

这部著作的两册书按照这个写作计划，通过那些歌德展现写作才华的日子，阐释了歌德作品的多样性。这种评论方式在今天看来是过时了，但在他那个时代完全不会，并且这种轻快的赞许自有其不可置疑的优势。1872 年 8 月 12 日，希梅内斯·杜当就第一册书给多内小姐写过这样一段文字："阿尔弗雷德·梅济耶尔这部关于歌德的著作非常精彩。仿佛他曾与歌德亲密相处过，他没有招摇撞骗，相反，非常一丝不苟，他具有一位严格的历史学家所具有的所有美德。"1872年7月21日，在《争鸣》上，阿道夫·弗兰克写道："这是一位批评家、醒世作家的作品，通过分析歌德的情感与激情来阐释他的作品，目的只有一个，就是解决这个问题：一位伟人的才华究竟依附于他的性格到何种程度？"

好几篇分析文章将梅济耶尔的著作与同样发表于1872年的Ad. 博塞尔的《歌德，他的先驱与同代人》联系起来。这部作品，是博塞尔非常具有洞察力的研究的第一部分，转年，他又发表了《歌德与席勒》一文；作者在第一部分的前言里写道："歌德说他所有的诗歌都是当下形势的产物，他所有的著作都是人生坦白的一部分……研究歌德对人生的描述，让我们体会到歌德诗歌如此不同寻常的魅力！"而就第二部分，作者这样写道："我们经常强调歌德人生与作品之间的紧密联系。在歌德身上，人与诗人这两种身份互相解释，互相点评，互相交融。每部重要作品都能够对应到传记的某个片段，由此能够被还原到歌德人生的某个时期。"他甚至还总结道："歌德最有条理的作品，就是他自己的人生；他是自己命运的最重要缔造者。他将一切都依附于诗歌，但是诗歌只能促进他思想的发展，反过来应该能够教育他的读者。他的每首诗歌、每部戏剧、每本小说，如果独立来看，彼此之间是有空白的，但是如果将其都还原到传记中的某个片段，它们又非常和谐地相互补充、相互支配。在歌德身上，诗人这一身份有成长期、成熟期和衰落期，但人这一身份却一直在成长。根据歌德自己的表达，年复一年，他逐渐变成一个更加完美的人……"

"诗歌，就是解脱！"歌德的这句名言言简意赅，适合于这位伟大天才的全部作品。更何况那些主观、私密的文体，尤其是浪

第四部分 歌德的个性

漫曲、哀歌、颂歌，永远契合这句名言的真谛。由于没有从这个角度考虑，所以好几位批评家都非常严格地评论了这些诗歌，或者至少没有那种感同身受的情感。如果将其与歌德人生的波折起伏进行对照，它们就能重新体现价值。拉普拉德在《自然情感》一书中，将歌德的诗歌与希腊诗歌做比较，凸显歌德诗歌的简朴。1868年爱德华·舒莱在《浪漫曲历史》一书中，赞扬了歌德抒情诗的纯朴。"歌德在自己的诗歌里真诚、真实，就像平民在自己的民歌里。他有勇气做一个真实的人，这体现了他的伟大和英勇。他毫不掩饰或者美化虚弱和过错，将其与大度、同情一起展示出来。他的话语与行为都在光天化日之下。面对面注视他，能一直看到他的灵魂深处……"真诚缪斯是这位诗人最大的安慰者，真诚缪斯影响下的佳作能够阐明这个表象的悖论：伟大的奥林匹斯神是很好的德国朴实民歌研究的对象。

E.利什唐贝热于1877年发表的《歌德抒情诗研究》不仅仅研究了浪漫曲，还研究了歌德最私人的各种作品。评论十分透彻，既牵扯到歌德的生平，又论及他的文学作品。作者表达了他的双重目的："通过人生阐释诗歌，通过诗歌诠释人生；同时独立研究诗歌，发现其中美的奥秘。"由此得来这样一个提纲：将年表的顺序和系统的划分整合到一起，同时尤其要求后者服从于前者，浪漫曲这一文体除外。尽管法兰西学院盛赞了这份杰出的研究，但是他的常任秘书却在报告中流露出对生平研究方法应用于美学赏析的担忧："E.利什唐贝热先生致力于通过歌德人生的种种事件、灵魂的种种情感来解释诗歌作品……通过日复一日的写作，E.利什唐贝热找到了关键，歌德也许早就道出了人生与情感、欢乐与遗憾、微笑与泪水的秘密！可怕的理论，可爱的反论，但是不能够过度使用！"但是通常对于研究歌德这一领域的作品,还有类似《维特》这样的小说,这种方法似乎合理,可以接受。

况且,对于像《浮士德》这样的鸿篇巨制,类似的研究方法是必不可少的;其实,小仲马曾在巴哈拉赫译著的前言中介绍了歌德的生平;1879 年 11 月 1 日,巴莱兹·德·布里在《俩世界》月刊发表了一篇文章,通过歌德人生的荣辱兴衰去领会其复杂诗歌的变化与发展。那些年,法国对歌德研究主要采用这种方法,而且法国人对德国作品越来越关注;那段时间里,只有科学界和追溯过往的评论界研究胜利者德国的文学。阿蒂尔·许凯分别于 1885、1886 年就《葛兹·冯·伯利欣根》和《赫尔曼与窦绿苔》出版了精彩的著作,著作前言无可指摘;另外还有一些教育界人士,了解德国相关研究后,发表了几篇有良心的文章。我们曾反复领教过德国科学研究的渊博与精准,而这些作品运用法国人的清晰思维将其更好地呈现出来。所有针对这位伟大作家生平的研究,都使用了传记对比这个既有用又简单的方法。这个方法甚至慢慢成为歌德研究的准则,似乎没办法不重视这种决心,歌德的《回忆录》似乎让大家带着这份决心去研究、去追随。1882 年代勒洛在《学校家庭丛书》上发表的《歌德》,以及 1890 年 J.菲尔梅里在《畅销经典丛书》上发表的《歌德》,都通过介绍作者生平来深入分析、批评诗歌。

因此,歌德的艺术多变性肯定能够得到最好的评论。然而我们真的能说是通过人生诠释了作品吗?利用这种方法,只考虑歌德总体说来乏味平庸的生活中的事件细节,我们就能够找到一流诗歌的奥秘吗?他的情感经历虽然多种多样,但是没什么奇特的。另外,18 世纪那么多作家受到宫廷的热情接待,这些宫廷可比魏玛的小官邸热闹多了!或者他们在意大利游历了更长的时间,在罗马度过了更久的时间!

通过一份因果关系报告,将文学研究与环境描述紧密结合,这样做会不会降低作品的重要性,会不会将作品的重要性归并为作者生平的重要性?1898年9月17日,爱弥尔·法盖在《蓝色周刊》[①]中关于Éd.罗德的《论歌德》做过这样的评论:歌德的作品规模巨大、热情奔放,而他的人生,与几乎所有伟人相比,都显得平庸,可以说庸俗乏味、平淡无奇。"那些致力于学术研究的人去理解《维特》《托尔夸托·塔索》《亲和力》《浮士德》第一部和《浮士德》第二部,传记研究方法肯定是不合适的"。

不管怎样,这种方法有可能削弱诗人的意义,太经常将读者带到缓和的山坡,或者让读者滞留在顶峰。那些预料能在复杂的生平、轶事与众多文学著作之间找到绝对平衡的人,面对这种方法,会有些失望。但是从某些方面来讲既公正又有效的方法,为何丝毫没有好运呢?歌德推荐过这个方法,圣伯夫想找出作家背后的人,将这个方法运用到各种各样的对象身上。这种方法应该尤其适合于实证主义者控制的时代,打算不容许思想自由的时代:"培根悖论"为了才华横溢的掌玺大臣,贬低了莎士比亚,以此获得宠爱,从这个角度看,宠爱是证据存在最有意义的地方?

无论如何,对于歌德的作品,需要有人让我们注意到他的强烈个性,这种个性能够不断提高、颂扬人生经历和观察的小细节,能够让看似分裂、杂乱、平淡、平庸的东西具有韵律以及和谐。否则人们也许会有这样的印象,就像《耶稣社会圣父研究》中的一篇评论文章说的:"如果用一个词总结歌德83年的人生,那Wirrwarr这

[①]《蓝色周刊》(*La Revue Bleue*):又名《法国政治文学周刊》,创刊于1863年,停刊于1939年。——译者注

个德语词最为恰当,它的意思是混乱"——体会这种混乱、不调和、混杂、不协调。然而这就是歌德一直以来的个性,是一个人的"真我",可以将各种各样的人生经历协调到令人赞美,这是1880年左右对歌德生涯最主流的一种观点,是法国思想界对德国作家持有的最重要的观点。

第三章 "真我"文化

> "正义者、学者和艺术家神圣的努力。每个人都付出自己的努力。为了创作,歌德必须自私自利。如果艺术家卓越的不道德能够让其完成所肩负的神圣使命,那么这种不道德便是一种变相的至上美德。"
>
> 勒南:《哲学对话:梦想》,1876

1870年普法战争后的那几年,就像我们看到的那样,歌德在法国的形象一度受到影响,但是,一些学者、文学史学家开始支持德国这位伟大的作家,而不是新闻评论家。这个时期,埃德加·基内也觉得德国从今以后能够传递给法国的精神启示只有叔本华、哈特曼那些令人灰心的思想体系。我们可以看到,1872—1873年,小仲马、谢雷、路易·梅纳尔都曾在自己的某些作品里谴责过诗人传说中的冷漠和所谓的自私自利,把歌德称为"俾斯麦的同胞"。虽然有个别人持反对意见,认为这些攻击过于激烈,歌德不应该受到这样的批评,但是很明显的是,法国大众也同意"拒绝歌德"的思维,他们几乎不会想到在歌德的个性或者作品中去寻找一点点教诲或者感情的痕迹。

他的个性?就像小仲马说的,还期待从这个"可敬的小顽童"身上得到什么鼓舞吗?"况且既然社会重组和道德重建是法国重中之重的任务，宗教和爱国精神是首要责任，所以也不会希冀从祖国、宗教观念相对落后的人身上得到什么东西。"埃内斯特·埃洛写道："歌德在朱庇特雕像前诵经，但是这个可怕的恶魔却转而反对自己，由此，朱庇特的名字变得更加可笑。这种崇拜很适合同时杀死人类和上帝。"在别处，不管怎样，好不容易从歌德身上获取到基督教的坦诚。1874年，拉瓦勒主教布戈阁下在《基督教与当今时代》一书中说："歌德，最渊博、最强大的人，然而也是当代所有诗人中最没有信仰的一个，他称基督为神圣的人、圣人、所有人的典型与模范。"1876年，A.布若在《德国文学》一书中怀疑，这样一个作品与人生都笼罩在"疑惑，捉摸不清"中的歌德，是否曾经给灵魂世界带来一丝曙光。"来自上天的光辉是永存的、永久的、神圣的，歌德去另外一个世界寻找，但是他曾拒绝在人世间开始追寻，比如在宗教真理中，在这种尽管不太完善的预先启示中。"1873年，海因里希在《德国文学》第三卷中谈论了歌德的决定性意义，虽然结论不够明确，但是怀着同样的谨慎。

那么他的作品呢？大部分地位都下降了，人们停止研究了，这让他的个性没有丝毫的伟大可言。路易·梅纳尔说："在歌德的全部作品中，找不到一丝道德的痕迹，而艺术作品一旦不道德，便没有任何美学价值；所有下流、可耻、不道德的东西，总是丑陋的。"这种谴责尤其针对《浮士德》，书中的赎罪似乎是不能容忍的，影响是负面的；谢雷和小仲马不是唯一这么认为的人。1872年，在Ch.波特凡的《论法国文学的堕落》一书中，有个调查探讨了文学的不道德，认为它和其他社会危险一起威胁着我们的国家。调查还认为在歌德的哲学戏剧中看到了"怀疑论史诗"，剧中主角"活不到最后，在怀疑论魔鬼可怕的嘲笑中死去……毫无科学意义，对于人世间的事情是虚无的：这就是浮士德。人类超自然的领路人……这是讽刺、

否认、亵渎神明的话……"1874 年 4 月 8 日，Éd.德吕蒙在《公益》日报①发表了一篇关于《圣安东尼的诱惑》的文章，福楼拜对文章中他的褒扬之词受宠若惊。德吕蒙在文中写道："《浮士德》如今似乎更加震撼，赢得了更多的赞美。我们下意识准备好去欣赏它，也许是出于一种启蒙，或者更是一种习惯。自从我们到了能够阅读的年纪，便把这本著作归类为不道德杰作之一……我们承认，我们认为居斯塔夫·福楼拜的作品优于歌德的作品。不然，圣安东尼奥的理想比浮士德博士的要高远。抵抗得住比战败强。圣安东尼击退了墨菲斯托菲利斯。他是胜利的浮士德，不是被战胜的浮士德。浮士德这个词，意味着自我的宠爱和上帝的遗忘；圣安东尼这个词，意味着上帝的宠爱和自我的遗忘……"

在《浮士德》一书中，一切都是缺乏条理的、不平等的，构成要素繁多，联想与现实冲突，作者在人物身上加入自己独特的推理、个人爱情的回忆以及个人境况的描写。

《维特》的处境也好不到哪里去。人们找到以前的一些谴责来反对这本书。1872 年，埃内斯特·埃洛这样写道："如果说《维特》再也没有被模仿，那是上帝在保护人类免受罪恶逻辑的影响。《维特》是将人类赶进坟墓的书中典型。"1880 年，P.查理庞捷在《道德疾病：世纪病》一书中，质疑歌德要求如数坦陈的权利这一原则："我不知道有任何必要允许在人民大众中种下道德紊乱的幼苗。天才，也许歌德想争取天才的权利，我也想；天才有自己的特性，但不应该藐视人类的安宁与生活……"

面对这些处处都有的限制，德国诗人与其作品的伟大与价值、敬重与崇拜的证据主要存在于那些我们已经见过的作品，那些把歌

---

① 《公益》日报（*Le Bien Public*）：创刊于 1868 年，法国一份地方日报。——译者注

德作为古典作家研究的作品，总之是那些没有使用现代研究方法的作品。在文学领域，如同在国家、社会生活中，这样的研究方向是不可行的。舒莱在1876年所作的《音乐戏剧》中，对歌德进行了大篇幅的评论："现代诗歌最伟大的改革者，如果可以的话，还可以称他为新理想的组织者。"诸如此类的书属于"反潮流"，引领未来潮流，但是还不为当代人所知。在所有诗人的脑海里，仍旧停留着浮士德。1872年，在路易莎·西费尔的《浪漫喜剧》一书中，巴托尔杜本堂神甫，就像歌德笔下的浮士德博士，用整个青春追逐科学，在晚年，期待体验爱情。在爱德华·格勒尼耶的"现代悲剧"《雅克利娜·博诺姆》中，墨菲斯托菲利斯的作用比较小。维尼尔·德·伊瑟尔亚当的戏剧《阿克塞勒》第三、四部分受到《浮士德》第一部很大的影响，其中有后者的影子。1875年，保罗·布尔热在《不安的生活》一书中将歌德与柏辽兹联系起来，探讨《浮士德的沉沦》① 对其笔下人物之一乔治·安瑟里产生的影响：

  当艺术家的手臂又长又有力，
  比如歌德，双手触及一个人时，
  这个人便受苦、让人迷惑、有了生气。诗人
  在其眼中放了那么多灵魂，心中放了那么多血液，
  在晦涩的、极大的、胜利的魅力下，
  那些凝视他的人从他身上学到一些才华……

1787年，莫里斯·布绍尔发表了《现代浮士德》——一个用诗

---

① 《浮士德的沉沦》（*La Damnation de Faust*）：法国作曲家柏辽兹1846年创作的合唱剧。——译者注

与散文书写的幽默故事。

> 浮士德，唐璜，他们总是骇人的：胜利者
> 将他们定格在最高傲的姿态……
> 又再次将他们呈现给世人，但是穿着
> 现代的大衣，这一次是平静的，
> 再也不用担心无动于衷的上帝
> 和撒旦突然收起的双手？
> 这就是我试图……

尽管序言如此，但书中呈现给我们的主要还是一个出言亵渎神明、拜伦似的悲伤的浮士德。德语原文翻译成法语诗句的最好范本，是1875年马克-莫尼埃发表的版本。这个译本旨在"为不懂德语的法国读者带来尽可能多的乐趣和感情"。翻译成诗句，就意思的传达而言是冒险的，但考虑到日内瓦诗人的野心和翻译技巧，这又是可行的。可是相关评论文章寥寥无几，这说明冷漠的大众并没怎么关注这个新版本。人们过于重视自然主义，由此歌德的艺术形式能够真正保持影响力。至于他的哲学思想，似乎受到其个人主义和对集体决策不够关心的影响。1876年，勒南以至上超脱赞扬了歌德这种被视为自私自利的态度，而且他让《哲学对话》中的一个交谈者表达这份赞扬："正义者、学者和艺术家神圣的努力。每个人都付出自己的努力。为了创作，歌德必须自私自利。如果艺术家卓越的不道德能够让其完成所肩负的神圣使命，那么这种不道德便是一种变相的至上美德。"

那时，在活跃的文学界，几乎没有愿意主动接受这种影响的迹象。"诗歌与批评的联姻"，歌德在这方面很擅长，创造者具有探究

者与行家的意识,这种自发性臻于完美;而这种联姻在阿米耶尔和爱弥尔·蒙泰居看来,是当时最流行的小说家之一谢尔比利耶的特点。其实,他非常崇拜歌德,倾向于从历史角度,将歌德式的理想与俾斯麦式的德国强硬"现实主义"比较。以上这一切需要注意吗?皮埃尔·德·特鲁瓦蒙的戏剧诗《米尼翁的最后一天》就是从《威廉·迈斯特的学习年代》获得的灵感,这个需要提醒大家了解吗?莫泊桑为了彻底阅读、参考歌德的著作,错失了研究其他外国伟大作家、撰写《高卢人》的机会,我们应该对此感到惋惜吗?1880年11月15日,屠格涅夫在给莫泊桑的信中写道:"开始吧,开始吧,比如……德国从歌德开始研究,巴尔贝·多尔维利刚刚非常愚蠢地诽谤了他。"通过与德国诗人的接触,也许法国短篇小说家令人敬佩的客观态度上升为全方面的创造观念,最终写下了生动的作品。

　　1880年,巴尔贝发表了一套"歌德研究"著作,得到了比想象中要多的关注,屠格涅夫讽喻过这部作品。这一年似乎是歌德在法国知名度复兴的一年。《浮士德》有了新译本——莫斯奈、里德马顿、丹尼埃尔、G.格罗斯都重译了《浮士德》;《维特》和《赫尔曼与窦绿苔》的老版本又重新发行,再次提供给大家接触这些著名作品的途径。歌德人格的意义也似乎再次走出历史的困境,不再局限在评论和经典书籍中。"歌德最让我们喜欢的,是开放的智慧,豁达的同情,广泛的好奇心,令人佩服的理解、喜爱、关心一切的天资,这一切不仅让他成为19世纪的伟人,更成为一名世纪诗人,当今时代国际人才的最完美的化身。"1880年1月31日,保罗·施塔普费尔在《政治文学周刊》上这样说明德国伟人的持续影响,这又回到了泰纳于1860年对歌德的理解:"宽容的歌德。"这是在歌德身上重新找到最积极宗教思想的对应词,不久前人们也这样做过,而不是按照A.塞尔的方式去阐释鲜明的或者象征的启示。A.塞尔于1880

第四部分　歌德的个性

年、1881 年发表了两篇奇怪的抨击文章：《崇高的歌德与维克多·雨果》《歌德与穆瓦尼奥神甫的信仰》。尽管作者自称为"普通的信徒"、特殊的歌德崇拜者，虔诚地信奉基督教、敌视共和体制，但是在这里却为歌德筑起了最意想不到的祭坛。"但愿我们能够一直思考《圣经》《神曲》① 和《浮士德》；一切尽在其中。这三部佳作无与伦比。"

然而，对于当代法国思想界来说，有关歌德的原则并非存在于其诗歌所展现给我们的兼收并蓄中，也不存在于其思想与最古老的人类信条的协调中，也不存在于巴贝尔所谓的急需揭露的"冷漠"里。尽管《浮士德》保有比较明显的优势，但是其他任意某一部作品的影响还是不大的。沃韦纳格侯爵说："早晚有一日，我们只拥有灵魂。"在文学史和个人命运中，很明显也是如此。然而，此时此刻，我们几位最杰出的作家所拥有的歌德，不再是魏玛的奥林匹斯神或者埃克曼的对话者，暮年活泼雄辩、高高在上；而是通过论说逐渐显露的歌德，"自我文化"这个表达所指示的歌德。我们知道这种学说是如何形成的，是在外部世界主观现实否认哲学体系的影响下，在不利于讲究的人进行无私活动的社会环境的影响下，尤其在过于讲究的理智的作用下，而丰富的人生源泉无法再维持这种理智。"真我"，受到现实的压迫，反而创造了世界；由于"真我"认为我们只拥有自己的思想，由于宇宙只是"我们无限展开的灵魂"，所以"真我"通过"文化"尽力"成为最可能"，也就是说尽力接受现实的东西，尽可能多地接受各种感受。它力图依次品味思想和人生，等待新的经历，不过分计较那些满足渴望的借口。风景和书籍，人

---

① 《神曲》（*Divine Comédie*）：但丁的传世之作，这首长诗分三大部分（地狱、炼狱、天堂），共有曲百首。——译者注

类和事物,公共生活行为和私人生活状况,这些都成为纯净的灵魂状态。优雅的智者应该明白,如果可以,要努力增加有利于孤芳自赏的机会,而不是仅仅满足于感受或者思考。勒南在其中建立了众多现实的哲学戏剧,阿纳托尔·法郎士的传奇自传,巴雷斯的"心理治疗站",于勒·勒迈特的印象主义评论,保罗·布尔热在众多领域的研究,这些都不同程度地与"自我文化"有关联。同时期,印象主义进行深奥的尝试,以形成一个与粗俗现实不同的世界,在"自我文化"领域引入这种尝试,可能也是完全可以理解的。危险的理论,可能会陷入纯粹的文学艺术爱好,或者最平庸的利己主义。自我膨胀,这种文化、发展愿望的满足,没有被我们能力有限的认知、他人对"权力就是一种欲望"的认同所困住。"发展",若想成为"完善",必须做出很大程度的放弃;我们将自由发展的个性比作"美丽的树",而后者的生长可能无法完全"随心所欲",还要受制于重力、不利季节和森林中其他树的遮挡这些因素。

《回忆录》中的歌德,如此专注于自身的充实,惦记着利用生活经验提高理解、感受能力,似乎根据艺术平面图专心于保持自身的完整,这样的歌德看起来完全有能力处理自我文化的问题。他的作品本身也只是标记出灵活写作生涯的各个阶段,这是经过论证的,这尤其是最敏锐的人的艺术作品。他用心地将自身与将个性引入歧途的环境分隔开来,往多个方向发展自己的各种能力。因为这种用心,他被列入往昔最"利己主义者"的队伍。就像尼采所理解的那样,同时在1880年的知识分子眼中,歌德似乎曾经是这样的:"他想要的,就是完整;……他遵守纪律,就是想成为完整的人;他完善了自己……"但是满怀雄心壮志的这一代人,忽略了这一事实:在歌德的"纪律"中,他的个人主义含有独特的克己内容;歌德还远远没有牢牢控制内心,提前避免"蛮族"的入侵;他甘心于凝视的,"就像人们看星星一样",不仅仅是施泰因夫人。"放弃"这个词,既有道德的意味,又有"发展"的含义。另外,歌德严谨地对待科学研究,厌恶那些在他看来有辱人类尊严、反对发展的想法,他的这些行为都让他远离任何不可靠的、无动于衷的文学艺术爱好,这是很确定的。

不论将歌德的意义如何解读成一种吸引人的亚历山大文化①,可以肯定的是,1880—1895年间的文学中最杰出的部分便是将歌德解读成有名的"利己主义者"。勒南在《童年和青年时期的回忆》的前言中写道:"歌德把回忆录命名为《诗与真》,显示出自己的传记与他人传记的书写方式是不同的。关于自己的描写总是富有诗意……我们写这样或者那样的事情,传达给别人自己的世界理论。"保罗·布尔热的《当代心理学文集》和《研究与画像》多次将歌德塑造成高级人类的完美典型,他清楚地知道并且能掌控自己的智慧,而且布尔热已经开始忧虑如何解决科学或者分析与内心自发性之间的协调难题;《希望之乡》的前言也探讨了这个问题。在1889年8月3日的《蓝色周刊》中,阿纳托尔·法郎士就Cam.伯努瓦刚刚翻译的《浮士德》写了一篇精妙的文章;尽管客观的阐释有理有据,"歌颂歌德的写作活动与才华,鼓励智力行为",但是他毫不犹豫地将他最喜欢的两句箴言运用到复杂的诗篇中:"伟大的诗人创作出杰作,就是为了让我们每一个人也能创作出自己的诗篇。阅读一部作品,就是重新创作……"还有:"浮士德处在智慧与感情之间,这是一种怎样的处境啊!……他意识到理解的快乐便是悲伤……"

"自我崇拜"付诸行动时,趁机依靠或者借鉴歌德以及他的态

---

① 亚历山大文化(alexandrinisme):公元前3世纪至公元3世纪亚历山大城的希腊文化。——译者注

度,就像在纯知识世界依靠多重好奇心一样。布尔热的《国际都市》一书的主角多尔塞纳说,他唯一的目标就是"将强烈感觉理智化"。说得更加明白一些,就是渴望从人类的存在中尽可能多地体会生命所给予的感受,体会之后再进行思考。不管对不对,他认为在他最崇拜的两位作家歌德与司汤达身上清楚地看到他们持续践行着相同的原则。然而,在他无比理智对待的几部作品中,歌德的《回忆录》位于首位。如果说多尔塞纳面对阿尔巴·斯泰诺的感情有所保留,我们也不会感到奇怪,因为这正如歌德在瑟瑟南牧师的女儿弗雷德里克·布里翁面前一样。

从朱利安·多尔塞纳到莫里斯·巴雷斯,也许唯一的不同就是前者是小说中的人物;后者是专心于将生活置于自我文化之下的作者。他经常假借歌德之名阐述自己的理论,有时也会随意歪曲歌德的思想,因为德国作家试图从事物中获取与事物本身最接近的观点,不掺杂人类的想法,从中只看到"可以同化的情感,以便提高自己"。至少,歌德个性持久不变,他接纳这个敏锐的"自我",所以这种"自我"才能够在《在野人眼前》这部作品中维持原状、显现出来。《贝蕾妮丝的花园》中有这样一处注释:"一切都是真实的,一切又是不精确的。当环境让我屈服于这个或者那个,我便会这样胡思乱想。歌德,书写他与时代的关系,并题名为《诗与真》。"由此,应该获取表达自我文化的心理秘密,1890年的年轻人深刻体会到这种自我文化。在《贝蕾妮丝的花园》中,自我文化更加完整,由于"土地"意识、种族认可的原始部分的意识的存在,而且自我文化在这里还是依靠歌德。"统一!这是普遍的梦想,审慎智者和粗野匹夫的愿望。它满足沉思者的要求和精神需求,但是同样也是我们身体健康与舒适的体现。因此,歌德一心追求的能够与自然法则和谐共处的目标,就是卫生学最高级的箴言。"同样,在《反爱之外

的任何放肆》一书中,"这些年轻的精神分析学家反省自身,不屑参加世纪斗争",他们有时被称为"歌德教育式的年轻人"。他们对政治的无动于衷,是一种对所有人类活动形式都接受的类型,在《法则的敌人》一书中,这种无动于衷甚至发展成为一种对无政府主义罪行的辩护,安德烈·马尔泰为此被判处几个月的监禁都不为过:因为"他的态度太过理智,整个就是一种歌德式的领悟,会引起"政治斗争人士的反感。布尔热质疑"歌德式的"这一形容词表达的性质,巴雷斯在与他交谈之后,写道:"安德烈同意歌德的观点,他对歌德的某些观点很感兴趣。这些观点也许不讨人喜欢,但是人们无法否认它们如植物般,一年比一年茁壮。'魏玛的主人'强烈地感受到无法估量一种行为的结果,无法了解这种行为会带来更多的幸运或者不幸:他接受生活和与这条主线相关的一切,在他发现日后会蓬勃发展的领域,他都能与之融合。"

让我们部分参考《浮士德》作者的这种观点,同时还要记下《在勒南家的八天》这本书的题词:"一个目光敏锐的政论家写下《歌德与埃克曼谈话录》,如果实际上未曾有过谈话,那么也得编造出来。"至于这些巧妙甚至过于精妙、脱离现实的作品的表现手法,很奇怪竟然也能被描述一二:"关于歌德,巴雷斯遵循严格的命令要求,漠视次要的细节部分……"

在莱昂·都德的笔下出现了这一论断,而作为阿尔丰斯·都德的儿子,他对这位德国诗人崇拜有加,所以这一论断显得尤其让人感到意外。龚古尔兄弟的《日记》证实,他的父亲,尤其在1888年,把埃克曼的《谈话录》当作枕边书,表示"同歌德一起反对让-保罗",他赞扬诗人在魏玛、在有限的领域远离"人类中心"的行为;莱昂·都德比他的父亲还要崇拜这位伟人。他与《亲和力》的作者缔结了一种特殊的债务,并为此倾注了温情和智慧。除此之外,他还在这位坚毅、宽厚的天才身上找到了完美机体和融合继承的最完整的范例。1893年的《黑雷斯》一书想象到了这样的时代:人类科学蔓及诗歌,只会再次创造艺术和谐,回想起"歌德,在魏玛的殿堂让各路智者结为联盟,身边环绕着博学多才的人……"而激动不已。《萌芽与尘土》的对话者往往从歌德个性的极致表现中寻找他们反驳的理由。在《现代浪漫曲》中,马蒂亚斯·吉尔贝重现了歌德,无论是他的行为举止,还是他对事物象征的忧虑,甚至是他的外貌。"想到歌德、夏多布里昂和人类学家的讲述,他为之自豪的同盟……"最后,1893年的《黑星》引拿破仑之言作为题词:"您是人,歌德先生。"向我们介绍了一个塞内斯特中立公国,像极了魏玛。在公国众多伟人之中,哲学家马洛维"个性不屈不挠,又极具可塑性",是歌德"超人版",既理智又坚定。在他的身上,审美感掌控了是非感,他失去了一切天真率直,不谈感情,宣布并且执行天才的绝对权力。"也许,作为托词,没有这份绝对的自私自利和超乎寻常的漠不关心……他就无法完成这部作品,无法在笔直的犁沟驱赶牲口。生活从四面八方向思想者射来灼热的利箭。利箭射到敏感的皮肤表面,整个身体燃起熊熊烈火,大脑只考虑到伤口。但是无懈可击的盔甲保护内部成果,对于哲学诗人是必不可少的……"

歌德的形象,就是一个"个人主义的强大组织者",但是这种个人主义,过分地拒绝团结一致的观念和力量、自由的限制,一位坚守自己命运的手艺人和一位不断坚持"真我"的工人的道德形象,这是接近1890年歌德形象的主流表现。同这种形象比较,其他时期引人注意的歌德作品及生活的方方面面变得模糊不清、苍白不堪。其他真正有待探索的方方面面仍旧处于隐匿、朦胧的状态。《维特》也仅仅是提供给马斯内一部喜歌剧素材。1885年,马斯内迷上了乔治·哈特曼、保罗·米列和Ed.布洛合作编写的戏剧提纲:迂回曲折的旋律笼罩了"内心的悲剧",并没有过多描述主角对于那个时代的情感具有多么重要的影响。比如,通过阅读米歇尔·科尔代的《一位座上儿童的忏悔》,我们发现歌德的小小说对于 1890 年快 20 岁的那些年轻人具有真正的现实价值。Éd.罗德《追逐死亡》一书的主角特意坚持强调他那个时代的悲观主义与前人的差别,不管表面看起来究竟是怎样的。这里的前人指的是"勒内们,维特们,拉雷斯们:他们自私自利,只关心可怜的个人情感,他们骄傲自满,自以为独一无二,然而像他们那般忍受痛苦,而且是默默忍受的,比他们更有价值的人,早已是成千上万……"1889 年,查理·莫里斯在《近期文学》中毫不犹豫地表示:"根据歌德在《浮士德》第二部中对于一切秘密的表现力看来,这个时期的智者们无法忍受夏绿蒂既羞怯又多愁善感的情人,但是他们迫切希望自己变成巨匠的心思同样让人无法忍受。"

  其实多亏出现了反对现实主义的行为,伟大诗人歌德,尤其在他的后半生,又具有一种积极意义,哪怕自以为通过古诺的歌剧就足够了解《浮士德》的普罗大众没有体会到,至少某几位作家体会到了。萨巴捷翻译的《浮士德》1881 年完成,1893 年出版,这次完整版的搬移尝试,没有得到应有的关注,但是至少独具创造性。象征派对更高艺术的摸索,希望解开永生普绪克①翅膀的复兴唯心论,相反都同样在神秘的诗歌里找到了安慰或者先例。爱德华·舒莱的《音乐戏剧》于 1886 年重新出版,书中精彩地书写了歌德的虔诚,透露着"上帝隐藏在多种多样特殊事件背后的始终不渝的思想"。梅特林克在 1903 年 5 月 28 日《时代》日报上的一篇采访里承认从德国学到了很多东西:"我研究了它的经典作品……"1891 年,在回

---

  ① 普绪克(Psyché):希腊神话中人类灵魂的化身。——译者注

答于勒·于莱的《调查》涉及的相关问题时，他提到了《浮士德》第二部和《童话》，认为它们是"蓄意的代表"。居斯塔夫·卡恩在同一调查中的回答证实："年轻的诗人知道歌德、海涅、霍夫曼以及其他德国人……"他还在1888年4月《独立杂志》的专栏里强调《浮士德》的象征主义和伊莲娜的形象。Cam.莫克莱在《埃莱夫西纳》中提到歌德、坡、马拉美，认为他们是思想现实主义的代表。这种思想现实主义控制着思想观点的领会，思想观点又受可塑调解者的影响。P.亚当研究了1891年10月《政治文学对话》上的《戏剧发展》一文，以《浮士德》为例指出"作品如何从个人情感模式过渡到普遍情感模式"。

所有这些新观点逐渐引导文学脱离严格的自然主义，在当下是很独特的。至少人们无需再花大力气就能认为《浮士德》是"数得上"的杰作，是最典型作品之一。F.布吕内蒂埃在《文笔演变》中毫不犹豫地指出："拉辛或者莫里哀一直没有达到我们在莎士比亚或者歌德作品里发现的这种思想深度。"

抛开这种对诗人某部作品的偏爱不谈，为提醒起见，只需列举某部作品就足够了。比如由Ad.阿德雷改编、1890年在奥德翁剧院①上演的《艾格蒙特》，或者古戎和勒雷1894年制作的歌剧《赫尔曼和窦绿苔》。19世纪末，歌德的主流形象是"自私自利"；Éd.罗德在《俩世界》月刊上发表了系列研究文章反对"自私自利的歌德"，并于1898年汇集成书，书名是《论歌德》。

作者讲述到，在努力忍受了诗人的影响，对他完全崇拜以后，"到魏玛参观，阅读更多的作品，深入思考，这些慢慢渗透最终改变

---

① 奥德翁剧院（l'Odéon）：巴黎的一家剧院，位于拉丁区，曾先后叫法兰西第二剧院、卢森堡大厅和法兰西剧院。——译者注

第四部分 歌德的个性

了我对歌德的印象"。似乎这条大马士革之路尤其经过魏玛,因为可能会带给《论歌德》的作者这样一些解析,在1894年中篇小说《直达错误尽头》的前言中,罗德让雅克说了这些解析:"因为我在研究歌德,所以我坚持查阅某些我在别处找不到的资料,甚至坚持在伟人曾经居住的环境里生活……这种经历的结果就是在很短的时间内,我失去了对他的幻想……歌德一生创造的人物,他们的形象如影随形,让我生厌,就像作者本人一样。"

不管罗德如何说,这种反感流露出他试图"修正"歌德意义的想法,倒是也合情合理、恰逢其时。他写道:"我们认为早就到了重新阅读歌德主要作品的时机,辅之以一些启示材料,带着一种'批判思维'去重新阅读。也就是尽量摆脱对歌德作品的现有评价;联系作者本身和我们自身去理解作品的意义;在作品背后的文学运动中去衡量其重要性……"这种观点比较特殊,尤其是注重研究歌德的"似神"和自大,因为近期文学把重点主要放在他性格的这方面特点,因此 Éd.罗德的努力方向也是在这方面,现代趋势便是如此。这种趋势被认为是消极的或是悲惨的,如同传奇人物歌德一样,受到质疑。在剖析"半神半人的观念"那一页里,十分明确地出现了歌德的名字:"人们毫不费力就能发现'半神半人的观念'是现代文学领域最盛行的某几种学说的根源,由此,这种观念与'理智主义'有着明显的联系,就如同与莫里斯·巴雷斯所主张的'真我文化'也有明显的联系一样。此处的理智主义是保罗·布尔热先生在文学生涯前半生所认为的理想主义。如果我们说'半神半人的观念'是一种信仰的基础或者一种信条的精华,那也许有些夸大其词。但是它确实帮助形成某种精神状态,某些杰出智者以此为目标,我们完全可以称它为'歌德主义'。"

因此,研究作品和讲述传记最经常局限在这样的范围内:除了行为和文学创作,人们无法达到这一原则,进入20世纪后迫不及待的评论家忍不住要摒弃的原则。"因此,这种百年来让吹捧者赞叹不已的'似神'是什么呢?其实是一种'灵魂状态',不似某些人想象的那般与众不同、高深莫测。在大部分普通人身上,我们觉得它粗俗不堪、平淡无奇,简单说来,它就是自私自利。这是一种漠不关心,是对于但凡不属于自我认为的'真我'的东西所表现出来的;这是一种偏见,无视人生中日常琐事的烦恼,让大脑远离烦心事,让内心屏蔽扰乱心神的事情;这是一种意志,希望按照自己规定的路线行走,不管能够给人带来什么价值……歌德的'似神'就是他们意识到的经过深思熟虑的自私自利,这种自私自利被智慧提炼并且升华为至高力量。"

接近1894年的时候,肯定存在某些历史时机,由此再现比"吹捧者的赞叹"更为古老的反对意见。可是,作者掌握的有关资料不总是如他信誓旦旦承诺的那般可靠,而且,歌德在很大程度上为之前依仗他的某些学说付出过努力,这一切很是令人恼火。尤其《最后避难所》的作者,最喜欢歌德的《亲和力》这部作品,他拒绝赞扬歌德在1792年灾难以及所面临的危险中表现出来的从容,他确实很少强调行为之爱,然而,他非常有必要觉察《浮士德》中的行为之爱,颂扬诗人本人生活中的行为之爱。歌德自身的行为,以及自我控制、自我克制的行为,都表现出一种积极行为准则。这种准则本身就是反驳一切"干着玩"的论据,无论如何都应该得到重视。评论家为他提供的证明似乎有点局限,有些勉强。"有了行为之爱,他便将它作为整个生活和思想的主要爱好了。这就是他的伟大之处,或者说这便是他全部的伟大。通过各种各样的任务、情感、作品,他持续不断地书写着他的伟大。特别近距离地研究他,也许会有损他的荣誉。同样,我们可以多谈论他、讲述他、质疑他,陷入有关

第四部分　歌德的个性

他的传闻或者他思想的晦涩难懂里，但是不能由此而得出一个论断，将他判入地狱或者捧上天堂⋯⋯"

尽管这句话似乎有违公平问题，但是罗德的《论歌德》一书题名为《反对歌德的评论》更为恰当，众多评论文章因此而大加赞扬这本书。从《日内瓦日报》①到《耶稣社会圣父研究》，从《国际都市》到《半月刊》，大家称赞罗德让德国诗人走下崇拜者们之前把他放置到的荣誉高地。1898 年 1 月 22 日的《画刊》认为："法兰克福的这位资产阶级人士自大、粗俗、粗鲁、享受安逸、毫不严谨⋯⋯罗德先生最近对所谓的'似神'进行了合理的解读，这真的是不错的举动。"在 1898 年 2 月 15 日的《新期刊》中，欧仁·勒德兰尽管认为关于歌德的研究"已趋饱和"，但是他承认这本书灵活地将大众的目光吸引到歌德身上，让人们意识到急需戳穿"似神"的真面目，它其实与自私自利并无不同，"对于任何人，无论是资产阶级还是头脑敏锐人士，它都是触手可及的"。爱弥尔·法盖几乎是唯一有过类似言辞的人，他在 1898 年 9 月 17 日的《蓝色周刊》上表示：尽管《论歌德》文笔既不含糊，也不夸张，但是真的夸大其词了；尤其是歌德的感情，不应该遭受如此不可救药的指责，他的婚姻证明了责任的意识、温柔的慈悲、无比善良的内心和人道主义精神，他由此有了一丝奉献精神。"天使⋯⋯自私的天使，不是；无情的天使，也不是⋯⋯"

甚至往日，1860 年前后，对歌德大加褒扬之词的几家报纸也毫不留情地认为"破坏"歌德的声誉是公正的，因为他对于"利己主义者们"可恶态度的行为已经昭然若揭。在 1898 年 4 月 6 日

---

①《日内瓦日报》（*Le Journal de Genève*）：瑞士的一家日报，创刊于 1826 年 1 月 6 日，停刊于 1998 年 2 月 28 日。——译者注

的《争鸣》上,阿尔维德·巴丽娜夫人写道:"请大家回想他为了发展不惜一切代价疯狂地崇拜真我、真我文化、真我从容、自我平静……其实,这就是歌德留给精神后代的遗产。后代需要一段时间才能够真正拥有这份遗产,因为人类不是生来就爱好文学艺术的,谢天谢地!但是今天,后代打破这一模式……歌德不是无可指责的;'歌德式的'正是冲我们来的,因为这是一份十分可恶的礼物。"在4月24日的《时代》日报上,G.德尚的一篇名为《德国文学艺术爱好权威》的文章,为"偶像"的讽刺传记增添了夸张描写的浮艳。对于歌德来说,拿破仑的一句赞美便足以抹去他的整颗爱国之心,他的"俊美的相貌""侍从的心灵",都被狠狠地痛斥;但是关于歌德被"奉若神明",尤其有这样一段陈词滥调:"高高的额头似乎变宽到古典雕像的比例。双目中闪烁着连荷马都赞不绝口的赫拉①目光中那种毫无倦容的平静。光洁的唇边,不苟言笑。而且很少皱眉……"

然而,无需等到从歌德身上得到的关于"智者自大"的论断,才能够发现这一1890年就提倡的学说,这个学说对于建立一种生活准则是不够的;或者才能够察觉到一些错误的阐释,在这些阐释中,将"智者自大"主要归咎到歌德身上。如何协调绝对智慧与活动的难题很早便困扰着布尔热。1884年,他写道:"关于《雪莱的晚年》,能够理解一切的美丽梦想,也是歌德的梦想,也许这一梦想最终的结果就是产生一种束手无策?"莫里斯·皮若在《年轻杂志》和《艺术与人生》发表的文章中不厌其烦地指出"文学艺术爱好是暂时的永恒",他建议年轻的作家们回归行动,无论如何都要真正接触现实。阿尔贝·萨曼的一首十四行诗为浮士德的贫乏学识而感到

---

① 赫拉:宙斯之妻,掌管婚姻和生育之女神。——译者注

第四部分 歌德的个性

忧伤：

> 你的人生是一条被诅咒的蛇，焦虑不安。
> 希望，请求，同你的兄弟一样。
> 你的灵魂，你的残酷的学识，将它杀害。
> 你的理智，任凭它，这个娼妓
> 委身于所有人，没有一丝设想。

于勒·泰利耶带着独特的远见卓识，把这句话说成是减轻他痛苦的心上人说的，她对他说："致死的病痛，就是没有看清事情。"就如人们觉察到的一样，女朋友此时与歌德观点一致。歌德建议艺术家们"如果想保持内心的快乐，就要关注外部自然"。其实人们之前经常注意到：如果"真我"在处于极致文化状态下时达到人道主义，如果团结一致没有比真正的个人主义还要坚实的基础，那么对于平庸的生灵来说，以个人发展的表象卑鄙地寻求自私的目的是非常冒险的；对于懦弱的智者来说，由于蔑视公众观点而陷入无力的枯燥无味也是非常冒险的。

学说的理论家本身也忧虑着想给这个学说一些名义或者担保之类的保证。面对这种忧虑，对内部危险的感知便愈发清晰，这些内部危险威胁着"真我崇拜"。相较于对手的攻击，这种缺乏脑力文化的感觉更是会让这些舒适的结构出现裂缝。在1893年《努力》一书的序言里，H.贝朗热谈到"这种无法抗拒的精神死亡因素，它在我们这个时代是比较特别的，只能勉强用俗语'理智主义'去命名……这种思想的堕落迫使我们在生活中只能寻找生活的场景，在感情里只能寻找感情的观点……我们本身，是这种新病的猎物吗？我们多次在自身寻找它的萌芽，寻找萌芽到底是通过哪些病态的呼吸才得以如此快速地蔓延？现在我们为这种可怕的批判精神的恶果付出代价，歌德们、圣伯夫们、勒南们还能够保持足够的力气去创作、去强颜欢笑……"1895年，在别处，歌德被称赞"将最细腻的分析意识与最强大的想象力结合到一起"，似乎无法重申这是"奇迹"，"在最强大脑里，学识与诗歌联合出色的劳动，在歌德思考《浮士德》和《伊菲格尼》的时候，能够发现鲜花理论和色彩理论"。

无论如何，"努力"不可或缺：精力和活动的要素，再加上1890年的年轻人都满足于的纯智力。但是有些人，比如H.贝朗热《猎物》一书中的主角拉乌尔·罗泽勒，投身到政治活动中，但是却没有"抵抗一切的金刚钻：毅力"，很快便迷失在庸俗的环境里。因为如同旧友们反对的一样，"强大的内在品德"为"每位智力精英代表"提供支柱是非常重要的；因为，他们还补充说，"没有个人改革，就无法拯救现代社会"。

往日的"自大说"需要寻找更加坚实的岩石来承载坚定的道德准则和崭新的集体生活，这种需要因19世纪末撼动法国的政治社会动荡变得更加积极和迫切。如果"不参与而判断"似乎是泰纳的方式，如果勒南曾经倾向于不做判断，那么兴趣和毅力探寻便明显地在行动和判断中重现。不管我们努力去重新找到以前信条的有效必要原则，或者去恢复人种、民族和外省传统的持久感情，或是我们认真聆听理智和意识的明确迫切需要，我们重新走出"真我"的严格要求。歌德在一定程度上还卷入新出现的两类智者的辨别中：一类尤其希望复苏宗教或者民族传统；另一类则打算更关注意识和批评精神的合理要求和建议。

第四章　传统与理智

> "歌德应将他在后世中的大部分声望归功于他懂得如何留给世人这样一种印象：尽管存在精神瑕疵，但他是一直专心于'将自己变成更加高尚的人'的内敛的作家。对此，我并不惊讶。"
>
> 保罗·施塔普费尔：《文学声望》第 2 部，1901

V.罗塞尔在 1897 年《法德文学关系史》一书中断言："歌德的影响没有快要从当代法国消失。"德尔富尔神父似乎也有同样的发现，并对此痛惜不已。他在关于《当代人宗教》第四系列评论文章里写道："通过浪漫主义及其代替物，法国灵魂已经不自觉地充斥着德国、英国审美观。如果它开始歌德化，便会为了外来观念和情感打破平衡，损害法国的观念和情感。"

人们也许还该叹惜，一个"调查"，就像我们报纸杂志经常做的那种，完全没有引起关于歌德的看法交流，而一点点小事就能够引起很多探讨。1899 年，诗人 150 周年诞辰为这个调查提供了最合适的借口。1871 年后，这位胜利民族优秀代表饱受偏见的攻击，有人将这次调查定义为违反爱国主义的行为，这一切是很值得怀疑的。此次诞辰，是抛开 M.米雷在《争鸣》、T.德·维兹瓦在《俩世界》月刊和《时代》上的文章，获取公平报道的机会。不管怎样，通过此次诞辰草草了解一下歌德在法国的"存在感"程度,是很有趣的事情。

不管歌德是一位成就伟大不朽的典范,还是一名自豪的德国意识的见证者,抑或是一位现代人类引以为傲的才俊,关于他人们如此袒露心声。亨利·德·雷尼埃在《人物与性格》中承认国与国之间,"只有精神关系是纯洁和神圣的,它超越国家纷争。歌德或者海涅让我忘记了俾斯麦或者毛奇"。爱弥尔·法盖在1903年8月1日的《杂志》中写道:"如果你们认识比沃尔夫冈·歌德还要别出心裁的人,一定要跟我说。"阿尔贝·索雷尔在关于《欧洲与法国大革命》的研究中,经常提到歌德作为证明,并且毫不掩饰对他的崇拜。亨利·阿尔贝在1901年《法国水星》杂志中汇报了Ad.博塞尔的《德国文学史》,再三遗憾地表示这本书远远没有像我们这代人有权期待的那般分析阐明伟大诗人的形象。对于负责《中学教育改革》的议员Ch.-M.库伊巴来说,如果只用一个词来表示德国文化之最的话,肯定就是歌德。卡约,时任瓦尔德克-卢梭内阁财政部长,参议院同意张贴他的一次演说,歌德的名字某一日便出现在法国所有市政府的门口。1901年3月8日,小麦的进口券问题引起争论,之后,他就从"德国伟大的古典诗人"那里进行文学引用来表示歉意,他是从《浮士德》第二部中援引的文字。

该去哪里为歌德的这种声名远扬寻找更加确切的迹象,尤其是真正的策源地呢?《浮士德》目前主要发挥着文献的作用。阿尔弗雷德·富耶在《欧洲民众心理草图》中承认:"浮士德博士是德国天才的最令人赞赏的化身……墨菲斯托菲利斯象征着幽默,浮士德象征着通过伤害自己而得到救赎的思想。"Cam.贝莱格也认为:"浮士德,相比于玛格丽特和墨菲斯托菲利斯,更是德国的民族典范。他是德国心爱的儿子,亲生的孩子。他继承了母亲严谨的学识和深邃的思想，发扬了北方的梦想与忧愁。"这里的浮士德主要指的是《浮士德》第一部中的主角；在大部分读者眼中，《浮士德》第一部显然强于《浮士德》第二部，这是不言而喻的。1903 年，苏珊娜·帕克兰女士翻译了《浮士德》第一部；罗斯唐正在进行的改编日后会涉及《浮士德》第二部。随着印象派的努力逐渐减少，势头不再，《浮士德》第二部似乎又开始显得离奇，既令人担忧，又令人迷惑。V.让鲁瓦-菲利克斯在《当代欧洲著名作家》第二部里写道："这部最终很不受欢迎、死气沉沉、压抑的作品，被笼罩在一堆难以理解的神话学、地理学、神秘学中……"自从现实文学更多关注印象主义——不久以前受质疑和摒弃，人们似乎不再如 1890 年那般热情地探究这部作品的奥秘，哪怕"年轻人们"亦是如此。这些根本无法阻止诗人们在心中继续歌唱歌德的戏剧。查理·盖兰在《孤独的心》中重复这句诗：

  大自然，以继母般烦人的姿态，
  让我们无法汲取它的乳汁。

  居斯塔夫·卡恩在《莱茵河印象》中用柔软的画笔勾勒出纺车旁的玛格丽特：

  她缓慢地放下弥撒经本，
  上面闪耀着一片天，
  如单纯的矢车菊……
  然后她坐到纺车旁，
  纺车一直转不停，
  直到周末和缓的钟声响起……

歌德在法国
——《少年维特之烦恼》在法国的传播与接受研究

《维特》短暂回到大众的视线中，是因为皮埃尔·德库尔塞勒拙劣的戏剧改编；可是虽然人们普遍承认"不朽的小说"不应该对戏剧的败笔与角色的软弱负责，但是还是忍不住对"这位能言善辩、神经衰弱的资产阶级年轻人"深感同情。艾蒂安·布里孔在1903年4月1日的《大期刊》①中表示："《维特》完全不让人感动。"爱弥尔·法盖在同日的《杂志》中从纯美学角度研究了这部小说，承认尽管存在败笔，但确实是一部很美的作品。"这是一个大学生的杰作，但无论如何都是一部杰作。"大部分评论家只是指出主角不符合戏剧要求；如果他们不想表态去反对《维特》的"不良影响"之说，是因为每个人对它的现实无害性都深信不疑。以前的"不良影响"指责随处可见，比如在欧仁·穆顿的《写书技巧》中，在路易·普罗阿尔的《情杀罪和为情自杀》中，或者在让·沃东的《新研究》中。可是，歌德这本小说对女性读者的影响要大于男性，也许社会的发展能够解释这个现象。《塞夫勒女子高等师范学校学生》的作者为我们讲述了热罗姆·帕特的一节非常受欢迎的课程。在这节课上，多愁善感的绝望年轻人很受重视。

歌德的其他作品几乎不再"流行"。梅特林克认为《威廉·迈斯特》是"令人失望、啰里啰嗦的一本书"，大部分法国人都喜欢用这两个形容词评价这本书。或者他们乐意从复杂的小说中提炼更容易理解的插曲，就像拉鲁梅在1899年7月17日《时代》日报中提到的"自《王子复仇记》②之后最深刻的研究"；或者就像A.埃尔芒在《一个当今人的忏悔》中提到的那样：将《威廉·迈斯特》的

---

① 《大期刊》(*La Grande Revue*)：创刊于1898年，停刊于1940年，最初为月刊，后为半月刊，最后又变成月刊。——译者注

② 《王子复仇记》：莎士比亚的五幕悲剧，王子哈姆雷特梦幻中得知父亲遇刺，为父报仇而杀死叔父。——译者注

一幕悲剧场景的回忆和德国一处美丽原野的画面联系起来。大家还将歌德的一些诗歌翻译成诗句,《桤木王》对于年轻诗人来说尤其是一个很棒的格律练习素材。伟人活动的另外一端,是他的科学工作,人们对此也并未忽视。H.阿米可的《观察一生的逝去》对这方面做过比较详细的介绍;甚至《观点》杂志的某些次要附注似乎也值得提及。1903 年 7 月 28 日的《晨报》① 写道:"实验心理学验证了他的预见是精准的。"E.巴泰勒米在《托马斯·卡莱尔》中对歌德的空想做了最友好的陈述,并且将它与实证主义的过时学说进行对比。S.卡尔佩在《哲学历史与评论随笔》中更是专门研究了他的"斯宾诺莎主义"。

以上这些无足挂齿。歌德关于艺术与思想的态度引起智者的普遍好感。亨利·韦伊在 1901 年 3 月的《学者报》② 上写道,他欣喜地发现歌德是"一位懂得直截了当、客观精确地观察古代经典作品的罕见天才"。H.利什唐贝热在《诗人与思想家瓦格纳》中提到,德国诗歌也许更加新颖,"我们经常能够发现,比如在歌德的诗歌里,思想与生动的画面融合起来,可感知、可触知的事实与可解释个例的理想原则结合起来":这难道不是年轻流派的美学家们期盼的"思想现实主义"吗?1897 年,H.贝朗热认真研究了《法国新手小说家》,大声说道:"也许甚至他们中的某一位,能够调和感觉主义和理想主义的关系,那么他会成为蓬勃发展的那一代的歌德吗?" G.达尔梅达的一篇关于《厄尔皮诺③》的文章,1898 年刊登在《亨利·韦伊文集》上,尤其赞美了歌德的"希腊主义";A.阿莱在

---

① 《晨报》:法国日报,创刊于 1883 年,停刊于 1944 年。——译者注
② 《学者报》(*Le Journal des Savants*):欧洲最古老的文学、科学期刊。——译者注
③ 厄尔皮诺(Elpénor):古希腊男性神祇之一,奥德修斯之同志,曾参加特洛伊战争。——译者注

《游荡中》称赞歌德曾是"世界文学"的启蒙者。

此处还不得不提这样一些人，他们通过学说、评论文章或者出版物继续研究、评论德国伟大诗人的一生和作品。其中有认真的传记作者，比如阿蒂尔·许凯；有孜孜不倦的注释家，比如 E.利什唐贝热；有才思敏捷的研究者，比如 M.布雷亚尔。

可以这么说，歌德的意义唯一体现的方式就是他的作品、人生、"传奇"。至于歌德个性的意义，我们将很快看到，相较于某些特别的角度或者某些指定的作品，他的个性是如何更深地影响法国思想界某一部分人士的，仍旧存在很多限制；以前的偏见难以消除。很多回忆歌德的人都发现，他的性格受到多方诟病，他的作品被指缺点众多，关于这些，其他人已准备认错。L.莱维-布吕尔在《莱布尼兹以来的德国》中，认为指责歌德缺乏爱国主义精神的行为是一种"历史错误"。然而，G.戈约 1902 年研究《祖国概念与人道主义》，再次指责歌德将"自己的天赋异禀用来满足自己的自私自利"，表示好战的爱国主义精神只是人类历史一次不幸的意外。在 1899 年 10 月 15 日的《笔端》① 中，V.雷泰写道："《维特》不合逻辑又透露着平淡无奇的庸俗气息，它的作者夸夸其谈，装出一副恋人的样子，但其实他也只能在其作品中才能体会到激情，在现实生活中是没有的。"E.勒佩勒蒂埃在 1902 年 8 月 12 日《巴黎回声报》② 中写道："歌德是客观的诗人，是文笔优美的冷静作家，同时也是自私的公民，他故意隐匿在象牙塔里。"V.吉罗在《帕斯卡尔》中非常愤慨地提到歌德的一个观点，同时补充："歌德的作品并不比伏尔泰的更

---

① 《笔端》(*La Plume*)：法国文学艺术杂志，创刊于 1889 年，停刊于 1914 年。——译者注

② 《巴黎回声报》(*l'Écho de Paris*)：法国第三共和国的一份日报，1884 年创刊，1944 年停刊，立场偏保守与爱国。——译者注

适合理解帕斯卡尔。"很显然,大家认为歌德"严肃"的这种观念顽固异常,很难改变:不是所有人都能像阿韦德·巴里纳夫人那样真心公开认错。读了歌德写给妻子的信件,她在1899年8月2日的《争鸣》上写道:"他的描写和传记始终展示给我们冷静、崇高、装得严肃、'卓越'的形象,浑身上下都是才华……一个新人展现在我们面前:对亲朋好友朴实、平易近人、不做作、善良、细心,非常庸俗,但这一点很珍贵……看到他坠落凡间、成为普通人,我们很高兴。"

对于那些被歌德个性吸引的人来说,这些经常是众所周知的"价值",赋予伟人具有伟大教育意义的声誉。另外他"意志坚强",我们很快就会发现这是他行为中最大的优点。梅特林克在《小人物的宝藏》中写道:"歌德陪伴我们的灵魂在平静之海的海岸徜徉。"E.德尼在《德国1789—1810》中用下面这段话总结了伟人的意义:"让我们打开眼睛和耳朵,唤醒身体所有机能,这是解开笼罩着我们的奥秘的唯一方式。如果在疯狂奔向幸福和科学的道路上,无法逾越的障碍让我们伤痕累累,那么天性会为我们包扎伤口,并教会我们什么是屈从与信心。"阿尔弗雷德·富耶(《性格与智慧》)认为:"歌德集聚抽象智慧与强大想象力于一体,这样的人很少见。性格过于平静与冷漠也没有关系,想象力和哲学思想的充分发展仍然让他成为一位伟大的诗人。"费尔南·巴尔代纳在《人生边缘》中提到:

　　……歌德精妙的平衡
　　和一动不动的平静之钟。

但是相反,如果说德国作家对于此时的法国思想界有一定的影响,"平静"与"静止"不是原因,需要从别的角度寻找原因。既不是对于思想与科学的兴趣,也不是简简单单的想成为"模范"自我的恒心,而是努力,这是伟人身上激励人心的特质。不论人们积极赞同传统遗产并尽力恢复其活力,还是在歌德身上看到了保守的毅力;不管人们赞扬他的个人美德,还是他看似是真正的解放之主,主要是他身上的努力得到大家的赞同与肯定。

同时,歌德也具有社会学价值,这是过去人们从来没有想到的。虽然奥古斯特·孔德把歌德的名字放到了《实证主义者年历》中,但并不是出于其社会学价值的考虑;他只是把歌德放在10月6日这一天,在莎士比亚引领之下的现代戏剧版块。1864年,沙勒梅尔-拉库尔阐述《个人主义哲学》时,把纪尧姆·德·洪堡作为研究对象,而不是歌德,尽管他从《赫尔曼与窦绿苔》中发现诗歌的根本问题是"在社会风暴中保持廉正的道德和本真的力量很困难,以及如何达到意志主导的个人发展与命运支配的事物快速发展之间的和谐"。之前查理·多尔菲斯多次在《时代》日报和其他地方表示:"社会进步来源于个人进步。'个人主义'的歌德是这一真理的捍卫者之一,而这一真理日后成为'现代自由'的标语。与其盼望着有效的模具去重铸社会,不如求助于个人努力、毅力、意志……"

在法兰西学院,在1890—1891学年,P.拉菲特用几节课介绍了被奥古斯特·孔德放在莎士比亚月的剧作家歌德,研究的只有诗剧《浮士德》。1891年6月24日,他在讲座上重提相关评论,最终在1899年出版了一本有插图的评论:《歌德的浮士德》。在这本书里,《浮士德》被认为是"社会学诗歌一次卓越但失败的尝试,也就是说是美学结构的一次尝试,不仅仅表现个人和一件大事,尤其体现一部分人类过往和正常状态下理想观念决定的整体"。在这个视角下,《浮士德》似乎缺少整体概念,设计也稍显不足;"结局可以说

第四部分 歌德的个性

是幼稚的，明显看出作品的不足，因为我们不太了解浮士德如何而且为什么纯洁地死去，这种转变完全没道理"。《浮士德》是"空想社会学诗歌：混乱、缺乏逻辑性以及变化无常"。

列举其他因素证明歌德的"社会学"的时候要谨慎为好，因为尤其是《威廉·迈斯特》，本应该能暂时说明这个"社会学"问题。尤其重要的是，不要过于区分某部作品，但是除了细节之外，还要抓住捆绑一束细棍的带子。经历过的人会建议后代某种生活方式，直接或者间接地赞同操纵（保管或者改变）精神世界和物质世界的巨大力量。人们体会其中的价值，并将其融入思考中。

然而，最近一些人试图刻意努力重新支持某些传统论据，他们有时知道如何从歌德那里得到鼓励。莱昂·都德认为，艺术家的终极任务就是"用清晰的头脑接受、发扬"从杂乱无章中脱颖而出的思想；更高一级的人，出于晦涩的团结之名，遵从群体的直觉，拒绝反驳大部分人的本能，只是将模糊的大众思想形式化。他在《行走的思想》中说道："文学崇高的力量与文学目的融为一体。这种文学力量叫作启示……歌德说：诗歌，就是解脱。这句话是说给诗人自己听的，更是说给理解他、仰慕他的那些人听的。"《现代浪漫曲》便是这样理解歌德的。当这种理论以诗歌的形式体现的时候，便得到证实。

Éd.罗德在其小说《路中间》中支持的论点跟歌德的婚姻有关，一方面进行了老生常谈的解释；另一方面探讨了《亲和力》这本晦涩难懂的书。书中似乎含有的一个观点，"通过不断观察他们的相互关系，人们发现某些行为准则既有利于社会利益，又有利于个人幸福。人们接受了这些准则，或者至少他们试图去接受以及让别人接受。如果背离这些原则，那么就会对集体和自己造成损害，因此是有害的"。因此书中的主角接受婚姻传统，不是因为"这是习俗"

或是因为大家谴责自由结合,而是因为这条共同法则可以说是有必要的,适合特殊情况。

最终,人们求助于歌德去捍卫过去的宗教、政治权利。《浮士德》的最后一幕似乎提供给天主教一些保证,同时展现了见证浮士德得到圣母永福的玛格丽特。以前,《浮士德》的评论者经常片面、不完全地指出这些保证。L.戈蒂埃在《19世纪画像》中还喊道:"我可怜那些智者,他们没有领会这个双重结局浓厚的天主教特点!"歌德匍匐在慈悲心的跟前,筑起了正义的城墙。"这就是我为什么喜欢他的作品,在他身上我找到我们信仰的庄严印章……相信上帝会感谢他对上帝仁慈所表达的溢美之词,相信《浮士德》第二部的结局将在永恒的天平上占有一席之地。"

保罗·布尔热在《阶段》一书中提到德国诗人歌德,可能也是做了类似的诠释,没有考虑歌德根本不相信善恶有报,他认为神秘的犯罪感是有害的,他不会以这种方式表达"感谢"。"让·莫内罗不断深入钻研马克-奥雷勒的'思想',最终在其中发现了一种在歌德身上、在世间所有天才身上都有的东西:从纯理性主义思想出发,奔向信仰,争取让思想与信仰一致。斯多葛派的屈从(或者还有歌德的屈从?)告诉天下人:如果你不是众神的作品,那么我接受你,因为反对也无济于事;如果你是众神的作品,那么我还是接受你,因为你是上天的安排。天主教是什么?内心屈从到这种程度?还得补充:在这种安排背后有一个智者,那么谁能用爱来回报这种善意呢?"

保罗·布尔热的另外两个珍贵论题也跟歌德有关。在1898年10月7日《费加罗报》的一篇文章中,他详述了去法兰克福"拜访歌德故居"的经过,让大家想起诗人歌德的先辈成长的环境。"……伟人尤其要将日后拥有的才智归功于这样一个事实:他高深的学问曾

第四部分 歌德的个性

一度是种族文化的积累……一个家庭慢慢地成长,体力活儿慢慢变成稍微轻松一点的工作,然后演变成更高的职位;民族习俗接受这种发展,并向铁匠、小旅店老板、裁缝和法律家的继承人保证会保护一位聪明的泰斗,向他人保证会维护一个自由的城市的安全,这就是歌德成长的环境……"作者有把握地说,这是非常舒适的环境,魏玛大公的枢密顾问能够平稳健康地"移居"到这里、自如地换环境,而民主主义是无法实现这种自如的。

在保罗·布尔热看来,社会传统主义在其他地方还仰仗着歌德。早在1892年巴雷斯出版《法则的敌人》的时候,他就引用了《美因茨围攻》中的话来反驳"歌德式的"这一形容词:"我的性格就是如此。我宁可犯下不公之罪,也不愿意忍受混乱。"这句名言用在这里是可以接受的,但是用在之后所有关于歌德的论战中就不合适了。我们发现,在攻占美因茨之后,歌德认为未经法定审判程序的立即处决以及临时决定的私刑处死比刑罚的缺失更加危险;纠正做过的不公正之事是任何有组织社会达成协约的必要条件,所以拒绝改正就会引起混乱。

人们要求歌德参与激励传统价值,如果说布尔热认为这种激励尤其涉及宗教和家庭,那么巴雷斯主要侧重于种族和"小祖国"。他认为,"不损坏,不破坏"尤其是歌德的箴言。巴雷斯特别关注"认同的自然关系",这种关系将德国诗人与德国或者法兰克尼亚统一起来。在《求助士兵》一书中,勒默斯帕彻在《浮士德》中发现了一种自由到放肆、服从到墨守成规的观念。歌德呼吁大家"遵从自然规律",他在伊格尔或者威尼斯专心遵从自然规律,并且反驳拜伦学说和黑格尔学说这些经久不衰的话题。他成功地把伟大的进化论者变成了另外一个泰纳,在宇宙生活和历史生活的某些情况下,痛恨混乱到低估创新力量必要性的程度。1897年8月15日,在《白

歌德在法国
——《少年维特之烦恼》在法国的传播与接受研究

色杂志》① 上刊登了一封信,跟《泰纳作品调查》有关,信中有这样一句话:"……马克-奥雷勒,斯宾诺莎,歌德……我刚刚列举的伟人都是保守力量;他们竭尽全力支撑;他们能够制止探索未知的活动,这种活动便是生活本身。"

关于人们赋予歌德的这一意义,如果提到欧仁·富尼埃在《个人主义评论》中的这几句话,那么也不足为奇:"让我们站在歌德一边反对约翰②,站在行动一边反对圣言。另外,不要说:自由就是个体想做就做的权利。应该说:自由是个体获得的用来影响世界的能力。"就一个社会主义作家而言,这是不是无根据的兼并?一点儿也不,只要大家像他一样承认"应该停止神秘地认为公众力量行为融合了公民的一致意见,足够将个人财产转变成社会财产","不要认为社会主义应该求助于个人,并对他说:我不给你自由;利用我解放自己,我不是你的目的,而是你的手段"。此时"进步的"歌德而非"固步自封"的歌德占了上风,如果可以这样说的话。当时很多智者不管是在思想上,还是从感情角度,显然都是这样认为的。在各种类型的作品里,出现了好几个相关证据,倾向于将歌德意义的重点放在活动因素上,而以前人们几乎没有发现这些。

不管是在歌德连续不断的职业生涯和孜孜不倦的研究中存在的不同寻常的毅力,还是在繁荣中这种与成功的消极影响做斗争的坚持不懈,这些都是前人轻而易举便能认同的事实。1840 年 10 月 24 日《通报》的一位撰稿人写道:"歌德从来不需要与苦难做斗

---

① 《白色杂志》(*La Revue Blanche*):法国文学艺术杂志,创刊于 1889 年,停刊于 1903 年。——译者注

② 约翰(Jean l'Évangéliste):耶稣十二门徒之一,《圣经·新约》中《三封使徒书信》《约翰福音》及《启示录》的作者。——译者注

争,但是他需要与富足做斗争,并且这种斗争对于诗人来说更加恐怖!"爱弥尔·蒙泰居曾经提到,在这位天资聪颖的伊壁鸠鲁学派的人身上有持之以恒的毅力。而现在人们更加重视这些说法,不再喜欢强调这个伟大模范对解放的影响。如果大家期待发声者的呼吁能够引起更大的反响和影响,那么就不会有好几个人拒绝这样做了。

爱默生关于歌德的评论由菲尔曼·罗兹和伊祖莱翻译,发表在《超人》上。卡莱尔对歌德死亡的评论刊登在 1901 年 12 月 1 日的《笔端》杂志上。正如大家所知,这些盎格鲁-撒-克逊人的评价一定都是颂扬歌德个性的伦理学价值。"按照他的建议、指示生活,不要为了舒适而选择体面、说得过去、优柔寡断,而要坚决地选择坦诚、善良、真理!"

坚守"真我",不久之前似乎还是整个"文化"的构成部分,现在便增长、丰富到一种新原则。歌德的许多评论家将大师的忠告付诸实施,指导思想便是发展完善。P.拉塞尔在 1898 年 9 月的《法国水星》报《入门》一文中评论《浮士德》,坚持"在错误中学会生活"这一观点:"每当人们批评他是沉思的乐观主义者,指责他接受天性中的不信教、好享乐,可以说,人们都会不幸地认为这是歌德寓意的主旨思想。相较于只有在痛苦的烈火中才能锤炼出一点智慧的那个人,没有人对痛苦能有更加严肃、更加悲惨、更加透彻的概念……"

《白色杂志》的编辑莱昂·布鲁姆在这份期刊上发表了《埃克曼新谈话录》,1901 年编辑成书,虽然对大师思想的影响力有所夸张,但仍不失为对歌德对话的巧妙展示。在文中,年老的诗人做出了类似政治主张的声明。如果存在某些诡辩让歌德对当代历史的所有偶发事件感兴趣,或者让他呈现《浮士德》第三部的提纲,书中主角一副鼓动者的样子，准备统治正义，那么这些都激发而并非扼制他的思想，让他说："个体不应该装出一副只为实现自己目标的样子……他应该往外看，在领悟社会法则的过程中寻找自己的完善法则。他的幸福只是实现整个人类幸福的通道……"或者甚至："我们现在的责任，是要知道生活不是一成不变的，它会改变、发展、完善，我们让自己变得更好，才能让生活变得更好。因为我们对自己和他人的责任是密不可分的。面对这个世界，我们负责那些对自己有用、有益的东西。"

如此这般理解，那么歌德的个性怎么不会成为毅力的起搏器、个人主义的怂恿者？1800年的魏玛人竭力研究这种个人主义，在此基础上可以建立最坚实的共同体大厦，实现国家振兴或者社会转变。如果说在我们同代某些人的眼中，歌德的人生轨迹是辉煌的，难道没有一点点是因为他鼓励个人提升的努力？今天的"歌德崇拜者们"不会避免谈及智力好奇的重要性，因为接近1866年时，这种好奇让诗人成为最伟大的亚历山大诗体诗人；今天的"歌德崇拜者们"就像1890年的那些自负者们一样，也不会放弃遵从各种能力的和谐法则，但是比那些自负者们更加愿意领略从强大的命运中提炼的真正智慧的箴言。他们不仅不再相信不可动摇的威严传说、最初不顾一切的超级人类的形象，还因为歌德的这种超级"智慧"而受到最多的赞美。歌德的这种智慧擅长在岩石上、在他或许曾经跌倒的地方雕琢出不断前进的坚实台阶。

保罗·施塔普费尔辛苦地准备《文学声望》的素材，于1901年写道："歌德应将他在后世中的大部分声望归功于他懂得如何留给世人这样一种印象：尽管存在精神瑕疵，但他是一直专心于'将自己变成更加高尚的人'的内敛的作家。对此，我并不惊讶。"在《沉默中的艺术》的一个片段里，Cam.莫克莱提到了这一领域对"我们年轻人的灵魂"的有益影响:"看到歌德的人生画面,一切明朗起来";安德烈·纪德认为他尤其是一位教育家。1903年5月15日,乔治·布兰德斯在一次讨论会上谈论"歌德与自由思想",并在6月27日和7月11日的《蓝色周刊》上发表了相关文章。他研究了歌德身上极端自由主义本能的方方面面,看到了《浮士德》第二部的一个结局。在这个结局里,诗人只留给主人公一种幸福的可能:"浮士德预感到这样一个未来,他给予人类一块土地,人类自己需要不断地与大西洋斗争才能保护这块土地,他由此变成人类的恩人。"

  内心上帝的这种解放,歌德积极影响的宣言,这些很明显就是歌德最近的崇拜者们赋予歌德的新价值。1902年,S.卡尔佩在《哲学历史与评论随笔》中,用了一个章节研究德国诗人的斯宾诺莎主义:"这个学说最吸引他的,不是狭义的空想因素,而是道德因素,更是宗教因素。他不断思考,深入理解,通过写作阐释自己的激情,才得以全面掌控。"在《歌德的母亲》一书中,P.巴斯捷最终认为相比于迷人的阿贾夫人,歌德的父亲对他有更加乐观、更加持久的影响:歌德生活中坚韧不拔的恒心和有条不紊的构思以及那种"工匠精神"都要归功于他的父亲,没有"工匠精神",一个存在不可能变成一件艺术珍品。最后,很明显,如果说人们对1903年皮埃尔·德库尔塞勒的《维特》的评论不是很积极,那是因为人们有一点怨恨这出喜剧的歪曲、忧郁主角的消极和小说懦弱的结局。Ét.布里孔在1903年4月1日的《大期刊》上写道:"他,不久以后,那么热爱真理。他能够说:'这是让人恼火、难以忍受的痛苦,我饱受折磨,只能用行动让自己得以痊愈……'"

  通过活动得来的这种痊愈、这种改进、这种真正的"文化",当代人似乎比较希望从歌德那里找到秘诀,而米歇尔·阿尔诺在《僻静之处》① 月刊的《歌德的智慧》一文中对以上做了最好的定义。通过探索获得美德，没有马克-奥雷勒持续屈服的宿命论；面对成千上万个身体、精神的病态趋势，主动掌控局势；讨厌固有伦理，更喜欢个人内在目的性的清楚意识；克己变成发展的必要条件，但个体也不会受到苦行主义的困扰。歌德的勇敢此时在力量与美丽中表露无遗，人们经常揣测其勇敢的原因。"歌德的人生、智慧、作品，只是迈向'文化'的一份努力……这种'文化'并不打算简化存在，也不打算抑制或者赞同争夺灵魂的敌对趋势。它利用它们的暴力、反抗和冲突，它的真正目的是保护智慧的堡垒，这是观测人类与世界的最高点和精神平衡中心，是斗争的奖品。歌德的一生都有武器的庇护。"这种开场白得到赞同，很多章节通过清晰的分析研究了歌德的各种活动模式，歌德由此展现他令人宽慰和让人振奋的力量。

年表和时间顺序同法国歌德研究进展保持完美的一致，距离法国读者打开《维特》这本薄薄的小说已经127年了。他们当时或激动或反感，今天在非常有限的篇幅里深入地陈述"歌德的智慧"、中心观点和"堡垒"的内部"主塔"视野，更期待未来或许会出现更多新观点。

---

① 《僻静之处》（l'Ermitage）：法国文学月刊，1890年创刊于巴黎，1907年停刊。——译者注

结　论

"我不是任何人的老师，但是我敢称自己是个不拘一格的人。"

——歌德

当我们在自己的国家寻找有关歌德声望以及影响的直接证据时，没有比接二连三地遇到那些最明显的矛盾和最不容置疑的辟谣更加寻常的了。1778年和1804年左右，德国作家经常被叫作"著名的歌德先生"，然而这个"著名"只是针对他青年时代的小说而已，这也是一贯以来字典和报纸对他了解的唯一一本著作。1823年，雷沃·蒂埃赛在《19世纪水星》里的一篇文章中称其为"浪漫主义文学的大祭司"、"邪教组织的"创始人、"一些人所奉的领袖"。然而同年，阿尔贝·施塔普费尔在《概述》中写道："我们因为过早对歌德引起注意而感到吃惊，事实却相反，难道我们不觉得我们发现得太晚了吗?"1826年，正是J.-J.安贝儿在《世纪报》杂志中承认，歌德确实在法国不出名。1847年，路易·德·洛梅尼是这么总结歌德对浪漫主义所起的作用的："我们身边有一个文学流派试图在法国引入对歌德的崇拜与敬仰，就像在德国那样。这次尝试带来一些令人瞩目的成绩和一些丰硕的成果；人们的注意力被激发，思想圈略有扩大，群众对这位令他们感动、震惊、迷失方向的外国天才的敬仰还有所保留。但是，总体上说，崇拜还方兴未艾，我怀疑它永远不会开始……"1849年，达尼尔·斯特尔勒也发表了同样的观点："在法国没人认识歌德。人们根据一部青年时代的小说和半部翻译质量拙劣的戏剧就认为——我或许会说判定为——他是现代最伟大的天才。"

大概 15 年后，也就是 1862 年 10 月 6 日，圣伯夫写道："歌德对于我们来说永远是位陌生人，一位半生半熟的人，一种令人肃然起敬的难解之谜，一个遥远神庙里的朱庇特-阿蒙神。"15 天后，雅克·勒瓦卢瓦毫不迟疑地说："整体上有种特别的情调，同时在个别方面又很突出，请允许我称它为'歌德精神'。我知道，它在我们法国广为流传，特别是近 15 年来，它每天都在进一步扩散。"1866 年，爱弥尔·戴罗尔高呼胜利："在犹豫了近半个世纪之后，最终，法国的读者好像同意深入了解这位普世作家的内在实质。"然而，趁着 1870 年之势，立即出现了新一轮的不满情绪。而后，1880 年，巴尔比·德·多尔维利在他的序言中愤怒地看到歌德的伟大形象无处不在，充斥着 19 世纪的大街小巷，而致力于德国诗人研究的只是些专家学者和离群索居的人罢了。1898 年 2 月 15 日，欧仁·勒德兰在《新杂志》中认为应该指出的是："歌德还很远……就像那些举足轻重的事物一样，对于那些伟人，也产生了一定的饱和。这个时刻谈论他们的声音不绝于耳……"然而这并不影响修道院院长戴尔弗在 1902 年 10 月的《天主教大学》上发表一篇研究卡莱尔的《衣裳哲学》的文章，他写道："歌德的光芒盖过了他。但是，目前看来，歌德的精神统治力得到巩固与发展，卡莱尔在一定程度上沾了他导师名扬四海的光。"

同一个名声却有着迥然不同的兴衰史！有人承认不认识，有人承认受到启蒙，这两种自相矛盾的言论几乎并驾齐驱！我们从中看到的不应该仅仅是观点的相异或者信息的不同，不仅仅是影响精神世界的动作—反动作式游戏的见证。如果说歌德的思想既是无形的又是有形的，对法国不同时期的精神生活既产生影响又藏而不露的话，那是因为他的影响总是施加在少数人身上，一到大众那里就会减弱、变质或者"更名改姓"。他的思想对精神活动的影响只作用于车轮中心靠近轴的地方，而不是末端；它所滋养的不是平原上大片大片的水泊而是来自高原的泉水。我们丝毫不知这翻江倒海的河中的原动力是从何而来，我们无法识别，这样的事已经发生了无数次，其实这是歌德思想的渗入。艾德蒙·比雷很善于在维克多·雨果的作品中捕捉他吸收的国外元素，他在研究拉普拉德的书中花了大量篇幅谈论《佩尔内特》，却没提及歌德的《赫尔曼与窦绿苔》；在纪念埃德加·纪内百年诞辰之时，很多人都再三提到了《阿哈斯维鲁斯》，但是却没人想起《浮士德》。更何况我们在寻找歌德之名已经众所周知的证据时徒劳无功：尽管发行 10000 册，国家图书馆还给他的几本书分配了每本 25 分的款项，但是德国诗人的作品在书店数据的统计方面落后于《君往何处》或者沃尔特·司各特的小说，除《维特》之外。谁会说我们抒情剧的观众在观看古诺的《浮士德》或者昂布鲁瓦·托马斯的《宠儿》时会被歌德思想的本质流露所打动？然而，表面上看，这些人是莱茵河畔伟大作家的名字所能聚集的最多人数了。但是作家自己心知肚明："我的作品不能变成大众读物，强扭之，必生错。"

甚至在精英阶层，歌德所激发的争论也比 1770 年和 1825 年的莎士比亚少，时尚和流行从来没有像奥西恩和霍夫曼那样把他的名字当作代言人。他的名声没有那么显赫，但是富有生命力，更长久；不管怎样，通过他的法国读者的"第一次布告"，他的影响波及人民大众。因为很难断言一个令夏多布里昂担忧、令拉马丁感动、做杰弗瓦·圣依莱尔副手、打消勒南疑虑以及激起泰纳思辨的人完全没有影响法国的知识界。尼采所说的法国"房间里的音乐"不止一次地解读了借鉴歌德作品的文学创作，而不是音乐厅或者广场盛大的交响乐。但是，我们不是知道这些改编让大师们的思想越来越没拘束、听众也越来越广泛吗？连行文的节奏和腔调都俗化了。

这个法国的精英阶层在歌德创作中找到了他们一部分精神生活的启示、肯定或者辩护，我们能不能更加准确地界定他在法国精神界的位置呢？是否有可能更加明确地指出，从某种意义上来说，歌德在法国的名望集中在哪几点上？诸如此类的研究有其明显的弊端：它们有可能将一种虚假的存在归于一个纯粹精神系统里的实存之物，让个人的创举成为一些有名无实的集团的奴隶，人们利用这些文学集团，特别是为了论说的便利或者思想的简易化。然而，歌德的深层含义相当独特，以至于某种范畴、某种协会、某种宗派的核心学说或者信条在面对伟大作家的作品或者他的人格时，引起以上所有成员的类似反应。

首先要注意的是，"罗马"和"日内瓦"几乎坚决反对歌德思想在法国的传播。对他的反对也是顺理成章，合乎情理。信仰的统一或者道德观上的统一，宗教信仰或者生活实践上的正统性，说到底，这就是罗马的天主教和加尔文派的新教在现代法国的精神命运中所分别代表的东西。这两个怎么可能将就伟大诗人在宗教上的折衷主义和道德上的宽容呢？因此我们看到，信奉天主教的人中有一些不断强烈谴责《浮士德》的作者，像拉柯尔戴尔那样称其为"邪恶的天才"，还因为"泛神论"这个可怕的词所能包含的所有罪恶而控诉他。而另一些人，如艾科斯坦、拉普拉德或者雷沃·戈蒂埃，他们则坚持认为，不管怎么说，他深奥的教义也是天主教教义，其目的是能够维持他们对这位异教徒的崇拜之情。同样的道理，日内瓦精神的代表们特别抨击的是他的道德观。他的核心是美学而不是道德；他的生活被个人发展的思想所统治着，而不是服从于其他人已经制定的规矩。严格来说，这就是我们国家那些人对他的控诉，

结 论

这些人都打着加尔文派思想的旗号，哪怕他们已经像艾德蒙·谢勒那样与故乡决裂了。埃米尔直言不讳地说道："歌德忽视了圣洁，他从来就没想过思考有关恶的可怕问题。"

不仅仅围绕着天主教与加尔文教这两点，我们还看到歌德的思想往犹太教发展。如果说，一位讲座教授突然心情不好，他控诉共济会的成员将歌德的光辉散播到了我们国家，那么很难把"歌德主义"看作"国际犹太区"的一项事业。如果我们将犹太教"神秘主义"中的几个著名典型排除在外的话，犹太教精神更注重实际而不是冥想，对他们的目的与诉求很执着，而少了点理想主义的激情。它好像与诗人没有任何联系：我们确实发现了一个戏拟和一个严肃的模仿，《小浮士德》和《新访谈录》，这难道一点儿都不独特吗？

如果罗马、日内瓦和西昂都没有接触歌德思想的话，我们会认为，歌德与法国思想的接触尤其是发生在巴黎吗？巴黎有条街是以这位外国人的名字来命名的，可能德国的首都不会这么早以我们一位伟人的名字来命名。然而，很明显的是，巴黎的秉性丝毫不会使它对一本需要从内部解读的作品产生好感，也不会对这样一个个人感兴趣。他的主要特征是其内心生活、宁静以及坚持不懈的学习。亨利·海纳是一位脾气暴躁的作家，他在特定的时期更能将就我们所谓的、简而言之的"巴黎精神"。但是，如果说歌德在沙龙以及首都圈子里的名气没有真正超过人们对《维特》和《浮士德》的一种解读的话，那么将巴黎与他思想中最具影响力的一部分分开还是有失偏颇的。不仅仅是一个活跃的编辑室，一个孤独的工作室，一个高等教育的讲台，它们虽然没有代表这座城市的主流，但是都属于一个权力系统，而这个系统只有在巴黎才有可能，法国的历史本身也为它的活力与意义贡献了全部力量。这儿就好像有一个离心力，它牢牢地依附着首都，却没有与首都完全一样的中心。

大学更多是为记载思想界所获得的成果而做准备的,并不是往知识革命的方向发展。总体说来,它在这一点上没有突破中间人和"批示人"这个畏畏缩缩的角色。当然,也有例外。但是很明显的是,1830年的大学还是太过于依恋古典的形式,1860年的大学则依恋古桑折中主义的模型,以至于它们无法积极地参与到高举歌德大旗的理解文学和哲学的新潮方式。我们认为,在以上两个时期,拉克雷泰勒和卡罗比J.-J.安贝儿和泰纳更能代表大学,尽管后者与大学关系紧密。但是,也不要因此就怒发冲冠:大学虽然没有禁止新颖的研究方法和对新事物的热情探索,但是它完全没有义务成为接受反传统思想的第一阵营。从某种程度上说,它是教书育人之地,有所保留对它来说还是很适宜的。

通过那些外省气息很浓的作家,我们得知外省人的反应与我们合理的推断相符,依据的是他们性情与思想上的偏好。阿尔萨斯因其位置注定成为两种文学的交汇之处,但是,正因为他们性情中有一部分属于日耳曼人,阿尔萨斯更多是揭示和模仿了莱茵河畔的一些思想与形式,而不是阐释和改编。我想到了拉蒙·德·卡尔布里尔、威廉姆、L.斯巴希、查理·多勒弗斯、让·雅克·维斯。从维利耶到梅兹耶尔或者巴雷斯,严谨的洛林省不太注重重现艺术或文学情感方面的多样性,而对理解歌德个性的细微变化以及他对生活的态度比较感兴趣。像诺迪尔、马尔米尔、格雷尼尔这样的弗朗什-孔泰人,他们表现出了浪漫情怀和情感上的骚动。然而,司汤达抵制这种行为,身为多菲内人的他"比较在意自己表面上没有被欺骗过",反而比他同代人更加关注感情唯物主义这一假设。身为巴黎人的梅里美和维特很早就从莎士比亚的戏剧形式中获益,这种形式被年轻的歌德重新使用过;杰拉尔·德·内瓦尔曾想把法兰西岛大区清新淡雅的特性强行转向深奥难懂的秘密,难道不正是这样他才变得精神失常吗？像拉图什、爱弥尔·德尚、乔治·桑这些贝里人都拥有更多的抵抗力，他们更偏好歌德作品中接近幻想的方方面面。里昂人爱总结的习性可能体现于三处：纪内很早就被《浮士德》象征性的情节所吸引；拉普拉德对德国诗人的自然主义始终保持热情；J.-J.安贝儿有洞察力，他很快就认为作品和伟大诗人的一生、生命和创作的不同时期是浑然一体的，不可分离。米什莱口中的"勃艮第地区讨喜的温情"使得人们散步时口袋中还放着《维特》，年轻的拉马丁徜徉在他出生的村落里。拉丁区的泰奥菲尔·戈蒂埃坚持写了一些幻想作品，此外他还给它们穿上了特别实在、具体的外衣，这之后，他很快就信奉成熟期的歌德所青睐的客观和异教徒式的艺术形式。一个无懈可击的"自我"在抵抗，一种不可撼动的韧劲使得来自利穆赞的欧仁·蒙特居无法像他同时代的泛神论者那样把个人融于现象论的大潮中。夏多布里昂、德·杜拉斯夫人、布莱·帕蒂、埃尔奈斯特·勒南相继表现出的布列塔尼式的忧心忡忡与遥远的日耳曼之子①在面对生活或者宇宙时所表现出的一些情感是类似的。爱德华·德·安吉尔蒙和于尔里克·居坦凯钟情于《抒情诗》和《维特》，他们都隶属于"纽斯特利亚"这个团队，团队是这个省的几位作家创建的，地处另一半诺曼底的边缘。而福楼拜和巴尔贝多尔·维利则保留了那份狂热与奔放。生于阿尔德奈地区的泰纳带着一股德国已经司空见惯的泛神论激情创建了一个严谨的实证主义系统，可以与拉丁语的清晰明了相媲美，这个地区骨子里流淌着日耳曼的血。身为瑞士人却讲法文的本杰明·贡斯当和斯塔尔夫人与这个地区所表现出的秉性相符，他们一直关心宗教和政治的集体性，更倾向于为公民做实事的可能性。他们从歌德作品所汲取的概

---

① 此处指歌德。——译者注

念比同代人要看得更远。

我们在进一步深化此项研究的时候要小心翼翼,不要过分"联邦化"一个文学,比起它的权利分化,中央集权既是一个优势又是一个缺点。对于一个长久以来语言和管理制度大一统的国家来说,对外省心理状态的关心显得尤为虚假。此外,不便之处还在于它将文学的奋斗简单归为对祖辈的发扬光大,让我们清晰地听到卡尔德龙口中的"血脉之歌"。可能"血脉之歌"一代接一代地唱着同样的歌谣,但是必须让它适应千变万化的生活所创造出的新节奏。可能对大部分人文科学来说,将一个国家的文学重新导向那些最具才华的人为措词表达所做出的努力是不过分的。在这样一个传统的环境里,为的就是与其划清界限,或者摆脱当他们从中脱离时的怀旧感。

确切地说,歌德的影响几乎一直作用于一种先锋派,而不是童子军,作用于左派而不是极左。它横贯我们的 19 世纪,在面对那些过时的感悟或者思考方式时,歌德的威名和先例对当时的人来说的确是雪中送炭。在我们法国,歌德一直站在运动中的党派一边,而不是乱糟糟的党派。很少看到那些守旧的人祈求他的帮助,或者说,那是多亏了另一种类型的致敬,因为他们努力想把他的道德和美学观与无可争议的真理相融合,人类所有稍微站得住脚的学说都蕴含着这样的真理。同样,从另一个角度出发并且希望将歌德的某一方面付诸未来的实践中,只有一些报纸或者杂志才会这么做,它们的规划带有明显的进步主义色彩。

当涉及我们要超越已经达到的成就并且在这个成就基础上感到不安和窒息的时候,我们就会请求援助。这种超越不是一种过分的跨度,而是真正需要迈出的一步。18 世纪末掀起的势不可挡的个人主义文学借《维特》之名来抵制对旧式美学的反感。斯塔尔夫人和

结　论

浪漫主义理论家都把目光转向魏玛,引用歌德的戏剧来支撑他们与古典戏剧的旧式堡垒相碰撞的言论。对于目光短浅的理性主义来说,从《浮士德》和《抒情诗》中散发出的令人不解的光芒揭示了在天地间,甚至人的灵魂里,存在的东西超出传统哲学的想象。自然科学的进步把伟大诗人的名字与创新的学者联系在一起。之后,《赫尔曼和窦绿苔》和歌德的异教为反对情感主义和幻想主义流派提供了论据,而当时这个流派却在歌德作品的另外一个领域里寻寻觅觅。当实证主义为自己的形而上学担心时,他们发现歌德与之同行。最近,"自我"热诚的崇拜者还把他看作系统性、连续性知识体系的最杰出代表之一。以上所有情况中涉及的不是对伟大诗人模糊的参考,即使一些激进分子对他也一无所知。如果说人们对他更多是一种一知半解而不是融会贯通的话,新流派中也不乏权威的声音向他致敬。我们之前看过让·雅克·维斯在1856年已经注意到了拥护"资产阶级美德、家庭生活以及职责感""几乎反应一致"的种种迹象。他认为《赫尔曼和窦绿苔》这首诗"直至今日,它的道德影响丝毫没有减弱,还是那么一语中的"。14年后,勒格雷尔在《伊菲格尼》题献中希望看到歌德的大旗"飘扬在所有深陷困境的当代文学之上",那时已经是1870年了,离战争的爆发只有几周。离我们很近的米歇尔·阿尔诺非常关心大师的"智慧"对我们的启迪,他给这本书的作者写信道:"比起歌德,我们可以偏爱其他诗人,但是作为教育家没有一人与之媲美。"

如果说歌德是进步的代名词,如果说这个灯塔旋转的光芒不断照亮了黑夜不同的角落,它总是引往胜利。需要注意的是,我们眼中所注定的期许之地永远不会超过必要和可能的界限。我们之前已经说过,歌德是一位左派的领袖,而不是极左。我们能够看到的是,在歌德产生影响的每个阶段,我们的精英发现了歌德新的特征,就好像是一些更为前卫、明确同时也是危险的表达方式所蕴含的浓缩价值，只有一时兴起或者武断的冒失者才会使用这些表达。总而言之，在《维特》中有很多积极的情绪和对生活的渴望，比起18世纪显出颓势的那些浪漫主义煽情作品，它是一本振奋人心的书。我们都知道席勒的《土匪》在大革命期间风靡一时。这本书将反社会的思想推向另一种极端，我们曾经批判《维特》也受到这种思想的浸润。歌德的戏剧只是间接促进了1825年的独立宣言，而很明显的是，莎士比亚在这件事上要做得更好。1830年大受欢迎的霍夫曼有可能将大家的思想带向一种玄秘主义以及对神秘的热爱，它的危险要异于第一部《浮士德》中基督教式的神奇。比起歌德作品中的一些中世纪元素，沃尔特·司各特更善于使他的爱慕者们陶醉于中世纪和令人感伤的过往之中，歌德则一直强烈地关注他的时代。比起拜伦作品中一直表现出的撒旦主义特征，又如何评价墨菲斯托菲利斯一个人的冷笑呢？同样的情况，过了段时间，查理梅勒·拉古尔在忙于为个人主义宣言写认定书的时候，他把洪堡看作标志性人物，而不是歌德。相反，歌德的哲学不会威胁个人活力的鲜活源泉以及自由的活动，它与德国其他源于神秘主义泛神论的学说处于同一水平。最后，黑格尔的形而上学、尼采的贵族政治、对凯浦林本能说的崇拜都有可能不间断地滋长对力量的崇拜和精神的我或者意志的我的夸大化，这个程度有别于歌德对自己的信仰程度。为了摆脱完美现实主义以及"生活不同阶段"的迷信，比起象征主义的歌德来说，诺瓦利斯或者易卜生是绝对的领袖。那是因为作为文学家和思想家的他首先是位"调解员"，他的影响必然会成为激励人类道德生活诸多力量中一种调节剂。

19世纪的主要阶段都在它们相应的时刻从歌德的作品或人格中发现了一种鼓励，或者说一个出发点。印象派和自然主义例外。要么是无知，或者更准确地说是两者不相容。龚古尔兄弟丝毫没有寻求歌德的帮助，他们在艺术创新方面与《威廉·迈斯特》作者凝重且略显舒缓的写作技巧格格不入，与他对外界事物评价时充满哲思冥想的手法不匹配，而歌德想要超越花里胡哨的外表直抵永恒普遍的真理。因此我们看到，在福楼拜著名的周末聚会时，经常谈论到歌德，但是，《报刊》上一字不落刊登的马尼晚餐，都向《热曼妮·拉瑟顿》的两位作者表达了对德国诗人的微辞。然而，1875年5月26日，《报刊》如此写道："现实主义的宣言，我们丝毫不需要去寻找它身处何处。它就在《维特》里面，歌德借他的主人公之口说：'这坚定了我只遵循大自然的决心。'他还补充道：'不管我们怎么认为，所有规矩都扼杀了自然的情感和它真正的表现力。'"但是，除了一个实实在在的曲解之外，这里面还有一个明显的误读，因为说到底，是维特在说话，尽管对其持有好感，维特还是受到歌德的谴责，谴责他是个没有思想的业余爱好者。而左拉在谈及夏多布里昂的忧郁时，为歌德喝彩，认为他"体格健壮，四肢发达"，只是受到了忧郁浮光掠影的影响。赞美之词显得单薄，而且也不太实事求是。好像《卢贡-玛卡》的作者一点都不亏欠《浮士德》的象征主义以及大而化之的折中主义。当然，左拉身上有着广博的人文情怀，他像列举和组织现实世界那样去书写这个情怀。如果说生命中湍急的水流填满了伟大自然主义者的作品，大有溢出之势，我们时常感到惋惜的是，当我们关注这汹涌的激流时，发现它丝毫没有认清生命的本真面目、自然以及人类的深层次生命。

除了这几个完全没有从歌德身上汲取营养的文学发展阶段以外（因为请大家注意泰纳与自然主义的关系有些诡辩的成分在里面），125年来，所有文学的更迭期都或多或少将它们的决心、辩护或者诞生归功于这个有影响力的创举。新时代伊始，上等的资产阶级就对旧制反感，为了欢呼一位天才征服者的胜利以及超人的命运，为了以后激情昂扬地参加一些积极的活动，正在成为过去的新时代在精神上被歌德的形象统治着，正如它们在时间上被拿破仑统治着一样。他的生命与最后一个世纪的历程没有重合，实乃憾事！其实是一个名副其实的"歌德世纪"。他自己就生于大资产阶级，我们可以说，资产阶级时代的知识分子形象浓缩在他身上。莎士比亚曾经夸张了文艺复兴时代的力量与贵族的梦想。莫里哀曾经取笑所有中产阶级的矫揉造作。在那个还存在阶级的社会里，这些人试图通过模仿所有高尚典雅的行为来抬高身价。伏尔泰曾经是"启蒙运动时代专制主义"统治之下不可或缺之人，既是权贵的调解员也是他们的谄媚者。而卢梭则用一个令人同情的例子阐明了一个平民是如何快速升迁至旧社会的塔尖的。大革命统治时期的种种问题，这个时代的种种希望与种种忧虑，无可争议的运动、对进步的狂热追求和炽热渴望，最好还有思想运动不断创造出的种种艺术形式，这一切的一切都在歌德身上找到了代表、表达，时常还有解决方法。一个中产阶级的人所能实现的一切，与利他主义事业相结合的个人主义运动的广泛开展，通过坚持不懈的奋斗达到精神的至高点，个人的尊严以及为自身安全付出的努力，这一切都体现在他漫长的一生中，铭刻在他错综复杂的作品里。他的一生以及作品也是对19世纪情感与思想的一种歌颂，是对普世生活的热爱。它是自信与宁静思想最完美的代表，取代了中世纪惶恐不安的思想，虽然没有完全消灭这种思想。

但是歌德的作用一定会跨越这个资产阶级社会吗？它曾经是最高贵的一朵花，也是保存最完好的一朵，可是这个制度经常会使事物衰败并且失去活力。不管怎样，但丁身上突然发生的事会在他身上重现吗？但丁的人文价值固然保存完好，但是它也苦于它所牢牢遵循的信仰与思想已经过时了。又有谁能知道未来社会变迁会给人类思想带来何种新的处境呢？可能，歌德已经预料到——他同样也很快地觉察到了瓦勒米的历史意义——工业发展、社团与互助精神、国家间物质与道德的相互渗透定会令旧社会改头换面。但是第四种势态几乎没有出现在他的作品中，韦勒姆·梅斯特的利他行为，成为农夫的浮士德的力量，这两者对于这些人物来说都是解决方案与结果，而不是新形势下立足社会的出发点。他们满心期盼的未来社会，他们在寻寻觅觅之后模糊预感到的社会，确切地说，他们只是喊喊口号并没有建立起来，又有谁知道在这样的社会中还保证有位置会让人们去关心歌德及他的作品是否会产生深远的反响？地位与思想的普遍分级，另外一种婚姻形式，这一切会不会使得《维特》的热血沸腾与《浮士德》的神采飞扬变得令人费解？民主难道只希望一种立即会产生效应并且能实际运用的艺术吗？如托尔斯泰所推崇的那样？歌德属于那些相信社会的进步是建立在个人意识和理性的提高之上的人，他会不会因为丝毫没有给政治或者社会问题提供直接有效的解决方案而感到痛苦？难道卡列班会仅仅允许普洛斯彼凝神静观生命的法则，那真是歌德作品的原则？最终，歌德只有在面对社会和人的本性时才会关心人的境况以及中产阶级的人。他唤起的"金枝"帮他点燃了一个世界，尽管很浩瀚，还是有边界的。他是一位热情洋溢的"地球人"，将其视野限于一个巨大但非无限的领域，谁又知道未来几个世纪会有多少需要解开锁链的普罗米修斯呢？谁又知道，比起歌德所预见的可能性，会有哪些新新人类、哪些新的生命体、哪些新的外太空世界去拓展未来的能量场和诗歌呢？

未来给这些问题的答案在很大程度上取决于歌德影响力的持久性。它们中的很多是些纯粹的假设，其目的是指出从何时开始伟大诗人的意义受到了限制，尽管受到广泛关注和了解。这点无需多言。

歌德在法国
——《少年维特之烦恼》在法国的传播与接受研究

不管怎么说，他的影响力得以持久的机会可能源于他的精神作品里所蕴含的力量与美德，这使得他的作品成为现代最伟大的作品之一，尽管它经历了不断的区分与差别对待。"永恒的人类"给歌德生活过的、汲取过灵感的世界赋予了生命力，而不是一些流派过眼云烟式的纷争或者一些肤浅平庸的忧虑。就这样，浮士德去云游天际，他冒着生命危险从令人头晕目眩的旅程归来之后给人类带来一些与恒定不变的法则有关的概念，即使是进步、解放的人类也丝毫不能脱离这些概念。我们已经说过，作为引发人类沉思的人，他在由最为尊贵的英雄所组成的万神殿里不会完全失去自己的地位，哪怕社会环境有了新的改变。他曾经认为进步就像一个到达更高水平的螺线，但是在某种意义上来说，总是重新见到相同的经度与相同子午圈以及人类命运永无止境的曲线，他可能自己就体验过这种规律的效果。我们会重新发现新的"维特"，一些年轻人以自然和内心世界权利的名义奋起反抗那些新的暴政；渴望绝对和无限的人试图像浮士德那样，一步跨入超人的天空，越过那些一再束缚他们的日常性限制；我们会再次看到"镇定自若的人"、热衷静逸之美的人会再次把他们的梦境置于希腊传承的完美和谐传统之下；特别是那些渴望文化和全面发展的人想要给予"自我"一种高于芸芸众生的姿态。我们有机会再次向歌德的作品靠拢，就像上个世纪的人做的那样，这是无尽螺线的另一个层面。

未来以宗教的理由诋毁歌德名誉的可能性不大，也不太可能以传统的正统信仰名义来严格批判歌德曾经敌视禁欲主义，反对神学广泛传播的因缘之说，反对奇迹和武断终止自然法则的概念，反对神灵启示授予某个宗教垄断地位的假设。尽管个人有缺陷或者集体在倒退，我们越来越多地看到，一种相似的信仰和希望扎根于任何信条的根部，对人类理性的信仰也不例外。宗教情感是永恒的，它越来越多地在其他概念中得以具体化,而不仅仅体现在人格化、专制化的上帝身上,他是有别于宇宙的法则的。因此,作为卫道士以及新基督徒的夏多布里昂将了歌德一军的事实有点令人怀疑。因为这位思想家是以学者和观察者的身份关注自然和世界的,而不是教徒和神秘主义者身份。此外,从这点上看,也正是这样他的影响才会久远,因为他完全不是18世纪所理解的理性主义者,他完全承认情感和潜意识参与到个人精神生活的权利。

他呈现给我们的主要姿态多亏了他的自控,好像他本人就有泰山崩于前而不动色的冷静,所以凭这一点完全不用担心他影响力持久的可能性。比起燃烧的火焰,他所拥有的更多是发亮的光芒。他更喜欢中庸之道而不是内心的深深震撼,或者更准确地说,他努力使自己最激烈的情感维持平和。面对人类与生活,他所做的更多是正义的事业,而不是乐善好施的慈善事业。但是,根据表象来看,这既是将来影响力继续存在的保障,又可能是短暂失宠的理由。拉马丁或者席勒式的情感宣泄,卢梭式的长篇大论,托尔斯泰式的悲天悯人,尽管很有利于宣传和产生立竿见影的效应,但是,比起歌德式的中庸,它们都有可能很快过时,让人感到很极端。可以说,这种中庸是个人情感与理性接受生活法则之间的和解。此外,公正好像在人类感情的等级划分与进步的时间轴上占据着比慈善更高的位置。人类拥有三种方式有效地走出"小我",那就是慈善、泛爱和正义。总体说来,正义得到全面的实施是其中最艰难的也是最令人钦佩的。很可能慈善和泛爱是通过说教的方式传授给人类的,因为正义超越了他们的牺牲精神与理解能力。歌德对此有一个含糊其辞的说法,他在1819年11月7日给策尔特的信中写道:"我布讲的只是圣·约翰所推荐的:'孩子们,要互爱,如果你们做不到,至少能够相互容忍……'"

总之，歌德所代表的卓越艺术形式定会获得辉煌成就并盛行一时。或者，即使它与个人主义原则不是一致的，至少可以媲美，不同领域的活动都渐渐承认了这一原则，比如说道德学、教育学，而法学、社会学和政治学也有可能加入这个行列。歌德的艺术形式是内在的一种需求，它由一张无形的意志力网和一个冲动与压抑力量的微妙机制组成，它应该决定所有事物的发展。表面上看是不言而喻的，不管怎么说，很多事实也予以运用并得到了验证。但是人类思想去琢磨这个艺术形式的日子还远远没有到来：要么因为传统力量的根深蒂固以及对规约的笃信；要么因为武断或者冒失的人过于冲动，这个艺术法则不断地被曲解为这种或那种意思。古典主义强加给艺术创作一个一成不变的论述模式——体裁间划清界限以及三一律是整个体系表达最清楚的要求，在这一路上，要求还越来越严格。我们不是要求所有史诗都必须拥有 12 章节吗？一位 18 世纪的美学家不是斗胆提出小说要规定在一年之内，就像悲剧承认在一天之内那样？为了追求匀称，有多少虚假的情节被编造出来！为了保证表面的平衡和看起来服从规矩，有多少冗言赘语！可能，在 1660 年左右，形势一片大好，趁着这些规约的东风，涌现了一小批杰作，但是它的原则本身还是强制性的，只是因为喜爱拉辛，我们才愿意原谅他长期以来指导"帕尔纳斯派立法者们"的言论。

同样，雨果的某个崇拜者、贝多芬的某个爱慕者难道会因为浪漫主义盛行的理念而大发雷霆？浪漫主义把题目、主题、思想完全交由艺术家自行处理，让他成为创作的唯一主人，我们早就该这么做。当我们是雨果的时候，我们能够允许自己将火焰与炉渣放在一起，随意地扭曲真理，写一部只是集合了"作者废话"的戏剧，或者更甚——"作者的长篇大论"？我们可以原谅贝多芬，当一位小提琴手抱怨他的一段曲目无法演奏时，说道："您认为，当神灵对我说话，我在听写他的口授时，会想到您肮脏的小提琴？"如此艺术原则还是可以接受的，唯有天才才可以这么做，但是何谓天才？我们所称的天才，那些"自我陶醉和伶仃大醉"的天才的精神失常与心血来潮又是从何开始的呢？

　　相反，渐渐在艺术界盛行的法则是歌德在艺术创作以及文学批评中所运用的。他从《葛兹·冯·伯利欣根》的剑拔弩张过渡到平和舒缓的《伊菲格尼》，他指出了雨果早期戏剧中的缺陷，正如1825 年他怒斥过时的古典主义者还在援引三一律法则一样。他为了摆脱两种限制所花费的心血比谁都多：拉斯金口中"荒谬的煽情"使得"自我"成为衡量艺术作品、提纲、情节、动机的标尺，是唯一一位带有个人喜爱与厌恶的评判者；通过僵化作用一些原则变成成见，构成了食古不化的形式，它们完全独立于生命的法则以及一些用来接纳或者排除的千篇一律的典型性完美人物。多亏了这双保险，歌德才得以躲避不幸，但是付出了何种代价！这种不幸经常会侵袭引领他们同代人的老一辈导师，冉冉升起的一代新人使得他们与周围所讲的语言格格不入。

　　然而，经常被看作冷淡主义、兴趣爱好或者令人失望的心血来潮越来越盛行于现代艺术中，这一点我们始料未及。说到底，它只是对勃勃的力量和隐形的必然性明智的预见（灵敏的嗅觉）罢了。一个统领一切的法则支配着艺术创作，尽管与规约和幻想相差甚远。确实有些"剧情可写"，但是它一点都不依据约定俗成的美学或者专制性的心血来潮，而是对大纲和情节的设计。散文或者诗句在一些特定情况下必须使用，这种符合规矩的做法仅仅由题目的性质决定，而不是别的原因。所有的布道没有必要两三句话讲完，所有的戏剧不一定都是五幕剧，以此类推。同一部歌剧，一个音乐家可以谱写一页内心生活和一幕对万事万物都勃然大怒的场景。他为了遵循这个法则，可以运用瓦格纳汹涌澎湃的资源，也可以在写作的时候遵循莫扎特简明扼要的手法。现代装饰艺术卓有成效的探索运动以及现代建设学的诸多努力都试图将艺术创作变成物体或者建筑物用途的产物，并且赋予它们各自用途所决定的不同装点、摆设和美化类型。艺术家不会因为少了点别人的尊重就显得不那么高贵，也不会因为少了点支配权就显得不那么活跃。可能，现代生活给予泛滥的个人主义越来越多的是平凡无奇的命运，此外，解放时期的人已经没有耐心愿意接受那些绝对命令的限制。这两点共同促进了一种没有"义务"和"许可"的美学观。说到底，这是所有伟大的艺术品表现出来并且所有真正的批评家所运用的美学，同时它也受到那些早就闻名的文学家的制裁，尽管他们表面上对其产生过短暂的兴趣。

我认为，这就是歌德精神的至高地位不会完全被雨果排挤的原因之一。他是 19 世纪唯一一位与之抗衡的伟人，也是我们的伟人中最毅然决然地反对接受莱茵河彼岸诗人盛名的一位。两人之间远不止诗歌秉性存在差异，他们身上表现出的伟人特性、哲学体系、对理想的看法都相互排斥——概括性的幻想者与分析性的观察家，冲动与直觉，永远的党派分子与永恒的仲裁人。接着，在哲学方面，二元世界观的拥护者与对进化论或多或少有意识的先驱，这一切都构成了两人之间的对比，雨果觉得这组对比怎么强烈都不为过。一个认为世界的救赎、"撒旦的末日"归咎于至高无上的慈悲；另一个则认为宇宙的发展都浓缩在"一开始就是如此"这句话中，这一点还用指出来吗？或者，一个倾听"黑暗之口"神秘兮兮的知心话；另一个则在将死之际还祈求"更多的光芒"。继续这项对比工作很容易，可能 21 世纪的小学生都会做这项练习。

他们会在条分缕析之后最终发现两种理解自由和理想的方式：只有当文学作品涌现出可见或不可见的自由与理想之气息，并且这种气息得以在主人公身上体现之时，所有配得上这个名字的文学、所有卓尔不群的知名人士才会强烈持久地影响人类。然而，维克多·雨果的意义需要在为外在自由的斗争中去寻找。没有人比他在减少我们对压制性权力的依赖性方面做得更多，这些权力包括政府、宗教、等级制度、公约；没有人比他对社会恶势力、宗教之恶、死神、时间的流逝与一去不复返更加感到痛心疾首的了。相反，歌德尤其代表了另外一种解放的意图，它让我们摆脱内心的桎梏，脱离我们的无知、我们的习惯、我们的恐惧、我们的成见、我们的遗传以及我们的过去给我们套上的枷锁。这是一种比政治与社会自由更稀罕、更崇高的自主，他也很有道理地将其自诩为一生的荣耀："我不是任何人的导师，但是我自居为一名不拘一格的人。大家能够从我的例子看出来：人的生活应该由内而外，这也是艺术家应该为之奋斗的。"

这两位崇高的思想家有关理想的看法也是一样的道理。在雨果看来，它是一个完全外部的实体，一个神秘般揭示的完美，有可能在普天下都提升的那一天得以实现，因原罪被贬入凡间的万事万物都会重新回到更高的阶层。相反，对于歌德来说，理想是内在的，而不是超验的，如果我们可以这么说的话——它不是现实的对立面，也不是对现实永恒的贬低与斥责，而是这个现实的完美绽放。每个时代都有预感，它的理想会在不久的将来得以实现；诗人和学者应该对现实进行加工，好让理想发出回音，就像传说中的岩石那样，阳光使它们微微奏出一个遥远、低沉的乐曲……

另外我们发现，理解自由和理想的不同方式会对民众喜爱歌德略有帮助，使得人们感到维克多·雨果在精英面前还是有些瑕疵的。德国诗人猜到了这一点，他在悲歌《伊尔默瑙》中写道："当我歌颂勇气、自由、真诚，反复强调没有限制的自由时，我获得了人们的好感……"其他法国人可能对这个不利的局面尤为敏感，我们是一个说干就干、爱憎分明的民族，会立即涌向所有的巴士底狱。对我们来说，外界行动的自由、言论自由、写作自由要比最严格、最真实意义上的思想自由重要得多。同时，我们大部分人对火光冲天、壮烈凄美的理想形式更加敏感，哪怕只是简单地进行了粉饰，而对回荡在一些不那么振奋人心的启示中的理想感到漠然。

　　这就是法国民众不断与德国作家拉开距离并且不可融合的深层原因。它超越了上面提及的那些原因，比如歌德的泛神论，或者他处理他的女主人公心理活动的方式。然而，我们思想界的很多大师都在他那里找到了灵感、鼓舞、启示或者支持。而且，每当一位卓越的知识分子跨越任何形式的国界并且扎根于国外时，我们就需要考虑这种性质的冲突。没有什么东西能够阻止这种好客带来丰硕的成果，我们永远希望有朋自远方来。这就是有一天勒南在谈到克尔特精神的时候提到的，他说克尔特精神需要时不时地接受德国精神的养料，这甚至是西方文明得以延续和壮大的保障，这个真理是不分国界和思想界的。在思想和精神不断的碰撞中，时间很快就能去除那些模仿、装腔作势的作品，留下真正获益的；不完全是立竿见影的贡献，而更多是足不出户的儿童看了远方客人的故事之后产生的新的幻想，在看到已经实现的命运之后下的决心，在与一个尚且未知的成长模式相遇后发现的"真我"。

　　在思想持续不断的交流中，现代伟大民族或者一些有组织、有思想的团队所扮演的角色就是把我们重新引向一些足够清晰明了的价值观，而他们并没有过分地简化这些价值。意大利在揭示美妙的形式方面很突出，这也是为什么从严格意义上来讲，但丁不属于有影响力的意大利人。他是在艺术方面无与伦比的工匠，有时候他更加关注的是怎样有谈吐而不是更好地生活，同样，他更青睐有些华而不实的技艺或者精神上的漠然。西班牙不断夸耀它的"卡斯蒂利亚的荣耀",甚至有时还夸夸其谈。在我看来,他们停止这么做只是为了体现修道院式的蒙昧主义以及无赖、骗子等流浪汉式的不幸,反衬了奢华铺张的唐璜式人物。英国在我看来拥有诸多自由,特别是公民生活与个人都对自由感兴趣;对事实的尊崇近乎世俗化,对独立性格的热衷直至标新立异的程度,这些都好像是岛国文化所散发出来的。奥西昂散发着一股忧愁伤感的怀古思想,我们已经不太搞得清楚这个思想是克尔特人还是斯堪的纳维亚人的。托马森或者沃尔特·司各特的苏格兰帮助我们去理解或者想象,而瑞士则通过哈雷或者杰斯雷、托普菲尔或者哥德尔,向我们特别说明的是,在一个令人叹为观止的背景之下,一些平凡并且对社会有益的人幸福美满的点点滴滴。瑞典的形象与斯韦登伯格的高尚纯洁完全契合;挪威则是易卜生严酷的个人主义道德观;而借助安徒生或者亨利·龚斯昂斯的作品,丹麦与荷兰吸引我们的是它们的敦厚。北美在展现草原的冒险生活或者金矿的半野人生活之后,试图在自强不息、奋斗不止的文学方面独占鳌头。比起它的德国或者盎格鲁-撒克逊姐妹们所热衷的自由,俄罗斯更喜欢博爱和谦卑,它给我们传达的信息是令人同情的乌托邦式福音主义。更远一点,有时从遥远的亚洲传来千年文明以及在"道"的自然法则面前所表现出的心悦诚服。

比起其他伟大的民族,法国和德国比任何国家都更加关注这些表达国家精神的声音。两个国家都在原有脉络的基础上穿针引线,把从遥远纺锤抽来的根根细线编织起来。德国在应用国外思想的时候有点卖弄学问,但是经常闪烁着令人钦佩的智慧之光;法国在理解方面更加肤浅,它表现了一种与艺术、实践方式以及文学必要性更为完美的融合。在整个精神活动的关系网中,它们都有各自经久不衰的传奇及其含义。法国尤其提出并阐释了将所有与精神有关的东西浓缩为它们的社会和人文价值,将思想运用于事实,对中庸和把握分寸的喜好。德国缺少点灵气,但是多了几分真诚,它渴望在所有思想的活动中有绝对的忏悔、完整的表达、理想的境界以及自由的气息,也关心人与自然及宇宙的关系。最后,它比任何邻国都更加关注待完成和发展的概念;正是在这个方向上它经常影响向它取经的邻国。

从这个意义上来说,我们可以认为歌德足能代表近两个世纪的德国,并且德国近期的"传奇"几乎就是它最伟大作家的传奇。如果歌德的生活方式再高雅一点的话,他就象征了德国思想长期以来对整个西方的总结,虽然这样说有失偏颇。面对外人,他就像是不同中心的"共同感觉中枢",他一会儿化身为17世纪典型的日耳曼式博学天才;一会儿变成18世纪所发现的描写性与田园性融合的乡村牧歌。他是克洛普施托克的宗教热情,是席勒的极端自由主义式的滔滔不绝,是康德的内在批评主义,还有奥古斯特·拉封丹的多愁善感、霍夫曼和比格尔的幻想和"哥特式"、亨利·海纳挖苦讽刺的微妙表达,最后也是谢林的泛神论、黑格尔的理想主义以及尼采的贵族个人主义。从某种意义上来说,歌德就是众星之首,而其分支代表了林林总总的主要方面,德国的思想和想象力就是这样展现给它西部的邻国。

但是这里涉及的是古老的德国,所有理想的经典之地,奇思幻想、怀古伤今、希望憧憬的心仪故乡。按照一个德国后辈的话来说,这个德国只是空中楼阁而已,而英国占据了大海,法国盘踞于大地,但是德国在它的蓬莱仙境创造了令人羡慕的生活,好像还充满神奇的色彩。今后,德国新的发展定位会使得歌德的形象越来越不能代表昔日的德国吗?很有可能。那么我们期盼我们的邻国在欣赏他们

结 论

最伟大的人时能够找到道德沦丧和思想平庸的救世良方。这是一心一意发展经济、对国家形式主义或者宗教鼠目寸光俯首称臣所带来的后果。法国有着根深蒂固的社会礼仪与表面上的教养，但是德国没有，这些危险在这样的国家还是相当严重的。相反，德国却拥有关注内心生活的传统习俗，骨子里对所有限制精神自由的束缚都无法容忍。歌德在1827年7月有信心地说，法国会永恒地存在下去，这个言论应用于德国也是恰如其分的："我对法国人民没有任何形式的担忧。他们在展望世界历史时高瞻远瞩，以至于精神活动丝毫不会在法国遭到扼杀。"

索引[*]

A

奥日罗（Charles Pierre François Augereau, 1757—1816），法国将军、元帅。

爱德华·阿莱兹（Édouard Alletz, 1798—1850），法国外交官、文学家。

巴奎拉·德·阿尔诺（François-Thomas-Marie de Baculard d'Arnaud, 1718—1805），法国诗人、小说家、剧作家。

J.-J.安贝儿（Jean-Jacques Ampère, 1800—1864），法国中世纪史专家、作家、游历家。

大卫·德·安瑞（David d'Angers, 1788—1856），法国雕刻家、奖章制模家。

阿尔菲耶里（Alfieri, 1749—1803），意大利剧作家、哲学家、诗人。

爱德华·德·安吉尔蒙（Edouard d'Anglemont, 1798—1876），法国剧作家、浪漫诗人。

埃马纽埃尔·阿拉戈（Emmanuel Arago, 1812—1896），法国政

---

[*] 按原文姓氏排序。

治家。

奥贝尔（Daniel-François-Esprit Auber，1782—1871），法国作曲家。

埃克曼（Johann Peter Eckermann，1792—1854），德国作家、诗人。

埃克斯坦（Ferdinand Eckstein，1790—1861），丹麦哲学家、剧作家。

阿莱维（Léon Halévy，1802—1883），法国记者、诗人、剧作家。

费罗德·奥莱迪（Philothée O'Neddy，1811—1875），法国作家。

巴泰勒米·普洛斯比尔·昂方坦（Barthélemy Prosper Enfantin，1796—1864），法国社会改革者、圣西门主义领袖。

埃德蒙·阿布（Edmond About，1828—1885），法国小说家、公法学家、新闻记者。

阿克曼夫人（Louise-Victorine Ackermann，1813—1890），法国诗人。

埃马纽埃尔·阿拉尔（Emmanuel Allard，1833—1910），法国马赛市市长。

埃马纽埃尔·阿拉戈（Emmanuel Arago，1812—1896），法国政治家。

艾蒂安·阿拉戈（Etienne Arago，1802—1892），法国剧作家、政治家。

费尔南德·埃克斯坦（Ferdinand Eckstein，1790—1861），丹麦哲学家、剧作家。

奥伦施拉格（Adam Gottlob Oehlenschläger，1779—1850），丹麦诗人、剧作家。

奥特朗（Joseph Autran，1813—1877），法国戏剧作家、诗人。

奥日埃（Guillaume Victor Émile Augier，1820—1889），法国剧作家。

亨利·阿尔贝（Henri Albert，1869—1921），研究德国语言、文化的法国专家，尼采作品译者。

阿米可（Henri Amic，1853—1929），法国文人、剧作家。

米歇尔·阿尔诺（Michel Arnauld，1871—1943），法国作家、哲学教授。此名为笔名，原名是马赛尔·德鲁安（Marcel Drouin）。

马修·阿诺德（Matthew Arnold，1822—1888），英国维多利亚时代的诗人和评论家，主要著作有自由抒情诗集《多佛滩》、叙事诗《邵莱布和罗斯托》及论著《文化与无政府状态》等。

爱默生（Ralph Waldo Emerson，1803—1882），美国散文作家、诗人，先验主义作家的代表人物。

埃诺（Louis Énault，1824—1900），法国记者、小说家。

阿莱（André Hallays，1859—1930），法国记者、作家。

埃杜安（Alfred Hédouin，1819—1898），法国翻译家、文学评论家。

埃内斯特·埃洛（Ernest Hello，1828—1885），法国作家、文学批评家。

埃尔芒（Abel Hermant，1862—1950），法国作家、剧作家。

埃策尔（Louis-Jules Hetzel，1847—1930），法国出版商。

B

贝尔舒（Joseph de Berchoux，1760—1838），法国诗人、幽默大师。

巴朗什（Pierre-Simon Ballanche，1776—1847），法国作家、哲

学家。

布让（Marie-Charles-Joseph de Pougens，1755—1833），法国文学家、出版商。

波捷（Charles-Gabriel Potier，1774—1838），法国演员。

贝尔蒂（Alexandre Berthier de Grandry，1745—1832），帝国上校军官。

布雷-巴蒂（Évariste Boulay-Paty，1804—1864），法国著名浪漫主义诗人。

布劳特（Charles Alphonse Brot，1807—1895），法国作家、剧作家。

布若瓦（Anicet-Bourgeois，1806—1871），法国剧作家。

多米尼克·布奥尔（P. Dominique Bouhours，1628—1702），基督教神甫、语法学家、历史学家、宗教作家。

德·巴朗特（De Barante，1782—1866），法国历史学家、作家、政治家。

于勒·巴斯蒂德（Jules Bastide，1800—1879），法国政治家。

查理·德·贝尔纳（Charles de Bernard，1804—1850），法国小说家、中短篇小说家。

巴武赫·诺尔米昂（Pierre Baour·Lormian，1770—1854），法国诗人、法兰西学院院士。

奥古斯特·巴尔比（Auguste Barbier，1805—1882），法国小说家、回忆录家、批评家。

巴亚尔（Jean-François Bayard，1796—1853），法国剧作家。

贝多芬（Beethoven，1770—1827），德国音乐家。

贝朗热（Pierre-Jean de Béranger，1780—1857），法国歌唱家。

贝罗（Antony Béraud，1791—1860），法国歌唱家、作家、

诗人。

柏辽兹（Hector Berlioz, 1803—1869），法国作曲家。

布尔丹（Louise Bertin, 1805—1877），法国作曲家、诗人。

阿梅德·波米耶（Amédée Pommier, 1804—1877），法国作家、诗人。

埃德蒙·比雷（Edmond Biré, 1829—1907），法国作家、批评家。

亨利·巴莱兹·德·布里（Henry Blaze de Bury, 1813—1888），法国作家、诗人、剧作家、批评家。

波卡基（Anne-Marie du Boccage, 1710—1802），法国作家、诗人、剧作家。

弗朗斯瓦·阿德里安·布瓦尔迪厄（François-Adrien Boieldieu, 1775—1834），法国作曲家。

尼古拉·德·博纳维尔（Nicolas de Bonneville, 1760—1828），法国作家、记者。

路易·布朗依（Louis Boulanger, 1806—1867），法国画家、雕刻家。

比格尔（Gottfried August Bürger, 1748—1794），德国诗人。

巴格森（Baggesen, 1764—1826），丹麦诗人、剧本作家、评论家、喜剧作家。

邦维尔（Théodore de Banville, 1823—1891），法国诗人作家。

于勒·巴尔比（Jules Barbier, 1825—1901），法国诗人、剧作家、歌剧剧本作家。

阿尔维德·巴丽娜夫人（Arvède Barine, 1840—1908），法国历史学家、文学评论家。

巴齐（Jean Pierre Antoine Bazy, 1804—1883），法国文学教授。

索引

克洛德·贝尔纳（Claude Bernard，1813—1878），法国心理学家、医生。

比托贝（Paul Jérémie Bitaubé，1732—1808），法裔加尔文教派牧师、作家。

波纳德（Louis de Bonald，1754—1840），法国哲学家、政治家。

莱昂·博雷（Léon Boré，1806—1882），法国历史教授、外国文学教授。

博雷尔（Édouard Borel，1871—1956），法国数学家，政治家。

博须埃（Jacques-Bénigne Bossuet，1627—1704），法国作家、宣道者、演说家。

布莱（Nicolas-Jean Boulay，1837—1905），法国植物学家。

保罗·布尔热，（Paul Bourget，1852—1935），法国小说家。

布勒托（Breton，1777—1852），法国司法速记员、《法院公报》创立者之一和主管。

布里泽（Julien Auguste Pélage Brizeux，1803—1858），法国诗人。

波尔夏（Jackques Porchat，1800—1864），瑞士法律教授、拉丁文学教授、修辞学教授。

巴尔贝·多尔维利（Barbey d'Aurevilly，1808—1889），法国作家、评论作家、诗人、文学批评家。

亨利·巴哈拉赫（Henri Bacharach，1810—1878），法国翻译家、作家。

费尔南·巴尔代纳（Fernand Baldenne，1871—1958），法国教育界人士、比较文学创始人之一。此名为笔名，原名是费尔南·巴尔当斯佩热（Fernand Baldensperger）。

莫里斯·巴雷斯（Maurice Barrès，1862—1923），法国小说家、

散文家。

巴泰勒米（Edmond Barthélemy, 1868—1934），法国评论、翻译家。

阿尔芒·巴谢（Armand Baschet, 1829—1886），法国作家、档案工作者、记者。

巴斯捷（Paul Bastier, 1874—1955），法国作家。

波德莱尔（Charles Baudelaire），法国诗人、作家，现代诗开拓者。

贝莱格（Camille Bellaigue, 1858—1930），法国文学家、音乐评论家。

伯努瓦（Camille Benoît, 1851—1923），法国评论家、艺术史学家、作曲家。

贝朗热（Henry Bérenger, 1867—1952），法国作家、政治家。

布洛（Édouard Blau, 1836—1906），法国歌剧剧本作者、剧作家。

莱昂·布鲁姆（Léon Blum, 1872—1950），法国政治家、作家。

拿破仑·波拿巴（Napoléon Bonaparte, 1769—1821），法兰西第一帝国皇帝，称帝后颁布《拿破仑法典》，对外连年用兵，滑铁卢战役惨败后流放于圣赫勒拿岛。

博塞尔（Adolphe Bossert, 1832—1922），法国德国文学专家。

莫里斯·布绍尔（Maurice Bouchor, 1855—1929），法国诗人、剧作家。

布戈主教（Émile Bougaud, 1823—1888），法国教士、历史学家，1887—1888年任拉瓦勒主教。

布若（Alfred Bougeault, 1817—1893），法国历史学家。

乔治·布兰德斯（Georges Brandes, 1842—1927），丹麦作家、

文学评论家。

布雷亚尔（Michel Bréal，1832—1915），法国历史语言学家。

布吕内蒂埃（Ferdinand Brunetière，1849—1906），法国文学史学家、文学评论家。

波特凡（Charles Potvin，1818—1902），比利时诗人、作家、记者。

C

程纳多莱（Charles‑Julien de Chênedollé，1769—1833），法国诗人。

查理（Joseph‑Numa Charles，1821—1909），法国作家、翻译家。

D

狄德罗（Denis Diderot，1713—1784），法国启蒙思想家、唯物主义哲学家，作家，百科全书派代表。

戴维登（Jacques‑Georges Deyverdun，1734—1789），瑞士文学家。

德若尔（Jean‑Élie Bédéno Dejaure，1761—1799），法国著名剧作家。

德利尔（Jacques Delille，1738—1813），法国诗人、翻译家。

德日朗多（Joseph‑Marie Degérando，1772—1842），法国语言学家、教育学家、慈善家。

丹普马丁（Henri Cabot de Dampmartin，1755—1825）法国军人、政治家。

杜瓦尔（Alexandre Duval，1767—1842），法国剧作家、演员。

杜马诺（Pierre Dumanoir Le Pelley, comte Dumanoir, 1770—1829），法国海军副上将。

达雷朗（Charles-Maurice de Talleyrand-Périgord, 1754—1838），政府首脑，外交家。

达惠（Pierre-Antoine-Noël-Mathieu Bruno Daru, 1767—1829），拿破仑帝国财政官兼文学家。

戴左日（Désaugiers, 1770—1836），法国诗人。

达米隆（Jean-Philibert Damiron, 1794—1862），法国哲学家。

卡米尔·德穆兰（Lucie Simplice Camille Benoist Desmoulins, 1760—1794），法国记者、政治家。

但丁（Dante, 1265—1321），意大利诗人。

欧仁·德拉克罗瓦（Eugène Delacroix, 1798—1863），法国画家。

科尔得利尔·德拉鲁（Cordellier-Delanoue, 1806—1854），法国剧作家。

爱弥尔·德尚（Émile Deschamps, 1791—1871），法国诗人。

多尔瓦（Marie Dorval, 1798—1849），法国演员。

阿道尔夫·大仲马（Adolphe Dumas, 1805—1861），法国诗人、剧作家。

保罗·德拉克罗瓦（Paul Lacroix, 1806—1884），法国学者。

德奥隆（Emmanuel Théaulon, 1787—1841），法国剧作家、诗人。

杜当（Ximénès Doudan, 1800—1872），法国评论家、醒世作家。

达西埃（Dacier, 1654—1720），法国学者、译者。

代勒洛（Emile Delerot, 1834—1912），歌德学专家。

索 引

多尔菲斯（Charles Dollfus，1827—1913），法国哲学家、小说家、散文家。

德内里（Adolphe Dennery，1811—1899），法国小说家、剧作家。

迪普拉多（Jules Laurent Anacharsis Duprato，1827—1892），法国作曲家。

若贝-杜瓦尔（Félix Jobbé-Duval，1879—1961），法国儿童作家、漫画家。

乔治·德维尔少文（Georges Dwelshauvers，1866—1937），比利时哲学家、教授。

欧仁·戴什塔尔（Eugène d'Eichthal，1844—1936），法国经济学家、社会学家、诗人。

克莱尔·蒂泽尔（Clair Tisseur，1827—1896），法国建筑师、历史学家、语言学家、传记作家、诗人、小说家、新闻工作者、伦理学家、讽刺作家。

蒂尔潘（Pierre Jean François Turpin，1775—1840），法国植物学家、插图画家。

爱德华·蒂埃里（Édouard Thierry，1813—1894），法国文人。

达尔梅达（Georges David Haim Dalmeyda，1866—1932），法国古希腊研究学者。

莱昂·都德（Léon Daudet，1867—1942），法国作家、记者、政治家。

德库尔塞勒（Pierre Decourcelle，1856—1926），法国小说家、剧作家、电影剧本作家。

塔克希勒·德洛儿（Taxile Delord，1815—1877），法国作家、记者。

德尼（Ernest Denis，1849—1921），法国历史学家。

德平（Guillaume Depping，1829—1901），法国历史学家、地理学家。

德巴赫勒（Adolphe Desbarolles，1801—1886），手相家。

德尚（Gaston Napoléon Deschamps，1861—1931），法国考古学家、作家、记者。

狄德罗（Denis Diderot，1713—1784），法国文学家、哲学家。

莱昂·迪耶克斯（Léon Dierx，1838—1912），法国巴纳斯派诗人、画家。

德吕蒙（Édouard Drumont，1844—1917），法国记者、作家、政治家。

F

弗雷隆（Élie Catherine Fréron，1718—1776），法国记者、文学批评家和论战家。

封塔纳（Jean-Pierre Louis, marquis de Fontanes，1757—1821），法国作家。

弗洛芒坦（Eugène Fromentin，1820—1876），法国画家、作家。

乔治·费铎（Georges Feydeau，1862—1921），法国剧作家、画家、艺术收藏家。

弗里奥（Claude Fauriel，1772—1844），法国历史学家、语言学家。

丰唐（Louis Marie Fontan，1801—839），法国剧作家。

保罗·福歇（Paul Foucher，1810—1875），法国剧作家、小说家。

法盖（Auguste Emile Faguet，1847—1916），法国作家、文学评

论家。

费弗尔（Ernest Faivre，1827—1879），法国植物学教授，医生。

法尔科内（Ernest Falconnet，1815—1891），法国里昂代理检察长、司法官员。

弗卢朗（Marie-Jean-Pierre Flourens，1794—1867），法国生物学家、医生。

弗朗克（Adolphe Franck，1809—1893），法国哲学家。

伏尔泰（Voltaire，1694—1778），法国启蒙运动思想家、作家、哲学家。

阿纳托尔·法郎士（Anatole France，1844—1924），法国作家，1921年获诺贝尔文学奖。

菲尔梅里（Joseph Firmery，1853—1913），法国作家、译者。

富耶（Alfred Fouillée，1838—1912），法国哲学家。

欧仁·富尼埃（Eugène Fournière，1857—1914），法国作家、政治家。

G

格列姆（Friedrich Melchior, baron von Grimm，1723—1807），外交官、巴伐利亚裔法语作家。

戈尔基（Jean-Claude Gorgy 1753—1795）法国小说家、剧作家。

戈丹夫人（Sophie Cottin，原名 Marie Ristaud，1770—1807），法国文学家。

本杰明·贡斯当（Benjamin Constant de Rebecque，1767—1830），法国沃州裔小说家、政治家。

莫里斯·德·盖兰（Georges-Pierre Maurice de Guérin，1810—1839），法国诗人、作家。

维克多·谷赞（Victor Cousin，1821—1828），法国哲学家、政治家。

杰拉德（François Gérard，1770—1837），法国画家。

龚德利尔（Jean-Baptiste Gondelier，1792—1852），法国剧作家。

古诺（Charles Gounod，1818—1893），法国作曲家。

艾罗·德·古尔维尔（Hérault de Gourville，1625—1703），法国回忆录作家。

高乃依（Corneille，1606—1684），法国剧作家。

居维叶（Georges Cuvier，1769—1832），法国古生物家。

格勒尼耶（Edourd Grenier，1819—1901），法国作家、诗人、外交家、拉马丁好友。

格里帕泽（Franz Seraphicus Grillparzer，1791—1872），奥地利作家。

格鲁克（Christoph Willibald Gluck，1714—1787），德国歌剧作家。

欧仁·冈达尔（Eugène Gandar，1825—1868），法国作家。

戈蒂埃（Léon Gautier，1832—1897），法国文学史学家。

乔治·戈约（Georges Goyau，1869—1939），法国历史学家、评论作家、宗教史专家。

格林（Jacob Grimm，1785—1863），德国语言学家、作家，德国语史学奠基人。

盖兰（Charles Guérin，1873—1907），法国诗人。

H

海涅（Henri Heine，1797—1856），德国著名作家。

赫尔德（Johann Gottfried (von) Herder，1744—1803），德国诗

人、神学家、哲学家。

黑格尔（Hegel，1770—1831），德国哲学家。

黑吉尔（Louis Riquier，1792—1884），法国艺术家、画家。

荷马（Homère，约公元前9世纪—公元前8世纪），古希腊盲诗人。

洪堡（Guillaume de Humboldt，1767—1835），普鲁士哲学家、国家公务员。

乔治·哈特曼（Georges Hartmann，1843—1900），法国歌剧剧本作者。

哈特曼（Edouard Hartmann，1842—1906），德国哲学家。

海因里希（Alfred Heinrich，1829—1887），法国作家。

J

吉拉尔丹（Saint-Marc Girardin，1801—1873），法国教育界人士、文学批评家、政治家。

加塔拉尼（Angelica Catalani，1780—1849），意大利女高音歌唱家。

吉左（François Guizot，1787—1874），法国历史学家、政治家、法兰西院士。

拉蒙·德·加尔伯尼（Louis Ramond de Carbonnières，1755—1827），法国政治家、地质学家、植物学家。

居维利耶-弗勒里（Cuvillier-Fleury，1802—1887），法国历史学家、文学评论家。

基尔什勒盖（Frédéric Kirschleger，1804—1869），斯特拉斯堡植物学家、医生。

安德烈·纪德（André Gide，1869—1951），法国作家、文学评

论家，1947 年获诺贝尔文学奖。

吉罗（Victor Giraud, 1868—1953），法国教育界人士、文学评论家。

K

克罗伊策（Rodolphe Kreutzer, 1766—1831）法国著名作曲家兼乐队指挥。

克雷奇侯爵夫人（Marquise de Créquy, 1714—1803），法国著名文学家。

柯蓝·德·阿勒维（Jean-François Collin d'Harleville, 1755—1806），法国剧作家。

昆德纳夫人（Barbara Juliane von Krüdener, 1764—1824）波罗的海德国文学家、法语作家。

柯策布（August Friedrich Ferdinand von Kotzebue, 1761—1819），德国剧作家。

克内贝尔（Knebel, Karl Ludwig von Knebel, 1744—1834），德国诗人、作家。

考艾夫医生（David Ferdinand Koreff, 1783—1851），德国医生、作家。

卡巴尼斯（Pierre Jean Georges Cabanis, 1757—1808），法国哲学家、生理学家、医生。

路易丝·科莱（Louise Colet, 1810—1876），法国诗人、作家。

克林格（Friedrich Klinger, 1752—1831），德国诗人、剧作家。

科克雷尔（Charles Coquerel, 1822—1867），法国一名海上医生。

阿洛伊丝·德·卡尔洛夫奇（Aloïse de Carlowitz, 1797—1863），

法国女性文学家、剧作家、译者。

卡尔诺（Lazare Hippolyte Carnot，1801—1888），法国政治家。

卡罗（Elme-Marie Caro，1826—1887），法国哲学家、评论家。

卡斯泰尔诺（Jean Jacques Michel Albert Castelnau，1823—1877），法国作家、政治家。

克勒泽（Georg Friedrich Creuzer，1771—1858），德国考古学家、哲学家。

科佩（François Edouard Joachim Coppée，1842—1908），法国诗人、小说家。

卡斯代尔（René Richard Louis Castel，1758—1832），法国自然主义者、诗人。

奥古斯特·孔德（Auguste Comte，1798—1857），法国哲学家、社会学和实证主义创始人。

克雷米约（Jonathan-Hector Crémieux，1828—1892），法国剧作家、歌剧剧本作家。

弗拉基米尔·卡列尼娜（Vladimir Karenin，1862—1942），法国女性作家、音乐及文学历史专家。

卡恩（Gustave Kahn，1859—1936），法国印象派诗人、艺术批评家。

卡约（Joseph Caillaux，1863—1944），法国政界人物，曾任财政部长。

托马斯·卡莱尔（Thomas Carlyle，1795—1881），苏格兰散文作家、历史学家。

库伊巴（Charles-Maurice Couyba，1866—1931），法国政治家、诗人。

L

拉阿尔普（Jean-François de La Harpe, 1739—1803），瑞士裔法国作家、批评家。

列奥纳（Nicolas-Germain Léonard, 1744—1793），法国诗人。

罗歇（Jean-Antoine Roucher, 1745—1794），法国诗人。

雷加米埃夫人（Juliette ou Julie Récamier née Jeanne Françoise Julie Adélaïde Bernard, diteMadame Récamier, 1777—1849），贵妇，其沙龙汇聚了从督政府到七月王朝所有政治、文学、艺术名流。

雷慕沙夫人（Claire Élisabeth Jeanne Gravier de Vergennes, la comtesse de Rémusat, 1780—1821），法国文学家。

利瓦罗（Antoine de Rivarol, 1753—1801），法国作家、记者、散文家、王宫御用文人。

拉克洛（Laclos, Pierre Choderlos de Laclos, 1741—1803），法国将军，作家。

罗什弗尔（Guillaume Dubois de Rochefort, 1731—1788），法国古希腊语言学家。

拉莫奈（Hugues-Félicité Robert de Lamennais, 1782—1854），法国教士，作家、哲学家、政治家。

卢维埃（Jean-Baptiste Louvet, dit Louvet de Couvray, ou de Couvrai1, 1760—1797），法国作家。

勒费布尔（Leon Albert Lefébure, 1838—1911），法国作家、记者、政治家。

拉布鲁斯（Fabrice Labrousse, 1806—1876），法国剧作家。

加布里埃尔·勒古维（Gabriel Marie Jean Baptiste Legouvé, 1764—1812），法国诗人。

索 引

莱因哈德（Charles-Frédéric Reinhard, 1761—1837），德国裔法国外交家、政治家。

拉德沃卡（Pierre-François Ladvocat, 1791—1854），法国出版商。

拉封丹（La Fontaine, 1621—1695），法国寓言家。

拉图什（Louis Latouche, 1829—1883），法国画家。

勒布伦（Pierre-Antoine Lebrun, 1785—1873），法国剧作家。

弗雷德雷克·勒迈特（Frédérick Lemaître, 1800—1876），法国演员。

内波米塞娜·勒梅西埃（Népomucène Lemercier, 1771—1840），法国诗人、剧作家。

雷尔米尔（Eugène Lerminier, 1803—1857），法国记者。

拉伯雷（Rabelais, 1493—1553），法国作家。

莱斯纪翁（Jean-Pierre Lesguillon, 1799—1873），法国诗人、小说家、剧作家。

莱维斯（Gregory Lewis, 1775—1818），英国小说家、剧作家。

洛爱武·魏马尔（François Loève-Veimars, 1801—1854），法国作家、翻译家。

安娜·拉德克利夫（Ann Radcliffe, 1764—1823），英国小说家。

查理·德·雷慕莎（Charles de Rémusat, 1797—1875），法国政客、哲学家。

罗兰（Benjamin Rolland, 1777—1855），法国画家。

罗西尼（Gioachino Rossini, 1792—1868），意大利作曲家。

卡米尔·迪·洛克勒（Camille du Locle, 1832—1903），法国剧作家、剧院经理。

拉马克（Jean-Baptiste de Lamarck, 1744—1829），法国自然主

义者。

朱丽叶·朗贝（Juliette Lamber，1836—1936），法国作家、女权主义者。

拉普拉德（Victor de Laprade，1812—1883），法国诗人。

勒贡特·德·利尔（Leconte de Lisle，1818—1894），法国巴那斯派诗人。

安德烈·勒菲弗尔（André Lefèvre，1869—1929），法国政治家。

阿尔塞纳·勒格雷尔（Arsène Legrelle，1834—1899），法国历史学家。

莱布尼茨（Leibniz，1646—1716），德国哲学家、科学家、数学家、外交家、逻辑学家、法学家。

勒鲁（Pierre Leroux，1797—1871），法国哲学家、出版人、政治家、社会主义理论家。

雷斯潘（Alphonse de Lespin，1778—1857），法国数学教授。

让·查理·莱韦克（Jean Charles Lévêque，1818—1900），法国哲学家。

卡尔·冯·利内（Carl von Linné，1707—1778），瑞典自然主义者。

利特雷（Littré，1801—1881），法国词典学家、哲学家、政治学家。

洛梅尼（Louis-Léonard de Loménie，1815—1878），法国文学家。

拉迪斯博恩（Louis Gustave Fortuné Ratisbonne，1827—1900），法国政治家、文学家。

勒努维埃（Charles Bernard Renouvier，1815—1903），法国哲学家。

索 引

埃内斯特·雷耶（Ernest Reyer, 1823—1909），法国作曲家。

莱诺（Jean Ernest Reynaud, 1806—1863），法国哲学家。

里斯泰吕贝（Paul Ristelhuber, 1834—1899），法国文学爱好者。

罗德（Edouard Rod, 1857—1910），瑞士作家。

路易·德·龙绍（Louis de Ronchaud, 1816—1887），法国历史学家。

然然·拉萨拉（Gingins Lassarraz, 1790—1863），瑞士历史学家、植物学家。

拉布莱（Édouard Laboulaye, 1811—1883），法国法学家、政治家。

拉菲特（Pierre Laffitte, 1823—1903），法国哲学家。

拉鲁梅（Gustave Larroumet, 1854—1903），艺术评论家、教授。

拉塞尔（Pierre Lasserre, 1867—1930），法国文学评论家、记者、随笔作家。

勒德兰（Eugène Ledrain, 1844—1910），法国东方学考古学家、作家。

于勒·勒迈特，（Jules Lemaître, 1853—1914），法国作家、戏剧评论家。

约翰·勒穆瓦纳（John Lemoinne, 1815—1892），法国记者、外交官、政治家。

勒瓦鲁瓦（Jules Levallois, 1829—1903），法国作家，1855—1859年任圣伯夫的秘书。

莱维-布吕尔（Lucien Lévy-Bruhl, 1857—1939），法国哲学家。

刘易斯（George Henry Lewes, 1817—1878），英国哲学家、文学评论家、科学家，以其实证主义的形而上学发展理论文明，著有《歌德的生平与著作》《海滨研究》《生活与思想问题》等。

利什唐贝热（Ernest Lichtenberger, 1847—1913），法国著名研究德国语言、文化的专家。

利什唐贝热（Henri Lichtenberger, 1864—1941），法国研究德国语言、文化的专家。

亨利·德·雷尼埃（Henri de Régnier, 1864—1936），法国诗人、法兰西学院院士。

亨利·里什洛（Henri Richelot, 1811—1864），法国作家、翻译家。

里德马顿（Armand de Riedmatten, 1848—1926），法国翻译家。

罗塞尔（Virgile Rossel, 1858—1933），法国法学家、历史学家、诗人、小说家、法官、政治家。

罗斯唐（Edmond Rostand, 1868—1918），法国作家、剧作家、诗人、评论作家。

卢梭（Jean-Jacques Rousseau, 1712—1778），法国启蒙思想家、哲学家、教育学家、文学家。

菲尔曼·罗兹（Firmin Roz, 1866—1957），法国评论家、史学家、翻译家。

M

麦斯特（Xavier de Maistre, 1763—1852），萨瓦法语作家，俄国沙皇亚历山大一世麾下将军。

梅尔西埃（Louis-Sébastien Mercier, 1740—1814），法国小说家、剧作家、散文家、文学批评家、记者。

米勒瓦（Charles-Hubert Millevoye, 1782—1816），法国诗人。

米肖（Louis-Gabriel Michaud, 1773—1858），法国作家、出版商。

索　引

玛利沃（Pierre Carlet de Chamblain de Marivaux，1688—1763），法国作家。

梅塞纳斯（Mécène，Caius Cilnius Mæcenas，约前70—前80），古罗马时期的政治家。

穆尼埃（Jean-Joseph Mounier，1758—1806），法国政治家。

塞纳克·德·梅兰（Gabriel Sénac de Meilhan，1736—1803），法国行政官员、作家。

玛丽布朗（Maria Malibran，1808—1836），法国艺术家。

曼佐尼（Alessandro Manzoni，1785—1873），意大利诗人、剧作家。

马尔米尔（Xavier Marmier，1808—1892），法国作家。

梅莱斯威尔（Mélesville，1787—1865），法国剧作家。

梅维尔（Merville，1781—1853），法国剧作家。

迈尔贝尔（Giacomo Meyerbeer，1791—1864），德国剧作家。

莫里哀（Molière，1622—1673），法国剧作家。

蒙思莱（Charles Monselet，1825—1888），法国诗人、作家、剧作家。

莫拉廷（Nicolás Fernández de Moratín，1737—1780），西班牙剧作家。

本杰明-贡斯当·玛尔塔（Benjamin-Constant Martha，1820—1895），法国伦理学家、历史学家。

查理-弗雷德里克·马丁（Charles Frédéric Martins，1806—1889），法国植物学家、地质学家、医生，翻译多部德语著作，特别是歌德著作。

梅纳尔（Louis Ménard，1822—1901），法国诗人、作家。

卡蒂尔·孟代斯（Catulle Mendès，1841—1909），法国诗人、文

学家。

埃弗拉伊姆·米卡埃尔，（Ephraïm Mikhaël，1866—1890），法国象征派诗人。

米尔贝尔（Charles François Brisseau de Mirbel，1776—1854），法国植物学家、政治家。

加斯孔·德·莫莱讷（Gaschon de Molènes，1821—1862），法国军官、文学家。

莫里哀（Molière，1622—1673），法国戏剧作家。

莫德雷德（Antoine-Eugène Mordret，1830—1856），法国诗人。

马丁（Nicolas Martin，1814—1877），法国诗人、歌曲作者、德语译者。

莫里斯·梅特林克（Maurice Maeterlinck，1862—1949），比利时法语作家，获得1911年诺贝尔文学家。

马斯内（Jules Massenet，1842—1912），法国作曲家。

莫克莱（Camille Mauclair，1872—1945），法国诗人、小说家、艺术史学家、文学评论家。

莫泊桑（Guy de Maupassant，1850—1893），法国作家。

米什莱（Jules Michelet，1798—1874），法国最早的民族主义历史学家。

米列（Paul Milliet，1848—1924），法国歌剧剧本作者、剧作家。

马克-莫尼埃（Marc-Monnier，1829—1885），日内瓦作家。

爱弥尔·蒙泰居（Émile Montégut，1825—1895），法国评论作者、记者、批评家。

莫里斯（Charles Morice，1860—1919），法国作家、诗人、评论作家。

穆顿（Eugène Mouton，1823—1902），法国幽默、科幻作家。

米雷（Maurice Jules Henri Muret，1870—1954），瑞士文人。

N

诺迪埃（Jean-Charles-Emmanuel Nodier，1780—1844），法国著名作家、小说家、法兰西院士。

弗朗索瓦·德·诺沙特（Nicolas François, dit François de Neufchâteau，1750—1828），法国作家、政治家、农学家。

内克尔·德·索绪尔（Necker de Saussure，1766—1841），瑞士教育家、作家。

尼采（Nietzsche，1844—1900），德国哲学家。

那弗特泽（Auguste Nefftzer，1820—1876），法国记者。

尼采（Nietzsche，1844—1900），德国哲学家。

努里松（Jean-Félix Nourrisson，1825—1899），法国哲学家。

O

欧吉尔（Louis-Simon Auger，1772—1829），法国作家、剧作家、法兰西学院院士。

P

帕尔尼（Evariste de Parny，1753—1814），法国诗人。

吕西安·波拿巴（Lucien Bonaparte，1775—1840），法国政治家，曾任法国内务部长。

庞库克（Amélie Panckoucke，1750—1830），法国作家。

路易·帕维（Louis Pavie，1782—1859），法国作家。

让·佩公达尔（Jean Pécontal，1798—1872），法国诗人。

皮埃尔（Jean-François Pierret，1738—1796），法国律师、政客。

皮埃克赛古尔（Guilbert de Pixerécourt，1773—1844），法国剧作家。

居斯塔夫·普朗西（Gustave Planche，1808—1857），法国批评家。

巴尔舒·德·庞奥昂（Barchou de Penhoën，1799—1855），法国历史学家、政治家。

费尔南·帕皮永（Fernand Papillon，1847—1874），法国化学家。

佩里耶（Edmond Perrier，1844—1921），法国动物学家、解剖学家。

蓬萨尔（François Ponsard，1814—1867），法国诗人、剧作家。

蓬马丁（Pontmartin，1811—1890），法国评论家、文学家。

加斯东·帕里斯（Gaston Paris，1839—1903），法国中世纪史研究者、语史学家。

帕里佐（Valentin Parisot，1800—1861），法国文人。

帕斯卡尔（Blaise Pascal，1623—1662），法国数学家、物理学家、发明家、哲学家、醒世作家。

帕坦（Henri Patin，1793—1876），法国文学家、古希腊研究学者、拉丁语与拉丁文化专家。

普罗阿尔（Louis Proal，1843—1900），法国司法官员。

莫里斯·皮若（Maurice Pujo，1872—1955），法国记者、政治家。

Q

乔多维茨基（Daniel Nikolaus Chodowiecki，1726—1801），日耳

曼波兰画家、插图画家、雕刻家。

R

让利斯伯爵夫人（Félicité de Genlis，1746—1830），法国作家。

若弗鲁瓦（Julien Louis Geoffroy，1743—1814），法国作家、文学批评家。

让蒂（Adolphe Michel Joseph Gentil de Chavagnac，1770—1846），法国剧作家、讽刺剧艺人。

卢梭（Jean-Jacques Rousseau，1712—1778），瑞士裔法国作家、哲学家、乐师。

卡米尔·儒尔当（Camille Jordan，1771—1821），法国政治家、作家。

勒南（Ernest Renan，1823—1892），法国作家、哲学家、历史学家

热劳（Edmond Géraud，1775—1831），法国作家。

热斯内（Salomon Gessner，1730—1788），瑞士诗人。

然姆（Adolphe Jaime，1825—1901），法国歌剧剧作家、轻喜剧作家。

热拉尔·德·内瓦尔（Gérard de Nerval，1808—1855），法国作家、翻译家，曾经翻译歌德的《浮士德》。

让鲁瓦-菲利克斯（Victor Jeanroy-Félix，1841—1913），法国文学家。

S

沙里耶夫（Isabelle de Charrière，1740—1805），荷兰裔法语文学家。

舍尼埃（André Chénier，1762—1794），法国诗人。

塞万灵（Charles-Louis de Sevelinges，1767—1831），法国著名作家、翻译家、记者。

施耐德（Euloge Schneider，1756—1794），圣方济各会修士。

索萨夫人（Adélaïde de Souza，1761—1836），法国作家、道德学家、女权主义者，沙龙常客。

索特来（Sautelet，1800—1830），法国律师、出版商。

桑多（Jules Sandeau，1811—1883），法国小说家、剧作家。

苏维斯特（Charles Émile Souvestre，1806—1854），法国律师、记者、作家。

夏多布里昂（François-René de Chateaubriand，1768—1848），法国作家、政治家。

司汤达（Henri Beyle，sous le pseudonyme de Stendhal，1783—1842），法国作家。

阿尔贝·施塔普费尔（Philippe-Albert Stapfer，1766—1840），瑞士哲学家、神学家、外交家。

乔治·桑（George Sand，真名：Amantine Aurore Lucile Dupin，1804—1876），法国小说家、剧作家、书简家、文学批评家、记者。

圣·吉利尔斯（Léonce de Saint-Geniès，1785—1861），法国作家。

圣·瓦莱里（Adolphe de Saint-Valry，1797—1867），法国诗人、作家。

阿里·谢弗（Ary Scheffer，1795—1858），法国画家。

舒伯特（Franz Schubert，1797—1828），奥地利作曲家。

艾度阿尔·舒莱（Édouard Schuré，1841—1929），法国作家、哲学家、音乐家。

莎士比亚（William Shakespeare，1564—1616），英国作家、剧作家、诗人。

苏迈（Alexandre Soumet，1786—1845），法国诗人、剧作家。

施波尔（Louis Spohr，1784—1859），德国音乐家。

欧仁·苏（Eugène Sue，1804—1857），法国作家。

内克尔·德·索绪尔（Necker de Saussure，1766—1841），瑞士教育家、作家。

若夫华·圣-伊莱尔（Geoffroy Saint-Hilaire，1772—1844），法国脊椎动物专家。

保罗·德·圣-维克多（Paul de Saint-Victor，1827—1881），法国作家、评论家。

保罗·斯卡龙（Paul Scarron，1610—1660），法国诗人、小说家、剧作家。

苏利（Jules Soury，1842—1915），法国神经心理学理论家。

路易·斯帕什（Louis Spach，1800—1879），阿尔萨斯教育学家、档案管理、作家。此名是笔名，原名是 Louis Lavater。

斯宾诺莎（Baruch de Spinoza，1632—1677），犹太裔荷兰籍哲学家。

赛塞（Emile-Edmond Saisset，1814—1863），法国政治家。

施塔普费尔（Philippe-Albert Stapfer，1766—1840），瑞士政治家、教授。

达尼埃尔·斯特恩（Daniel Stern，1805—1876），法国女性作家、乔治·桑密友。此名是笔名，原名是 Marie d'Agoult。

沙勒梅尔-拉库尔（Paul-Armand Challemel-Lacour，1827—1896），法国国会议员，1893—1896年任第三共和国参议院主席。

萨巴捷（François Sabatier，1818—1891），法国艺术评论家、德

国小说翻译家。

圣伯夫（Charles Angustin Sainte-Beuve，1804—1869），法国诗人、小说家、文学史家和批评家，法兰西学院院士。

萨曼（Albert Samain，1858—1900），法国印象派诗人。

阿道夫·舍尔（Dolf Schöll，1805—1882），德国考古学家、文学史学家、文学家。

叔本华（Arthur Schopenhauer，1788—1860），德国哲学家。

沃尔特·司各特（Walter Scott，1771—1832），苏格兰作家、诗人。

玛丽·德·索尔姆斯（Marie de Solms，1831—1902），法国作家、诗人、记者。

阿尔贝·索雷尔（Albert Sorel，1842—1906），法国历史学家。

斯塔尔夫人（Madame de Staël，1766—1817），法国作家、哲学家、文艺理论家。

T

特诺伊（Joseph Treneuil，1763—1818），法国诗人。

圣·勒内·塔扬迪耶（Saint-René Taillandier，1817—1879），法国历史学家、作家、政客。

塔斯蒂（Amable Tastu，1795—1885），法国作家。

埃德蒙·特希尔（Edmond Texier，1815—1887），法国小说家、记者、诗人。

莱昂·提尔赛（Léon Thiessé，1793—1854），法国记者、历史学家、作家。

托纳莱（Alfred Tonnellé，1831—1858），法国作家。

陶普福尔（Rodolphe Töpffer，1799—1846），瑞士教师、作家、

画家、漫画家、讽刺画家。

泰纳（Hippolyte Taine，1828—1893），法国文艺理论家、史学家。

塔尔玛（François-Joseph Talma，1763—1826），法国莎士比亚古典悲剧杰出演员。

于勒·泰利耶（Jules Tellier，1863—1889），法国作家、记者。

屠格涅夫（Ivan Tourguéneff，俄语名 Ivan Tourgueniev，1818—1883），俄罗斯著名作家。

于勒·特鲁巴（Jules Troubat，1836—1914），法国文人，圣伯夫最后一位秘书。

W

维斯（Jean-Jacques Weiss，1827—1891），法国教授、文学家、记者、《现代杂志》合伙人。

维勒（Jean-Georges Wille，1715—1808），德国裔法国雕刻家。

维利耶（Edme Antoine Villiers，1758—1824），法国政治家。

沃兹沃思（William Wordsworth，1770—1850），英国诗人。

维兰德（Christoph Martin Wieland，1733—1813），德国诗人、翻译家、出版商。

维拉宗（Jean-Baptiste-Gaspard d'Ansse de Villoison，1750—1805），法国古希腊语言学家、哲学家。

维吉尔（Virgile，en latin Publius Vergilius Maro，前70—前19），古罗马末期和奥古斯特执政初期的拉丁文诗人。

维利耶（Charles François Dominique de Villers，1765—1815），德裔法国作家、比较文学早期研究者。

万德尔布（Charles Vanderbourg，1765—1827），法国文学家。

查理·德·沃特邦（Charles d'Outrepont，1746—1809），比利时律师、政客。

奥古斯特·瓦克里（Auguste Vacquerie，1819—1895），法国诗人、剧作家、记者。

维也莱（Guillaume Viennet，1777—1868），法国政客、诗人、剧作家。

维特（Ludovic Vitet，1802—1873），法国政客、作家。

奥贝尔·德·维特里（Aubert de Vitry，1765—1849），法国政客。

梅拉尼·瓦尔多（Mélanie Waldor，1796—1871），法国小说家、诗人、剧作家。

加洛普·德·翁凯勒（Galoppe d'Onquaire，1805—1867），法国剧作家。

勒内·瓦勒里-哈多（René Vallery-Radot，1853—1933），法国作家。

波丽娜·维亚尔多（Pauline Viardot，1821—1910），法国歌唱家、作曲家。

维尔曼（Villemain，1790—1870），法国作家、学者、政治家。

沃斯（Andreas Voss，1857—1924），德国植物学家。

维尔姆（Joseph Willm，1790—1853），阿尔萨斯哲学家、教育学家、译者。

沃东（Jean Vaudon，1849—1927），法国作家。

沃韦纳格侯爵（Marquis de Vauvenargues，1715—1747），法国道德学家、散文家。

奥古斯特·维蒂（Auguste Vitu，1823—1891），法国作家、记者。

亨利·韦伊（Henri Weil，1818—1909），德裔法国研究古希腊的学者。

德·维兹瓦（Théodore de Wyzewa，1862—1917），波兰裔法国艺术评论家、音乐评论家、文学评论家、作家、多语种翻译家。

X

许雅尔（Jean-Baptiste-Antoine Suard，1731—1817），法国文学家、记者。

席纳（Jean-Rodolphe Sinner de Ballaigues，1730—1787），瑞士作家。

西蒙迪（Sismondi，1773—1842），瑞士历史学家、政治评论家、经济学家。

谢林（Friedrich Wilhelm Joseph Schelling，1775—1854），德国哲学家。

小仲马（Alexandre Dumas，1824—1895），法国作家。

埃马纽埃尔·夏布里埃（Emmanuel Chabrier，1841—1894），法国作曲家、钢琴家。

维克多·谢尔比利耶（Victor Cherbuliez，1829—1899），法国小说家、剧作家、散文家、文学评论家。

夏多布里昂（François-René de Chateaubriand，1768—1848），法国早期浪漫主义作家、外交家，写有《墓畔回忆录》和反映北美印第安人生活的小说《阿塔拉》等，波旁王朝复辟后，曾任外交大臣和驻外使节。

阿蒂尔·许凯（Arthur Chuquet，1853—1925），法国历史学家、研究德国的专家。

埃德蒙·谢雷（Edmond Schérer，1815—1889），法国文学评论

家、政治家。

路易莎·西费尔（Louisa Siefert，1845—1877），法国诗人。

Y

雅南（Gabriel-Jules Janin，1804—1874），法国作家、戏剧批评家。

维利耶·德·伊瑟尔亚当（Villiers de L'Isle-Adam，1838—1889），英国裔法国作家。

于莱（Jules Huret，1863—1915），法国记者。

伊祖莱（Jean Izoulet，1854—1929），法国作家、翻译家。

Z

托尼·朱安洛（Tony Johannot，1803—1852），法国雕塑家、画家。

阿德里安·德·朱西厄（Adrien de Jussieu，1797—1853），法国植物学。